ERLÄUTERUNGEN UND DOKUMENTE

Johann Wolfgang Goethe

Die Wahlverwandtschaften

Von
Ursula Ritzenhoff

Philipp Reclam jun. Stuttgart

Goethes Roman *Die Wahlverwandtschaften* liegt unter Nr. 7835 in RECLAMS UNIVERSAL-BIBLIOTHEK vor. Die Seiten- und Zeilenangaben in den Erläuterungen beziehen sich auf diese Ausgabe.

In memoriam Professor Dr. John C. Osborne,
meinem Kollegen an der Universität Tennessee (Knoxville)

2., durchgesehene und wesentlich erweiterte Ausgabe

RECLAMS UNIVERSAL-BIBLIOTHEK Nr. 16048

Gesamtherstellung: Reclam, Ditzingen. Printed in Germany 2004
RECLAM, UNIVERSAL-BIBLIOTHEK und
RECLAMS UNIVERSAL-BIBLIOTHEK sind eingetragene Marken
der Philipp Reclam jun. GmbH & Co., Stuttgart
ISBN 3-15-016048-0

www.reclam.de

Inhalt

Für die Worterklärungen wurden benutzt: das *Deutsche Wörterbuch* von Grimm (Gr), das *Etymologische Wörterbuch der deutschen Sprache* von Kluge (Kl) und das *Große Deutsche Wörterbuch* von Wahrig (Wg).
Die Materialien für die durchgesehene und erweiterte Ausgabe stellte die Universitäts-Bibliothek der Albert-Ludwig-Universität, Freiburg i. Br. zur Verfügung.

I. Wort- und Sacherklärungen

Die Wahlverwandtschaften: Goethe erklärt den Titel seines Romans in der Selbstanzeige vom 4. September 1809 im »Morgenblatt für gebildete Stände« wie folgt: »Es scheint, daß den Verfasser seine fortgesetzten physikalischen Arbeiten zu diesem seltsamen Titel veranlaßten. Er mochte bemerkt haben, daß man in der Naturlehre sich sehr oft ethischer Gleichnisse bedient, um etwas von dem Kreise menschlichen Wissens weit Entferntes näher heranzubringen, und so hat er auch wohl in einem sittlichen Falle eine chemische Gleichnisrede zu ihrem geistigen Ursprunge zurückführen mögen, um so mehr, als doch überall nur *eine* Natur ist und auch durch das Reich der heitern Vernunftfreiheit die Spuren trüber, leidenschaftlicher Notwendigkeit sich unaufhaltsam hindurchziehen, die nur durch eine höhere Hand und vielleicht auch nicht in diesem Leben völlig auszulöschen sind« (Goethes Werke, *Hamburger Ausgabe in 14 Bänden*, Bd. 6, Hamburg [6]1965, S. 621 [zit. als: HA VI.]).
Zur Herkunft des Wortes ›Wahlverwandtschaft‹ s. Anm. zu 33,22–39,3 und Kap. II, S. 100f.

Erster Teil. Erstes Kapitel

3,3 *Eduard:* Die Hauptfiguren des Romans haben nur Vornamen, die zudem fast gleich lauten: Eduard, Taufname Otto (s. 20,22–35), Otto (der Hauptmann), Otto (das Kind), Charlotte und Ottilie. Schon dadurch ist Wahlverwandtschaft angezeigt. Daß Goethe Eduard und den Hauptmann im Geschehen dennoch nicht mit ihren Taufnamen auftreten läßt, ist ein Indiz für die sorgfältige Planung der Grundkonstellation: es schließt eine Wahlverwandtschaft zwischen diesen Figuren aus. Zur Namensgebung s. vor allem Bersier (1997), S. 57–90, Hörisch (1992), S. 125 ff., Oellers, Schlaffer (1972). Zur Benennung der Nebenfiguren s. Anm. zu 15,34–17,37.

3,3 f. *– so nennen wir … Mannesalter –:* Mit dieser Bemerkung unterstreicht Goethe sofort das Fiktive der Geschichte, die er zu erzählen beginnt. Er distanziert sich und uns auf solche Weise von dem Stoff. Diese stets überlegen und zuweilen auch ironisch wirkende Erzählhaltung ist konsequent durchgehalten. Vgl. auch Anm. zu 126,3–9.

3,3 *Baron:* ein erst im 17. Jh. aus dem Frz., *baron* ›streitbarer Mann‹, ins Deutsche übernommenes Wort (Gr 1139).

3,4 f. *die schönste Stunde eines Aprilnachmittags:* Der Roman beginnt in einem Frühjahr und endet im Herbst eineinhalb Jahre später, d. h., die erzählte Zeit beträgt etwa achtzehn Monate. Innere und äußere Handlungen verlaufen parallel zum Geschehen in der Natur. Damit erweist sich der gewählte Zeitabschnitt als ein erzähltechnisches Mittel. Siehe dazu Fink, S. 438–483.

3,6 *Pfropfreiser auf junge Stämme zu bringen:* ein Reis einzusetzen; Methode zum Veredeln von Bäumen und Sträuchern.

3,8 *Futteral:* Schutzhülle oder Behälter.

3,14 *Mooshütte:* Hütte und Haus sind bei Goethe oft bildlicher Ausdruck der weiblichen Suche nach Geborgenheit. Siehe auch Emmel (^{2}1979), S. 162 f.

3,16 *Euer Gnaden:* an verschiedenen Stellen des Romans erscheinende, früher von Untergebenen benutzte Anrede. Siehe auch 25,19 *meine Gnädige.*

3,17–19 *unten … die Gärten:* Der Raum, in dem sich das Geschehen vorwiegend abspielt, ist hier kurz skizziert. Wie Goethe auch die Raumdarstellung als Hilfsmittel für den Ausdruck innerer Vorgänge benutzt, ist nachzulesen bei Dickson, S. 325–349. Siehe auch Buschendorf, S. 66–79, und dagegen Wellbery.

3,24 *Stieg:* Steig, schmaler und steiler Weg.

3,31 *Terrassen:* waagerechte Stufen im Gelände; aus frz. *terrasse* ›Stufe, Absatz‹.

3,34–4,4 *Den einen, der über den Kirchhof … hinging, ließ er liegen … hinaufwand:* Hier setzt bereits die Todessymbolik ein. Sie zieht sich in verschiedenen Gruppierungen, die oft miteinander verflochten sind, durch den ganzen Roman und ist im zweiten Teil besonders dicht gestaltet. Siehe dazu z. B. die folgenden Stellen: a) Kirchhof, Grabmale und Kapelle: 3,34–4,4; 15,19–33; 74,37–75,8; 126,3–142,16 (einschließlich *Ottiliens Tagebuch*); 146,14–148,8; 195,16–21; 223,19–21; 255,19–27; 261,9–14. b) Wassertod: 30,1–27; 101,22–102,12; 207,23–209,1; 225,27–227,10. c) Astern und Ottilies Sterben: 116,9 (*die späteren Blumen*); 193,23–29; 249,6–13; 249,36–250,3; 250,25 f.; 255,28–34. d) Eduards Todeswunsch und Tod: 125,17–20; 215,34–216,5; 254,26 f.; 259,24–260,26. Siehe auch Lockemann, S. 37–61, und Anm. zu 20,16–24.

4,10 *dergestalt …, daß:* so … daß; die hier und an zahlreichen anderen Stellen erscheinende Form gilt heute als veraltet.

4,14 *habe ich zu erinnern:* habe ich zu bemerken (Gr 859); vgl. 23,27 *so wäre nichts zu erinnern* und 57,11 f. *Charlotte selbst konnte als gute Haushälterin nicht viel dagegen erinnern.*

5,16 *geschäftlos:* ohne Arbeit, ohne berufliche Tätigkeit. Von Goethe häufiger in dieser Bedeutung gebraucht (Gr 3824).

5,26 *geschehen:* gemacht worden.

6,16 *Güter:* größere ländliche Grundbesitzungen; vgl. auch ›Rittergut, Gutsbesitzer‹.

6,20 *Landleute:* Bauern, ihre Familie sowie Landarbeiter.

6,22 *konfus:* verworren, unklar.

6,26 *Verhältnisse:* relativ junges Wort, zuerst im 18. Jh. nachzuweisen; es bezeichnet wie hier und an zahlreichen anderen Stellen des Romans einen Zustand, worin sich etwas oder jemand befindet (Gr 515).

6,30 *umständlich:* hier und an anderen Stellen des Romans im Sinne von ›ausführlich‹; zur Zeit Goethes hat dieses Wort im Unterschied zum heutigen Gebrauch noch durchaus positive Bedeutung.

6,35 *Weiber:* Frauen; bis ins 18. Jh. wurde ›Weib‹ noch ohne abwertende Bedeutung als Gattungsname im Gegensatz zu ›Mann‹ gebraucht.

7,6 *unsern Planen:* unsern Plänen; bei Goethe häufig in der nicht umgelauteten Form.

7,8–8,1 *Mag ich doch so gern … geht:* Hier wird der Leser mit der Vorgeschichte von Eduards und Charlottes Ehe aus der Sicht Charlottes bekannt gemacht. Dies Wiederaufrollen einer Geschichte, die die beteiligten Figuren kennen, ist als Formfehler Goethes bewertet worden. Der Beginn des 2. Kapitels, der Ergänzendes dazu bringt, sowie weitere Stellen im Roman zeigen jedoch, daß dieser Teil sinnvoll in das Romangeschehen integriert ist. 75,21 ff. bringt dann die Vorgeschichte noch einmal, aber aus dem Blickwinkel des Grafen, einer nicht unmittelbar beteiligten Figur. Dort wird dem Leser gleichsam ein neutraler Maßstab zu jenen Vorgängen gegeben. Vgl. auch Anm. zu 10,27–11,6; 14,30–15,4 und 75,21–77,5.

7,26 f. *des Lebens genießen:* das Leben genießen; ›genießen‹, ahd. *giniozan*, wurde bis ins 18. Jh. vorwiegend mit Gen.-Objekt benutzt; im Nhd. überwiegt der Gebrauch mit Akk.-Objekt. Daß zu Anfang des 19. Jh.s beide Formen nebeneinander üblich waren, beweist ein Vergleich von 75,19 und 75,20 f. sowie 192,37 f. und 199,25.

7,30 *Ottilien:* schwache Akk.-Flexion. Im 18. Jh. erhalten Namen im Gen., Dat. und Akk. noch häufig Flexionsendungen. Goethe benutzt diese Formen in den *Wahlverwandtschaften* durchgehend.

7,31 *Gehülfin:* Gehilfin; Goethe gebraucht hier und in zahlreichen anderen Fällen die urspr., von Luther eingeführte und noch bis ins 19. Jh. übliche Form (Gr 2556).

8,1 *Meine Einrichtung:* mein Plan.

8,3 f. *miteinander ausreichen:* miteinander auskommen.

8,25 *artig:* Modewort des 18. Jh.s mit unterschiedlicher Bedeutung; hier soviel wie ›angenehm‹.
heimlich: hier noch in der positiven Bedeutung von ›vertraut‹ im Gegensatz zu ›fremd‹ (Gr 874).

9,2 f. *hat ... sich angemerkt:* hat ... bemerkt.

9,19 f. *bedeutender:* in der urspr. Bedeutung von lat. *significans* ein Lieblingswort Goethes; vor allem in seinen späten Werken und besonders in den *Wahlverwandtschaften* sehr häufig zu finden. Vgl. Fischer, S. 83 f.

Zweites Kapitel

10,13–20 *Eduard ... ausdachte:* s. Anm. zu 7,8–8,1.

10,15 *Charlottens:* schwache Gen.-Flexion; vgl. Anm. zu 7,30.

10,17 *aufgeregt:* von Goethe hier und an anderen Stellen dem schwächeren ›anregen‹ vorgezogen; verschiedentlich in der Bedeutung von ›in Tätigkeit setzen‹ (Gr 707).

10,27–11,6 *Sich etwas zu versagen ... hatte:* Die Vorgeschichte Eduards wird hier aus der Perspektive des Erzählers teils wiederholt und teils fortgesetzt. Vgl. Anm. zu 7,8–8,1.

11,2 *im Fall:* im Gefahren-, im Notfall.

11,6 *romanenhafte:* Nebenform zu ›romanhaft, wunderbar, der Wirklichkeit nicht entsprechend, wie in einem Roman‹ (Gr 1154).

11,20 *des andern Tags:* am nächsten Tag; s. auch 44,16.

11,25 *Eduarden:* schwache Dat.-Flexion; vgl. Anm. zu 7,30.

11,28 *ward:* wurde; die hier und an zahlreichen anderen Stellen erscheinende Form des 3. Sing. Prät. von ›werden‹ gilt heute als veraltet und wird nur noch dichterisch verwendet.

12,14–35 *Wenn Luciane ..., wenn sie ...; wenn ... sie ...; wenn sie ...; wenn die Vorsteherin ...; wenn die ersten Seiten ihrer Briefe ... nur Hymnen sind...: so ist dagegen, was sie ... von Ottilien erwähnt, ... Entschuldigung ..., daß ein ... Mädchen sich nicht entwickeln ... wolle:* sog. elliptischer Stil; diese syntaktische Form ist besonders dem Werk des jungen Goethe eigentümlich. Herder kritisierte den Gebrauch dieser dem klassischen Latein nachgebildeten Satzperiode als Predigtstil, der den Mangel an Gedanken verbergen soll. Diese Art von Periodenbildung stand jedoch Ende des 18. Jh.s durch die Oden Klopstocks in gutem Ansehen und mag von daher auf Goethe gekommen sein. Vgl. dazu Johann Gottfried Herder, *Über die neuere Deutsche Litteratur*, Dritte Sammlung, III,6, Riga 1767.

12,29 *Hymnen:* Lobgesänge; aus griech. ὕμνος (Wg 1848).

13,34 *durchnetzte:* alte Nebenform von ›durchnäßte‹ (Gr 1651).

14,9 *rötlich:* ratsam, empfehlenswert.

14,25 *ob ... gleich:* hier und an vielen anderen Stellen von Goethe bevorzugte Form von ›obgleich‹.

14,28 f. de*shalb:* hier in der Bedeutung: weshalb (Gr 1029).

14,30–15,4 *Charlotte ... werden:* Hier ergänzt der Erzähler Charlottes Vorgeschichte. Vgl. Anm. zu 7,8–8,1.

15,9–18 *Herr Mittler ist in den Schloßhof gesprengt ... gleich:* Die wichtige Rolle der ersten hinzukommenden Nebenfigur wird im Verlauf der Handlung und besonders am Schluß des Romans voll erkennbar. Siehe Anm. zu 15,34–17,37.

15,24 *vergleichen:* hier: ausgleichen, einebnen.

15,25 f. *Einbildungskraft:* von Kant als das Vermögen definiert, sich einen Gegenstand (oder Menschen) auch ohne dessen Gegenwart in der Anschauung vorzustellen; vgl. ›Imagination‹ von lat. *imago* (engl. *image*) ›Bild‹. Hier und an anderen Stellen des Romans würde man heute ›Vorstellungskraft‹ benutzen.

15,34–17,37 *Aber der närrische Gast verscheuchte sie gleich … vorher:* Diese Stelle bringt die Vorgeschichte und das erste Auftreten Mittlers sowie den verwirrenden Eindruck, den er hinterläßt. Von der Namengebung im Roman her gesehen nimmt Mittler eine Sonderstellung zwischen den Haupt- und Nebenfiguren ein. Jenen sind nur Vornamen gegeben (s. Anm. zu 3,3 *Eduard*), diese sind (ausgenommen Luciane und Nanny) nach ihren gesellschaftlichen oder beruflichen Merkmalen benannt: Graf und Baronesse, Lord und Begleiter, Vorsteherin, Gehilfe und Architekt, Chirurg, Geistlicher und Bettler sowie verschiedene Besucher und die Bediensteten. Mittler hat als einziger einen Nachnamen, und dieser fällt mit seiner Berufsbezeichnung zusammen. Siehe Bersier (1997), S. 93–109, und Wellbery, S. 292f.

16,21 *früherhin:* früher, in früherer Zeit (Gr 290).

16,33 *Residenz:* früher der Ort, besonders die Stadt, in der ein Landesfürst seinen dauernden Aufenthalt hatte (Gr 819).

16,35 *Lotteriegewinst:* Lotteriegewinn; ›Gewinst‹ ist heute veraltet.

17,22 *starblind:* völlig blind (Gr 918). Star: Augenkrankheit, abgeleitet von ahd. *starên* ›starr blicken‹.

17,35 *Gegenwärtig:* jetzt.

18,33 *gewöhnlich:* hier: eigen.

19,9–24 *Sie bat um Aufschub … sollten:* zu Charlottes und Eduards Musizieren s. Anm. zu 60,16–61,6.

19,12 *bequem:* leicht, im Sinne von lat. *facilis* (Gr 1481ff.); vgl. auch 33,29 und 114,16.

Drittes Kapitel

19,26 *Der Hauptmann kam:* Mit diesem kurzen Satz ist der Hauptmann schon bei seinem ersten Erscheinen gleichsam durch Klarheit und Ruhe charakterisiert. Vgl. die Ankunft Ottilies 44,2.

20,2 *Der Hauptmann gefiel sich sehr in der Gegend:* Dem Hauptmann gefiel die Gegend sehr; ›sich gefallen‹ in der Bedeutung von ›etwas gern haben, schätzen‹ (Gr 2113 f.).

20,4 *sichtbar und genießbar geworden:* sichtbar und genießbar geworden war; im 18. Jh. wurde das Hilfsverb, wenn nicht unbedingt erforderlich, oft ausgelassen.

20,8 *einen üblen Humor:* Humor war in der Naturlehre des Mittelalters auch auf die Feuchtigkeit (lat. *humor* ›Feuchtigkeit‹), den Saft im Innern des Menschen bezogen, der nach damaliger Vorstellung die Wesensart des Menschen bestimmte. Als Überbleibsel tritt diese Bedeutung bei Goethe auf, wenn er das Wort in festen Formeln wie guter, bester, schlimmer oder übler Humor gebraucht (Gr 1906).

20,16–24 *Obschon mein Mann nicht liebt ... andere?:* Hier setzt die Motivkette der verschiedenen Geburtstagsfeiern ein, die im Verlauf der Handlung mehr und mehr mit der Todessymbolik verknüpft wird. Siehe Anm. zu 3,34–4,4 und auch die folgenden Stellen 59,10–16 (Plan für die Grundsteinlegung des neuen Hauses an Charlottes Geburtstag); 62,15–66,37 (Charlottes Geburtstag und Grundsteinlegung); 92,17 f. (Plan für das Richtfest an Ottilies Geburtstag); 97,34–99,22 (Vorbereitungen dazu); 99,24–105,10 (Ottilies Geburtstag und Richtfest); 116,8–15 (Ottilies Vorbereitungen zu Eduards Geburtstag); 140,15–35 (Ottilies Betrachtungen am Vorabend zu Eduards Geburtstag); 145,4–15 und 156,10–14 (stellen dagegen Lucianes Weise dar, Geburts- und Namenstage gesellschaftlich zu begehen);

169,31 ff. (auch die schlichte szenische Bilddarstellung der Geburt Jesu am Weihnachtsabend gehört in das Sinngefüge dieser doppelten Motivreihe); 187,33–190,12 (der einzige wirkliche Geburtstag, der des Kindes, vereinigt beide Motivketten zum erstenmal sehr deutlich); 249,29–250,3 (stille Vorbereitung zu Eduards Geburtstag); 251,26–254,34 (Ottilies Tod am Vorabend zu Eduards Geburtstag); 254,35 ff. (Ottilies Bestattung an Eduards Geburtstag).

20,30 *lakonischen Namen:* kurzen Namen: ›kurz, treffend‹, aus lat. *laconice dicere* ›nach Art der Lakonier sprechen‹, Lakonien, griech. Landschaft mit der Hauptstadt Sparta (Gr 80).

21,4 *Waldhörner:* urspr. auf der Jagd gebrauchte gewundene Blasinstrumente, auch Jagdhörner genannt (Gr 1149).

21,10–37 *Eduard unterbrach die Pause zuerst ... aus:* Zu Goethes Gestaltung des Raumes in diesem Roman s. Anm. zu 54,3–56,20.

21,23 *hinterwärts:* rückwärts (Wg 1785).

21,33 *den füllereichsten Anblick:* füllereich oder füllreich ›reich an Fülle, großen Überfluß in sich vereinigend, großen Überfluß darbietend‹ (Gr 514); heute verschwundenes Adj.

21,35–22,9 *Besonders zeichnete ... sich eine Masse Pappeln und Platanen zunächst an dem Rande des mittleren Teiches vorteilhaft aus ... hervortun:* Pappeln, Platanen und die Teiche, die später zu einem einzigen See verbunden sind, gehören zu den wichtigen Dingsymbolen des Romans; ihre volle Bedeutung wird erst im Verlauf der Handlung feststellbar. Siehe Anm. zu 67,16–23, zu 98,36–99,22 und 101,3–103,16 sowie zu 225,32–227,10. Siehe auch Buschendorf, S. 162–167, I. Kuhn, S. 103 ff., und dagegen Wellbery.

21,36 *zunächst:* ganz nahe.

22,21 *daß ich die Gegend mit der Magnetnadel aufnäh-*

me: einfache, früher während militärischer Operationen übliche Form der Geländevermessung.

22,33 *Schraffieren:* (ital.) Stricheln; dient auf Landkarten zur Bezeichnung von Bodenerhebungen.

22,34 *laviert:* mit Wasserfarbe schattiert oder mit Tusche nachgezogen; aus frz. *laver* ›tuschen‹.
illuminiert: farbig ausgemalt.

25,4 *indes:* temporales Adv.; hier und an anderen Stellen soviel wie ›währenddessen, unterdessen‹.

25,7 *als:* wie.

25,18–26,7 *Nachschrift der Vorsteherin:* Die meisten Ottilie leitmotivisch begleitenden und für die weitere Handlung wichtigen Dinge, wie ihre Dienstbarkeit, Bescheidenheit in Kleidung, Mäßigkeit im Essen und Trinken und ihr Kopfweh, erscheinen hier erstmalig, noch bevor sie selbst auftritt. Vgl. auch Anm. zu 46,23 f. und zu 234,1–9, 240,9–22, 250,5–17 und 259,26–260,10.

25,25 *verschiedene Zeuge:* verschiedene Stoffe; aus ahd. *giziug*, Sammelwort für sächliche Konkreta wie Geräte, Werkzeuge, Vorräte und Kleiderstoffe (Gr 8250 ff.).

25,34 f. *sie macht sich irgend ein Geschäft:* sie beschäftigt sich irgendwie.

26,32 *stöckisch:* steif, verstockt.

27,8–12 *Man hat über ihre Handschrift geklagt … ungestalt:* Hier erscheint ein weiteres für die spätere Handlung bedeutsames, Ottilie begleitendes Motiv zum erstenmal. Vgl. Anm. zu 25,18–26,7; 46,23 f. und vor allem 87,33–88,5.

28,2 f. *genugsam:* veraltet für ›genügend‹; vgl. auch 28,17; 28,32 f., 67,3 und 97,29.

Viertes Kapitel

28,7 *topographische Karte:* Lagekarte; aus griech. τόπος ›Ort, Stelle‹ und γράφειν ›schreiben‹.

28,10 f. *trigonometrische Messungen:* Feldvermessungen,

bei denen die Berechnungen durch Aufteilung in Dreiecke erfolgt.

28,22 *Folge:* Folgerichtigkeit.

29,2 *Sonderung:* Trennung, Absonderung; vgl. 71,33.

29,4 f. *Repositur:* Ablage, Registratur.

29,9 *rubriziert:* eingeordnet.

29,11 *Hiebei:* hierbei; die hier und an zahlreichen anderen Stellen des Romans erscheinende Form ist heute veraltet. Vgl. auch 30,17: hiezu.

29,30 *Anstalten:* Einrichtungen; vgl. Anm. zu 47,31.

30,1 *dessenungeachtet:* trotzdem (Wg 878).

30,8 f. *daß ein solcher Fall in dem Leben seines Freundes auf die seltsamste Weise Epoche gemacht:* s. dazu die Novelle *Die wunderlichen Nachbarskinder,* S. 202,24–210,24 und 210,30–211,5.

30,13 *hinausging:* hinwegging.

30,17 f. *Feldchirurgus:* Arzt, der eine soldatische Einheit auf einem Feldzug betreut. Siehe weiterhin Anm. zu 102,15.

30,24 *dieser wurde sogleich verschrieben:* die Anordnungen für sein Kommen wurden sogleich gegeben; ›verschreiben‹ wird heute in diesem Sinne nur noch bei ärztlichen Verordnungen für ein Medikament benutzt.

30,33 *Bleiglasur:* Verbindung, die sich zum Glasieren von Töpfen, Krügen, Tonwaren usw. verwenden läßt; solche sind u. U. giftig oder können es durch Kontakt mit anderen Chemikalien oder durch Witterungseinflüsse o. ä. werden.

30,34 *Grünspan:* chem. Kupferazetat; entsteht durch Oxydation des Kupfers; an der Oberfläche *kupferner Gefäße* z. B. durch Verbindung mit Sauerstoff aus der Luft.

31,8 *vorzüglich:* hier: hauptsächlich.

31,10–32,3 *Eine seiner besondern Eigenheiten … würde:* Hier erscheint ein für die weitere Handlung bedeutsames, Eduard begleitendes Motiv (sein Vorlesen) zum erstenmal. Zu seiner Bedeutung s. Anm. zu 60,1–11 und 249,15–23 sowie zu 87,33–88,5.

31,12 *fiel:* war.

32,19–21 *aber der Mensch ist ein wahrer Narziß ... unter:* Anspielung auf Narziß, den schönen und eitlen Jüngling einer griechischen Sage, der sich am Wasser in sein eigenes Spiegelbild verliebte. Zur Deutung dieses Bildes s. Stopp, S. 72ff.

32,28 *kürzlich:* erweitertes ›kurz‹, vorwiegend adv. Gebrauch (Gr 2850).

33,6–8 *denn es macht in der Gesellschaft nichts lächerlicher, als wenn man ein fremdes, ein Kunstwort falsch anwendet:* ›Kunstwort‹ ist hier als Terminus technicus, als Fachausdruck einer Wissenschaft, der Chemie, zu verstehen (Gr 2738). Vgl. auch 35,15 *Kunstausdrücke*; 37,33f. *das Kunstwort Wahlverwandtschaften*; 38,2f. *Jetzt müßte ich Sie mit schrecklichen Kunstworten hinhalten;* 38,14f. *die seltsamen Kunstwörter.* Die beiden letzten Beispiele zeigen, daß die heutige Unterscheidung im Plural ›Worte‹ bzw. ›Wörter‹ für Goethe noch keine Rolle spielt.

33,12f. *vereinigen:* einigen.

33,22–39,3 *Und so begann der Hauptmann ... darfst:* An dieser Stelle läßt Goethe die Figuren das Konzept diskutieren, das er dem Roman zugrunde legt. Hildegard Emmel erläutert es wie folgt: »Das Naturphänomen, das unter dem Gleichnis der Wahlverwandtschaft erfaßt werden soll, bildet mit seiner Entsprechung im vernunftmäßig nicht zu meisternden Spiel der menschlichen Beziehungen eine Einheit, und es kommt nicht darauf an, ob die Natur oder der Mensch zum Ausgang der Betrachtung dient. Das Phänomen, gleichgültig von welcher Seite her man es ansieht, durchgreift und durchwaltet den gesamten Roman als das alles bewegende und formende Element. Goethe führt es genauso ein, wie es historisch in das Bewußtsein der Menschen kam. Das

Bild von der Wahlverwandtschaft wurde in der Chemie geprägt. Von *affinitas* bei chemischen Körpern sprach als erster Albertus Magnus, später auch Galilei. Der Ausdruck Wahlverwandtschaften erscheint im 18. Jahrhundert im Titel eines Werkes, das der Schwede Tobern Bergmann 1775 herausbrachte: *De attractionibus electivis,* den Hein Tabor mit *Wahlverwandtschaften* übersetzte (1782). Mit dem gleichen deutschen Wort benannte schon vor Tabors Übersetzung Christian Ehrenfried Weigel die Sache, die Bergmann mit seiner Formulierung bezeichnete: ›Wenn zween Stoffe miteinander vereiniget sind und ein dritter, der hinzukömmt, einen derselben aus seiner Verbindung trennt und ihn zu sich nimmt, so wird solches eine einfache Wahlverwandtschaft (enkel frändskap), attractio electiva simplex genannte.‹ Gewiß seit 1796 hat Goethe sich mit dem Phänomen der Wahlverwandtschaft beschäftigt, zunächst vom naturwissenschaftlichen Standpunkt, sehr bald dann auch im erweiterten Sinn, ohne übrigens sogleich das Wort selbst zu benutzen. So sagt er über die Mineralkörper: ›Sie haben nach ihrer Grundbestimmung gewisse stärkere oder schwächere Verhältnisse, die ... wie eine Art von Neigung aussehn, deswegen die Chemiker auch ihnen die Ehre einer Wahl bei solchen Verwandtschaften zuschreiben‹ (1796). Die Rückbeziehung des chemischen Gleichnisses auf die menschliche Welt findet in jenem abendlichen Gespräch des Romans von Anfang an statt. Bei aller Sorgfalt, mit der die Vorgänge der anorganischen Natur dargelegt werden, die Parallelen aus dem Leben der Menschen sind immer sogleich zur Hand. Jeder der drei Gesprächspartner trägt das Seine zur Ausgestaltung der Modellvorstellung bei, die, wie sich erweisen wird, grundlegend für das weitere Geschehen ist. Der Hauptmann formuliert das wissenschaftliche Thema; Charlotte unterstreicht und wertet die Analogien zur Gesellschaft; Eduard, zwischen beiden pen-

delnd, stellt scherzend die Verbindung zu der gegenwärtigen Situation der drei Partner her und beweist, inwiefern es ›billig‹ sei, Ottilie nicht länger fern zu halten, damit für Charlotte gesorgt wäre, da er selbst ihr ›für diesmal‹ durch den Hauptmann einigermaßen entzogen würde.
Der Leser täuscht sich, wenn er annimmt, durch das chemische Gleichnis würden die Vorgänge des Romans erklärt. Das Gleichnis bringt gerade keine rationale Analyse, sondern enthält im Gegenteil den Hinweis darauf, daß der Kern der Vorgänge rätselhaft und undeutbar ist. [...] Zwischen den vier Menschen auf Eduards Landgut spielt sich etwas ab, das sich unter den gegebenen gesellschaftlichen und psychischen Voraussetzungen besonders rein entfalten kann, das seinem Wesen nach aber ein Urvorgang ist – bedeutend und merkwürdig – und in der anorganischen Natur vielfach zu beobachten« (Emmel, 1972, S. 322–324). Zu weiteren Interpretationen der Gleichnisrede s. vor allem Adler (1987), aber auch Bersier (1997), S. 110–117, sowie Hoffmann, Horn (1998b), Seibt/Scholz, Wiethölter.

33,28 *Ich dächte:* regelmäßiger, jedoch meist vermiedener Konjunktiv.

33,31 *Einung:* heute veraltete Form von ›Einigung‹; hier besser ›Verbindung‹.

34,19 *den Augenblick:* im Augenblick, sofort.

34,23 *Sozietäten:* von lat. *societas* ›Gemeinschaft‹; hier besser ›Gesellschaftskreise‹.

35,12 *chemisches Kabinett:* aus frz. *cabinet* ›kleines Nebenzimmer‹; seit dem 16. Jh. auch kleiner Schrank mit vielen Fächern und Schubladen; hier wohl gefüllt mit Chemikalien und Experimentiergerät für private Versuche und zur Unterhaltung der Gesellschaft. Vgl. auch 184,8 *Naturalienkabinett.* Siehe Wellbery, Kap. III, S. 205.

37,7f. *einen refraktären Gips:* refraktär: ›unempfänglich,

unempfindlich‹. Im 18. Jh. wird der Ausdruck in den Naturwissenschaften im Sinne von Reaktionsträgheit gebraucht.

38,31 *Gleichnisrede:* seit dem 16. Jh. synonym zu ›Gleichnis‹, bildliche, vergleichende Rede (Gr 8205), heute jedoch verschwunden.

39,10 *zu berufen:* kommen zu lassen.

39,10f. *Beschließerin:* Wirtschafterin, Verwalterin.

Fünftes Kapitel

39,24f. *Ihre Fräulein Tochter:* Im 18. und 19. Jh. erscheint ›Fräulein‹ wie hier und an anderen Stellen des Romans noch in der urspr. Bedeutung für ein ›unverheiratetes adliges Mädchen‹ (hier für Luciane, Charlottes Tochter aus erster Ehe); weibliche und sächliche Formen waren nebeneinander anzutreffen; heute im Schriftdeutschen nur in sächlicher Form für jede unverheiratete junge Frau (Gr 88f.).

39,27 *die ihr geworden sind:* die sie bekommen hat.

39,32 *Frauenzimmer:* bezeichnete urspr. den Aufenthaltsraum vornehmer Frauen am Hof, dann kollektiv die dort wohnenden Frauen, später allgemein ›vornehme Frauen‹, schließlich, wie hier und an zahlreichen anderen Stellen, das Individuum ›feine, gebildete Frau‹; heute hat das Wort, wie ›Weib‹ (s. Anm. zu 6,35), abwertende Bedeutung.

40,16 *auf den Schein:* um Kenntnisse vorzutäuschen.

40,19–21 *Im Schreiben … viel freiere Züge:* Wie schon bei der ersten Erwähnung des Handschrift-Motivs, so wird auch hier das Steife und Unfreie von Ottilies Schrift betont. Vgl. Anm. zu 44,35–45,2 und 87,33–88,5.

40,23f. *Im Französischen überparlierten und überexponierten sie manche:* Im Sprechen und im Erklären des Französischen übertrafen sie manche (Gr 195 und 443).

41,24–26 *die wie ein guter Hirte auch nicht eins von ihren*

Schäfchen verloren ... sehen möchte: Hier ist angespielt auf das biblische Gleichnis vom Guten Hirten und verlorenen Schaf (Mt. 18,12–14 und Lk. 15,4–7).

41,32f. *ich habe gerade heute wieder mein Kopfweh:* Hier ist an Ottilies *Kopfweh auf der linken Seite* (26,5) erinnert, bevor wenig später die Bedeutung dieses Motivs zum erstenmal näher bestimmbar wird. Siehe auch Anm. zu 43,16–22; 211,36–213,32 sowie vor allem 240,9–22.

42,1 *nach dem Schlafe:* nach der Schläfe; die nicht umgelautete Form ist bei Goethe und Wieland noch meist zu finden; die heute gebräuchliche kommt im 18. Jh. auf.

42,23f. *Bestimmen Sie sich hiezu:* entschließen Sie sich hierzu; ›sich bestimmen‹ wird von Goethe häufiger in der angegebenen Bedeutung von ›sich entschließen, sich entscheiden‹ benutzt, die heute aus dem Sprachgebrauch verschwunden ist (Gr 1679).

42,32–43,1 *Sie tut das mit einer Gebärde ... möchte:* Ottilies hier nur beschriebene Gebärde der Ablehnung erscheint an entscheidender Stelle im 2. Teil des Romans, wo sie den Beginn der letzten Phase von Ottilies Verhältnis zu Eduard kennzeichnet (243,22–26). Zum fragwürdigen Gehalt dieser stummen Gebärde s. Benjamin, S. 175f.

43,16–22 *Es ist doch recht zuvorkommend ... gehen:* Ottilies *Kopfweh auf der linken Seite* (26,5) ist hier erstmals mit demjenigen in Verbindung gebracht, das Eduard zuweilen auf der rechten plagt. Goethe läßt ihn daraus folgern, daß es sich um etwas Gegensätzliches handelt. Siehe dagegen Anm. zu 240,9–22.

Sechstes Kapitel

44,2 *Ein Wagen, der Ottilien brachte, war angefahren:* Auch beim ersten Auftreten der zweiten wichtigen hinzukommenden Figur gibt Goethe sofort Hinweise auf deren Rolle für den weiteren Verlauf des Geschehens. Schon hier läßt sich ablesen, daß die folgenden Ereignisse sich um Ottilie drehen werden. Sie ist nicht Subjekt, aber gleichsam Achse des sie einführenden Satzes.

44,4 und 44,9 *Kniee:* Knie; heute nicht mehr gebräuchliche und auch früher nach Möglichkeit vermiedene Pluralform, die jedoch von Goethe (vgl. *Faust* 1808: »fast sinken mir die Kniee nieder«) und Schiller (*Bürgschaft*: »und von der unendlichen Mühe ermattet sinken die Kniee«) wohl wegen der für den Vers benötigten Silbenzahl gern benutzt wurde.

44,16–21 *Den andern Morgen … wunderbar:* Im Gesamtgefüge des Romans betrachtet erweist sich dieser Einfall Goethes als ein erzähltechnisches Mittel, um den Anfang und das Ende von Eduards und Ottilies Bekanntschaft zu kontrastieren. Siehe dazu 254,24–34.

44,16f. *Es ist ein angenehmes unterhaltendes Mädchen:* Wieland soll diesen Einfall Goethes mit der Bemerkung kommentiert haben, daß er, wäre er der Herzog, Goethe allein dafür mit einem Rittergut belohnen würde (s. Kap. III, S. 145).

44,32 *Sie arbeitete das Vorgesetzte:* Sie arbeitete das, was sie zu tun hatte.

44,35–45,2 *So schob sie ihr manchmal abgeschriebene Federn unter … geschnitten:* In der dritten zum Handschrift-Motiv gehörenden Stelle ist gezeigt, daß Charlottes Versuche, Ottilie durch ein äußeres Mittel *auf einen freieren Zug der Handschrift zu leiten*, vergeblich bleiben. Siehe dagegen 87,33–88,5 und die Anm. dazu.

45,24–35 *Ottiliens Mäßigkeit im Essen und Trinken … mitteilt:* vgl. 25,18–26,7, die Anm. dazu und zu 46,23f.

45,30f. *sich … anzupassen:* sich … passend zu machen; hier noch in der wörtlichen und nicht in der heute üblichen Bedeutung.

46,1 *Smaragd:* grüner Edelstein, Mineral; aus lat. *smaragdus*, wahrscheinlich urspr. ein indisches Wort (Gr 1334 ff.).

46,12 *billig:* hier in der urspr. Bedeutung von ›angemessen, vernünftig‹ wie z. B. heute noch in der Wendung ›recht und billig‹; bei Goethe häufig zu finden.

46,23 f. *Dienstbeflissenheit Ottiliens:* Ein Vergleich von 25,18–26,7 (Ottilies Dienstbarkeit, Bescheidenheit in der Kleidung, Mäßigkeit im Essen und Trinken, Kopfweh) und 27,8 (Handschrift) mit 40,19–21 (Handschrift), 41,32 f. (Kopfweh), 45,24 f. (Mäßigkeit im Essen und Trinken), 45,26–35 (Bescheidenheit in der Kleidung) und der hier vorliegenden Stelle (Dienstbeflissenheit) macht eins der von Goethe zum Aufbau dieses Romans gewählten Prinzipien gut sichtbar. Die anfangs erwähnten, Ottilie leitmotivisch begleitenden Charakteristika sind in spiegelbildlicher Reihenfolge wiederaufgenommen. Einige davon – z. B. Kopfweh, Handschrift – werden im Verlauf der Handlung in sichtbare Zeichen der inneren Nähe, der Wahlverwandtschaft zwischen Ottilie und Eduard verwandelt; andere – z. B. ihre Dienstbeflissenheit oder Bescheidenheit in der Kleidung – stehen dieser deutlich entgegen. Siehe auch die Anm. zu den zitierten Stellen.

47,18–30 *Als Karl der Erste … zurückhalten:* Karl I. von England (1600–49), König seit 1625, versuchte absolutistisch, d. h. ohne oder gegen das Parlament zu regieren; im daraus entstandenen Bürgerkrieg fiel er in die Hände seiner Gegner; das von Cromwell beherrschte Parlament verurteilte ihn zum Tode. Zur inhaltlichen Bedeutung dieser Ottilies Dienstbeflissenheit illustrierenden Anekdote s. Stöcklein, ²1960, S. 17. Siehe auch I. Kuhn, S. 182 ff.

47,27 *darnach:* danach.

47,31 f. *Indessen hatten die guten Anstalten … ununterbrochenen Fortgang:* Indessen machten die Projekte …

ununterbrochen Fortschritt; ›Anstalt‹ ist heute in dem von Goethe benutzten Sinn ungebräuchlich.

48,1 *die Kostbarkeit des Raums:* der Wert des wenigen vorhandenen Raums.

48,11 *im Halbzirkel:* im Halbkreis.

48,31–49,8 *Wie schwer ist es ... werden:* Hier sind die Aufgaben eines Landedelmannes gegenüber der Gemeinschaft genannt, wie sie im ständischen Denken der Figuren erscheinen. Da Bürgern und Bauern die notwendige Einsicht in die größeren Zusammenhänge fehlen, ist es das von Gott verliehene Recht (*Majestätsrecht*) des Herrschenden, das *gemeinsame Gute* zu fördern. Diese Aussage sollte nicht einfach als Meinung Goethes aufgefaßt werden. Da der Roman zwanzig Jahre nach der Französischen Revolution entstand, ist eher anzunehmen, daß der Autor den aufgezeigten Tatbestand hier in Frage stellt bzw. vorsichtig ironisiert. Siehe auch Anm. zu 49,9–50,4.

49,2 *zu pflegen:* zu geben.

49,9–50,4 *Indem sie standen und sprachen, bettelte sie ein Mensch an ... abgetan:* Das soeben angeschnittene Thema von Rechten und Pflichten des Landedelmannes wird hier erweitert. Der am untersten Ende der ständischen Skala lebende Bettler ist – hier noch ganz allgemein – als extreme Kontrastfigur zu Eduard in den Roman eingefügt. Im weiteren Verlauf der Handlung erscheint er wiederholt konkret als solche. In Ottilies Tagebuch (194,12–21) erhält das Bettler-Motiv eine Auflösung, bzw. es mündet wieder in einen theoretischen Gedankengang, der als Reformvorstellung Goethes verstanden werden kann: auch der bettelnde Mensch könnte ein nützliches Mitglied der Gemeinschaft werden, gäbe man ihm ein Tätigkeitsfeld. Siehe auch 98,32–34; 103,37–104,9; 110,13–23 und 194,12–21.

49,20 *Polizei:* hier allgemein: Aufsicht über Ordnung und Sitte; s. auch Anm. zu 48,31–49,8.

50,14 *trutzt:* veraltete Form von ›trotzen, Widerstand bieten‹.

50,22 *mit Kupfern:* mit Kupferstichen; die Kupferstechkunst besteht darin, mit dem Grabstichel eine Zeichnung in eine Kupferplatte zu ritzen, einzufärben und auf Papier abzudrucken; das Ergebnis ist der Kupferstich. Goethe selbst war bekanntlich ein eifriger Sammler von Kupferstichen.

50,24 *problematisch:* wie ein Rätsel, wie zur Lösung vorgelegt; hier in der urspr. Bedeutung des griech. πρόβλημα ›eine zum Lösen vorgelegte, unentschiedene, zweifelhafte Aufgabe oder Streitfrage‹ (Gr 2154).

50,30 *welche die Kunst daran vorgenommen:* welche der Mensch durch Veränderung des Naturzustandes daran vorgenommen hat. Vgl. auch 20,3 f.

50,35 *zum Grunde:* von Goethe noch für ›zugrunde‹ benutzt; vgl. auch 113,28 f. *was zum Grunde künftiger Ausbildung liegen mußte,* ›was künftiger Ausbildung zugrunde liegen mußte‹.

51,3 *oberwärts:* oberhalb; heute veraltet (Gr 1106); s. auch 101,14.

51,3 f. *vor einem angenehmen Hölzchen:* vor einem anmutigen Hölzchen; im 18. Jh. wird ›angenehm‹ bei Anwendung auf Landschaften im Sinne von ›anmutig‹ verstanden.

51,4 *ein Lustgebäude:* eine Art Sommerresidenz, zum Vergnügen, nicht zu irgendeinem Nutzen geplant. Vgl. auch 58,23–29.

51,7 *bestreichen:* hier im Sinne von ›im Auge haben, mit den Blicken erreichen‹; urspr. ›mit Geschossen treffen‹.

51,13 *wohlfeiler:* billiger, preiswerter.

51,15 f. *Notwendig muß etwas Bestimmtes ausgesetzt werden:* Es ist notwendig, sich an eine bestimmte Summe zu halten, d. h. eine solche zu veranschlagen und einzuhalten.

51,19 *Beschluß:* hier: Verwahrung.

51,19f. *ich zahle die Zettel, und die Rechnung führe ich selbst:* Ich zahle die Rechnungen, und die Bücher führe ich selbst.

Siebentes Kapitel

52,19 *befördern:* fördern, unterstützen.

53,9 *bestellten:* begaben.

53,10 *Kopisten:* Schreiber, vorwiegend jemand, der etwas abschreibt.

53,18–22 *Da zeigte sich denn ... daß die Zeit anfange ihnen gleichgültig zu werden:* Wie Goethe u. a. das Zeitempfinden der Figuren als Spiegel für den inneren Verlauf ihrer Liebe benutzt, ist nachzulesen bei Fink, S. 438–483.

53,19 *chronometrische Sekundenuhr:* eine die Zeit sehr genau messende Uhr; aus griech. χρόνος ›Zeit‹ (nach Kronos, dem Gott der Zeit und Vater des Zeus) und μέτρον ›Maß‹.

53,29f. *Ingrediens:* Bestandteil einer Mischung oder Verbindung; aus lat. *ingredentia* ›das Hinzukommende‹.

54,3–56,20 *Ihre Spaziergänge dehnten sich weiter aus ... befand:* Goethes Verwendung der landschaftlichen Motive in diesem Roman als Hilfsmittel zur Darstellung innerer Vorgänge behandelt Dickson, S. 325–349. Siehe auch Emmel, ^{2}1979, S. 168f., und die Hinweise in Anm. zu 3,17–19.

54,8 *geruhig:* geruhsam.

55,13 *Miniaturbild:* kleines, gezeichnetes oder gemaltes Bild; aus ital. *miniatura* und lat. *miniare* ›mit Mennige färben‹ (Wg 2437).

55,29–36 *Ottilie schwieg ... weiß:* Mit der Übergabe des Bildes ist ausgedrückt, daß Ottilie den Bereich des Väterlichen verläßt und in denjenigen Eduards eintritt. Siehe auch Anm. zu 63,5–65,33.

56,12f. *ein abwechselndes Gehölz:* wohl ein kleiner Wald mit verschiedenen Baumarten.

56,14 *Meiereien:* Landgüter oder Pachthöfe, die vorwiegend Milchwirtschaft betreiben.

56,15 *Vorwerk:* hier in der urspr. Bedeutung ›vor einem Herrenhof gelegener, dienst- oder zinspflichtiger bäuerlicher Kleinbetrieb‹; zur Geschichte dieses Begriffs s. Gr 1927 ff.

56,16 *vertraulich:* anheimelnd; bei Goethe häufig in der heute verschwundenen Bedeutung zu finden (Gr 1962).

56,21 *daselbst:* veraltet für ›dort‹; s. auch 100,5.

57,7 *Interessen:* veraltet für ›Zinsen‹; jedoch heute noch gelegentlich in dieser Bedeutung zu finden (Wg 1896); vgl. auch engl. *interest* ›Zinsen‹.

57,11 f. *Charlotte … konnte … nicht viel dagegen erinnern:* s. Anm. zu 4,14.

57,16 *Pachter:* Pächter; bei Goethe und Schiller mehrfach in der nicht umgelauteten Form (Gr 1396).

57,20 *Einrichtung:* Plan.

57,32 *gegen dem Schloß über:* dem Schloß gegenüber; bei Goethe findet sich der abhängige Dat. noch meist zwischen dieser zweiteiligen Präposition; s. auch 60,3; 63,21; 105,29; 111,6 f.; 225,32 f.; 228,34; s. dagegen 243,13 f. *Sind wir nur Schatten, die einander gegenüber stehen?*

57,34–58,4 *Ottilie hatte zu dem allen geschwiegen … bauen:* Esther Schelling-Schär bemerkt zu dieser Stelle: »In dem ›Fingerzeig‹ Ottilies liegt noch so etwas wie ein Anklang an Heiligenlegenden, wo der Bauplatz einer Kirche, eines Klosters, einer Andachtstätte durch höhere Eingebung, deren Werkzeug eben der Heilige ist, bestimmt wird. Tatsächlich gibt es eine alte Tapisserie, die Goethe gesehen haben dürfte und die zeigt, wie der heilige Johannes, sichtbar nur für die Heilige Ottilie, ihr mit dem Finger bedeutet, wo ein Kloster gegründet werden soll« (Schelling-Schär, S. 50).

57,35 f. *vor sie hinwandte:* vor sie hinlegte.

58,31 *nicht bergen:* nicht verbergen.

Achtes Kapitel

59,5 *Riß:* Zeichnung. Urspr. Bedeutung von ›reißen‹: einritzen, Linien ziehen (Furchen, Schriftzeichen).

59,10 *Der Hauptmann machte Eduarden bemerklich:* Der Hauptmann machte Eduard darauf aufmerksam.

59,10–16 *Der Hauptmann ... begehen:* Zum Geburtstagsmotiv s. Anm. zu 20,16–24 und zu 61,25–35.

60,1–11 *Gewöhnlich saßen sie abends ... gekommen:* An dieser Stelle wird deutlich, wie das Motiv von Eduards Vorlesen zu verstehen ist: Eduard gibt für Ottilie aus innerem Antrieb *eine seiner besondern Eigenheiten* (31,10) auf, d. h., seine veränderte äußere Haltung beim Vorlesen ist von nun an zeichenhaft für seine innere Nähe zu Ottilie. Das Vorlesen wird dazu als ergänzendes Gegenmotiv zu Ottilies Handschrift erkennbar: dort paßt sich Ottilie, hier Eduard an den Partner an. Zusammengenommen ergeben beide Motive ein Zeichen für ihre Wahlverwandtschaft. Vgl. Anm. zu 31,10–32,3.

60,10 *zu Ende:* zum Ende.

60,16–61,6 *An einem Abende ... sehen:* Eduards seltsames Musizieren mit Ottilie hebt sich einerseits von seinem Spielen mit Charlotte ab (19,9–24); andererseits steht es in Kontrast zum Zusammenspiel von Charlotte und dem Hauptmann (61,36–62,13). Goethe benutzt das Musizieren des zuletzt genannten Paares als ein Mittel, um ihre vollkommene Wahlverwandtschaft auszudrükken. Er macht auf diese Weise auch auf das Mangelhafte einer solchen in den beiden anderen genannten Fällen aufmerksam.

61,9 *kindische Handlungen:* kindliche Handlungen. Im 18. und frühen 19. Jh. hat ›kindisch‹ noch nicht die heute gültige abwertende Bedeutung, d. h., es wurde nicht zwischen ›kindisch‹ und ›kindlich‹ unterschieden.

61,12–24 *Denn eigentlich war die Neigung dieser beiden eben so gut im Wachsen als jene ... mehr:* Im Gegensatz zur Neigung von Eduard und Ottilie ist diejenige von Charlotte und dem Hauptmann – so zeigt diese Stelle – von Anfang an auf beiderseitiges Entsagen hin angelegt. Zur Fragwürdigkeit dieses Entsagens s. Emmel, [2]1979, S. 176f.

61,25–35 *Vermied nun der Hauptmann … zugehauen:* Die Vorbereitungen, die der Hauptmann zur Feier von Charlottes Geburtstag trifft, sind Teil des von allen geplanten Arbeitsprojekts und stehen von daher in starkem Kontrast zu denjenigen, die Eduard für den Geburtstag Ottilies macht (s. S. 98,11–28). Zum Motivkreis der Geburtstagsfeiern s. Anm. zu 20,16–24.

61,36–62,13 *Die äußere Tätigkeit … freuen:* Zum harmonischen Zusammenspiel von Charlotte und dem Hauptmann s. Anm. zu 60,16–61,6.

62,11 *mehrere:* Goethe benutzt bei ›mehr‹ zuweilen eine doppelte Komparativbildung; s. auch 159,8f. *mit noch mehrerem Eifer* und 189,13f. *mit mehrerem als der gewöhnlichen Liturgie* sowie 259,6 *mehrere Menschen.*

Neuntes Kapitel

62,15–66,37 *Der Geburtstag war herbeigekommen … worden:* Zum Motivkreis der Geburtstagsfeiern s. Anm. zu 20,16–24.

63,5–65,33 *Der Bauherr, die Seinigen … wurde:* Zur Bedeutung der Grundsteinlegung innerhalb des Romans bemerkt Benno von Wiese: »Sie versinnbildlicht die bindenden Kräfte in Natur und Sozietät. Nicht nur die Steine werden *verkittet.* Die Gründung des Hauses – sie bedeutet Dasein und Halt – steht im bewußten Gegensatz zu dem dämonisch Auflösenden der elementaren Kräfte. Goethe sieht die Welt der Steine, *deren Form schon zusammenpaßt* und die *noch besser* durch *diese bindenden Kräfte* vereinigt werden, und die Welt der Menschen, *einander von Natur geneigt* und *noch besser* durch das Gesetz verkittet, in wechselseitiger Spiegelung. (HA VI,691). Siehe auch Böhme, S. 102ff.

63,16f. *die Gemeine:* die Gemeinde; zur Goethezeit werden beide Begriffe nebeneinander gebraucht (Gr 3220).

63,22 *Gewerke:* Handwerke; zur Geschichte des Wortes vgl. Gr 5632ff.; s. auch 66,11.

63,37 *wasser- und senkrechten Lage:* waage- und senkrechten Lage.

63,37f. *Lot und Waage:* die von Lot und Wasserwaage bestimmten Richtungen, also senkrecht und waagerecht.

64,13 *alsobald:* veraltet für ›alsbald‹.

64,23 *des Steinmetzen:* des Handwerkers, der die Steine für den Bau bearbeitet; ahd. *steinmezzo*, lat. *matio* ›Maurer‹ (zur Herkunft s. Gr 2126ff.).

64,25 *Tüncher:* Anstreicher; während ›Tünche‹ (dünnflüssige Kalkbrühe oder Leimfarbe für den Wandanstrich oder figürlich den äußeren Schein, der etwas verbirgt, bezeichnend) heute noch gebräuchlich ist, kommt die Berufsbezeichnung nur noch selten vor.

64,31f. der *Boden geplattet … ist:* der Boden mit Platten belegt … ist.

64,32 *Zieraten:* Ausschmückungen; aus ahd. *ziari* ›Zier‹; volksetymologisch an ›Rat‹ angeschlossen, daher zuweilen mit ›rr‹ (Wg 4102).

65,7 *Köcher:* rollenförmiger Behälter, urspr. für Pfeile; ahd. *kochar*, osttürk. (Sprache der Hunnen) *kukur* (Wg 2075).

65,8 *allerlei Merkwürdiges:* hier noch in der urspr. nur positiven Bedeutung, ›des Merkens würdig‹, wohl lat. *notatu dignus* nachgebildet.

65,14f. der *Nachwelt zu übergeben Belieben trüge:* der Nachwelt gern überlieferte.

65,25 *Riechfläschchen:* kleine Flasche, gefüllt mit Riechsalz, einem belebend wirkenden Gemisch aus Salmiakgeist und wohlriechenden ätherischen Ölen wie Moschus (Drüsenabsonderung des Moschustiers), Lavendel

o. ä.; wurde von adligen Damen u. a. zur Abwehr von Ohnmachten benutzt.

65,31 *Kleinode:* kostbare Schmuckstücke (oder figürlich etwas sehr Wertvolles); mhd. *kleinot*, gebildet aus ›klein‹ in der Bedeutung ›fein, zierlich‹ und der ahd. Ableitungssilbe *odi* (Gr 1121 ff. und Wg 2050).

65,33 *aufgestürzt:* umgedreht (Gr 754 f.).

66,18–37 *Und so leerte er ein wohlgeschliffenes Kelchglas … worden:* Mit dem Glas aus Eduards Jugend ist ein weiteres Dingsymbol eingeführt, dessen Bedeutung erst im Verlauf der Handlung voll erkennbar wird. Man kann es hier als dingliches Gegenbild zu der in den Grund versenkten Halskette, einem Überbleibsel aus Ottilies Jugend, auffassen. Nach einem alten Volksglauben wird es als unglückbringendes Zeichen angesehen, wenn ein Glas, das der Handwerker beim Richtfest nach erfolgtem Festspruch auf die Gesundheit der Anwesenden ausleert und über seine Schulter wirft, nicht zerschellt. Goethe dürfte diesen Brauch gekannt haben. Er ändert nur Unwesentliches (Grundsteinlegung nicht Richtfest ist der Anlaß; das Glas wird in die Luft, nicht über die Schulter geworfen), hält jedoch dadurch die Bedeutung des Glases für den Leser, dem dieser Brauch bekannt sein sollte, noch in der Schwebe. Siehe auch Anm. zu 122,20–27, 215,34–216,17 und vor allem zu 259,28–260,10. Zur Interpretation siehe z. B. Bersier (1997), S. 117–124, und Böhme, S. 107–110.

66,25 f. *herausgeschlagen:* entfernt.

66,37 *verfertigt worden:* angefertigt worden; ›verfertigen‹ wurde in älterer Zeit mehr als heute im Sinne von ›fertigstellen, anfertigen gebraucht‹ (Gr 328 f.).

67,5–15 *Nach dem Innern des Landes zu … Bergsee:* Die hier gegebene Landschaftsbeschreibung ist bewußt allgemein gehalten und soll weder an eine bestimmte geographische Situation erinnern noch eine solche verschleiern. Siehe auch Anm. zu 3,17–19.

67,16–23 *Nur bitte ich meine Platanen- und Pappelgruppe zu schonen, ... die so schön am mittelsten Teich steht ... lagen:* Hier klingt eines der beiden Motive an, in deren Bereich die Dingsymbole der Platanen, Pappeln und Teiche gehören: die Bäume werden mit Ottilies Geburt in einen Zusammenhang gebracht. Siehe weiterhin Anm. zu 98,36–99,22, 101,3–103,16 sowie zu 225,32–227,10.

67,34 *erneuen:* alte Nebenform zu ›erneuern‹ (Gr 921), die jedoch heute noch zu finden ist (Wg 1142).

68,5 *Graf:* zur Goethezeit Angehöriger des mittleren Adels; abgeleitet von griech. γραφεύς ›Schreiber‹; urspr. Verwaltungsbeamter des Königs (Burggraf oder Pfalzgraf z. B.) mit richterlichen Befugnissen.

68,17–30 *Der Hauptmann erkundigte sich ... billigte:* Die Frage des Hauptmanns ist Anlaß, den Leser mit der Vorgeschichte der hinzukommenden Figuren, Graf und Baronesse, bekannt zu machen, d. h., sie ist ein erzähltechnisches Mittel.

68,37 *Der Aufsatz:* das Aufgesetzte, der Vertrag.

69,2 *Kanzellist:* urspr. Schreibweise von ›Kanzlist‹; ›Schreiber‹, von lat. *cancellista* (Gr 177).

69,18–71,7 *Die Figur kam näher, und Mittler war es wirklich ... davon:* Mittlers zweiter Besuch erscheint notwendigerweise in nahem Zusammenhang mit demjenigen von Graf und Baronesse. Seine Rede über den *Ehstand* und die Ausführungen des Grafen dazu fallen so eher als Argument und Gegenargument ins Auge. Keine der beiden Stellungnahmen sollte als Meinung Goethes aufgefaßt werden. Innerhalb der fiktiven Welt repräsentieren sie vielmehr Variationen zum Thema Ehe, die den im Roman ausgeführten Möglichkeiten entgegengesetzt sind.

70,15 *Ehstand:* ältere Form von ›Ehestand‹.

71,2 *Postillons:* In der Goethezeit kommen noch beide Schreibweisen vor: ›Postillon‹ aus frz. *postillon* und das heute übliche ›Postillion‹ aus ital. *postiglione* (Gr 2029).

Zehntes Kapitel

71,18 f. *Auch dieses Paar zeigte sich höchst bequem in der Gegenwart:* Auch dieses Paar fand sich leicht in die gegebenen Umstände; zu *bequem* vgl. Anm. zu 19,12.

71,24 *augenblicks:* veraltet für ›augenblicklich‹.

71,33 *Sonderung:* Absonderung, Trennung.

72,2 f. *Frühkleidern:* Morgenkleidern (Gr 294).

72,20 *ehstens:* nächstens; ältere Form zu ›ehestens‹ (Gr 50).

73,27 *begütigt:* beruhigt.

74,7 *Haushofmeister:* Aufseher der Dienerschaft, Leiter eines sehr großen Haushaltes (Wg 1675).

74,9 *Livree:* uniformartige Bedienstetenkleidung aus frz. *livrée* ›Dienerschaft‹.

staken: Ind. Prät. der starken Konjug. von ›stecken‹, das intrans. stark, trans. dagegen schwach konjugiert wird.

74,12 *irgend:* irgendwie.

75,1 *Konsistorien:* oberste evangelische Kirchenbehörden, die über die Auflösung von Ehen entschieden; aus lat. *consistorium* ›Versammlungsort‹.

75,21–77,5 *Wenn ich mir die Jahre zurückerinnere … gehe:* wenn ich mich an die Jahre erinnere; ›sich zurückerinnern‹ ist in der von Goethe verwandten Weise heute kaum noch üblich (Gr 689) bzw. nur noch umgangssprachlich anzutreffen (Wg 4141). – Hier werden dem Leser Eduards und Charlottes frühere Bekanntschaft und Ehen aus einer neuen Perspektive geschildert. Vgl. auch Anm. zu 7,8–8,1.

76,22 *auszuwirken:* zu erwirken, zu erreichen.

76,27 f. *ein wahrhaft prädestiniertes Paar:* ein wahrhaft für einander bestimmtes Paar, von lat. *praedestinare* ›im voraus bestimmen‹.

77,17 *eigentlich:* genau gesagt (Wg 997).

77,25 *folgerecht:* folgerichtig, planmäßig, konsequent, logisch (Wg 1312).

78,13 *Rolle:* hier in der urspr. Bedeutung ›Schreibrolle‹, aus lat. *rotulus* (Gr 1137).

79,11 *besaß sich:* hatte sich in der Gewalt, beherrschte sich; aus frz. *se posséder* abgeleitet.

79,12f. *einen gemeinen Fall:* hier in der urspr. Bedeutung von ›einen allgemeinen Fall‹.

79,18 *schließt sich:* schließt sich … an.

79,19f. *das Bewußtlose:* das Unbewußte, das Unbemerkte.

79,35f. *von dieser vorhabenden Herbstreise:* ›vorhabend‹ in passivischem Sinn ist der alten Amtssprache entlehnt; verschiedentlich in Goethes Briefen und Tagebüchern und in Werthers Zettel an Albert zu finden: »Wollen Sie mir wohl zu einer vorhabenden Reise Ihre Pistolen leihen?«

80,20f. *Eduard, der … des Weines nicht schonte:* In älterer Zeit überwiegt der Gebrauch des Gen.-Obj.s mit ›schonen‹, heute der des Akk.-Obj.s.

81,2 *hin und wider:* hin und her; ›wider‹ eigentlich ›gegen‹; vgl. auch das heute noch übliche ›Für und Wider‹.

Elftes Kapitel

81,10 *vorige Zeiten:* frühere Zeiten.

81,11 *gedachte … an:* erinnerte (sich) … an; ›gedenken‹ wird heute nicht mehr mit präp. Obj. gebraucht (Gr 1998).

81,12 *mit vielem Feuer:* mit viel Feuer; ohne nachfolgendes Adj. wird ›viel‹ heute nicht mehr dekliniert.

81,16f. *Ehrenbezeugung der Sarmaten:* Mit dem hier erwähnten Brauch wird Goethe durch das 1806 erschienene Drama *Das Kreuz an der Ostsee* von Zacharias Werner bekannt geworden sein. Die Sarmaten waren ein iranisches Nomadenvolk, das vor Zeiten in der südrussischen Steppe Sarmatien lebte.

81,28 *bestehen helfen:* habe bestehen helfen.

81,29 *unsre höchsten Herrschaften:* Damit ist ein fiktives

Herrscherpaar eines deutschen Landes gemeint, das ebenfalls fiktiv ist. Siehe auch Anm. zu 67,5–15.

82,1 *Hofdamen:* adlige, einem Hof angehörende Damen, Ehrendamen einer Fürstin.

82,12 *Garden:* Leibwache, auch Elitetruppe, meist mit prächtiger Uniform; aus frz. *garder* ›bewachen‹.

82,17 *die Riesen:* wie *Garden* und *Enakskinder* wohl Anspielung auf die »Langen Kerls«, die Leibgarde von Friedrich Wilhelm I., König von Preußen (1688–1740); die im In- und Ausland oft gewaltsam rekrutierte Garde bestand aus auffallend großen Männern; das etwa 500 Mann starke, in rote Uniformen gekleidete Bataillon wurde nach dem Tod seines Gründers von dessen Sohn, Friedrich dem Großen, als zu teuer und uneffektiv aufgelöst.

82,22 *Enakskindern:* so genannt nach dem sagenhaften kanaanitischen Riesenvolk des Alten Testaments; s. 4. Mose 13,23–34.

82,28 *gerechte Zeit:* die richtige Stunde.

83,14 *Tapetentüre:* mit der gleichen Tapete wie die Wand verkleidete und daher kaum sichtbare Tür.

83,18 f. *Kammermädchen:* Dienerin bei einer Fürstin oder adligen Frau.

83,20 f. *So zünde Sie … und gehe Sie nur hin:* Form der Anrede, die früher von Seiten der Herrschaft gegenüber Bediensteten üblich war.

83,26 *geengt:* Das Verb ›engen‹ (ahd. *engan*) ist heute verschwunden.

83,30 *Halbgeschoß:* hat die halbe Höhe eines vollen Stockwerks; etwa in Schlössern auf beiden Seiten eines hohen Saales zu finden.

83,31 *an seiner Frauen Türe:* ›seiner Frauen‹, veralteter, etwas feierlicher Gen., der sowohl Singular als auch Plural sein kann; Goethe wählt wohl diese auch zu seiner Zeit ungewöhnliche Form, um sprachlich die *sonderbare Verwechslung* und Verdoppelung zu spiegeln, die hier und im weiteren Verlauf dieser Szene in Eduards Seele vor sich geht.

84,4 *antizipierte:* nahm in Gedanken vorweg; aus lat. *anticipare*.

84,8 *die totenhafte Zeit:* ›totenhaft, totenartig‹ sind heute verschwundene Adjektive (Gr 608).

84,12 *auf den Sofa:* Im 18. Jh. ist ›Sofa‹ noch durchgehend maskulin.

85,22–37 *In der Lampendämmerung … erwachte:* Der hier geschilderte doppelte geistige Ehebruch wird in der Kritik häufig als der Kern oder die »unerhörte Begebenheit« der urspr. wohl als Novelle für die *Wanderjahre* geplanten *Wahlverwandtschaften* angesehen. Dabei ist außer acht gelassen, daß Goethe die Bemerkung zu Eckermann (»… was ist eine Novelle anders als eine sich ereignete unerhörte Begebenheit« – Eckermann, *Gespräche mit Goethe*, 29. Januar 1827) auf seine *Novelle* und auf die im zweiten Teil dieses Romans eingefügte Novelle *Die wunderlichen Nachbarskinder* gemünzt hat. Zur Interpretation siehe z. B. Beland, Kap. III, S. 225–230, sowie Harper, Hoffmann.

Zwölftes Kapitel

86,5 *abnehmen:* entnehmen, ablesen.

86,33 *verschrieben hatte:* bestellt hatte (Gr 1159).

86,35–87,7 *Er war am Ufer des mittelsten Teiches … Platanen:* Der Kahn, der auch später mehrfach im Geschehen eine Rolle spielt, erscheint hier zum erstenmal. Siehe auch Anm. zu 98,36–99,22 und Wellbery.

87,32 *kollationieren:* auf Fehler hin vergleichen.

87,33–88,5 *Die ersten Blätter … Augen:* Hier kann der Leser erkennen, was Goethe mit dem Handschrift-Motiv ausdrückt: Ottilie hat sich aus innerer Notwendigkeit der Hand Eduards angepaßt; ihre Schrift ist *leichter und freier* geworden. Vgl. auch Anm. zu

27,8–12; 40,19–21 und 44,35–45,2; zum Gegenmotiv bes. 60,1–11.

88,9f. *umgewendet:* von Grund auf geändert; ins Gegenteil umgewandelt (Gr 1261).

89,7f. der … *hinschauernde Windhauch:* Grimm führt das Wort ›hinschauern‹ außer an dieser Stelle nur für eine Übersetzung von *Macbeth* durch Schiller an: »[wenn Macbeth] bebenden Fußes, mit hinschauerndem Auge aus der Schlafkammer wankt« (Gr 1469).

89,8 *Rohre:* Schilfgewächse.

89,25 *bewußtlos:* ohne es zu wissen; heute ist dieser Gebrauch von ›bewußtlos‹ verschwunden (Gr 1791).

90,22 *daß sie unser wert sei: sie* bezieht sich auf *Epoche.*

90,28 *unsre Lage:* die äußeren Lebensumstände.

90,29 *unsre Gesinnung:* die innere Lage, die Wahlverwandtschaft.
hub: hob; veraltete Nebenform des Ind. Prät.

Dreizehntes Kapitel

91,17f. *ein andres Dokument:* der Ehevertrag.

91,33–92,2 *Alles war still um ihn her … sind:* Goethe versucht, dem Leser auf diese Weise die Vorgänge in Eduards Innerem zu vermitteln. Der Romankunst des 20. Jh.s steht für solche Fälle als erzähltechnisches Mittel der innere Monolog zur Verfügung.

92,5 *gewältigte:* bewältigte, bezwang; das von Goethe bevorzugte Wort bezeichnete u. a. einen Begriff des bergmännischen Arbeitsbereichs (Gr 5177).

92,10 *mehreren:* weiteren.

92,17f. *es soll an Ottiliens Geburtstage gerichtet werden:* s. dazu Anm. zu 20,16–24.

93,4 *zu dem Ende:* zu dem Zweck.

93,7 *Zession der Gerechtsame:* Abtretung von Eigentumsrechten an Gläubiger.

94,20 *akkompagniere:* (musikalisch) begleite; aus frz. *accompagner.*

94,37 *heruntergeführt:* heruntergeweht.
Kammerdiener: Leibdiener eines Fürsten oder adligen Herrn.

95,3 *Billett:* kleines, manchmal versiegeltes Schreiben mit einer Nachricht; aus frz. *billet.*

95,4 *zwickte:* etwas mit zwei beweglichen Teilen eines Werkzeugs kurz drücken (Wg 4177); hier ist die Brennschere zum Haarekräuseln das Werkzeug.

95,11–17 *Ottilie versäumte nicht ihm zu antworten … verlörest:* s. Anm. zu 87,33–88,5.

Vierzehntes Kapitel

96,31 *der sehr schöne Aussichten in die Ferne darwies:* der sehr schöne Aussichten für die Zukunft zeigte (vgl. Gr 805).

97,1 *Charakter als Major:* Majorsrang ohne Pflichten.

97,7 *Einrichtungen:* Vorbereitungen.

97,23 f. *mit Verdingen der Arbeit:* mit vertraglicher Ausgabe der Arbeit; ›eine Arbeit verdingen‹, veraltet für ›eine Arbeit an einen anderen zur Fertigstellung ausgeben‹ (Wg 3791).

97,32 *Selbstler:* selten gebrauchter deutscher Ausdruck für ›Egoist‹.

97,34–99,22 *So arbeitete man immer mit Anstrengung … Geburt:* Zur Motivkette der verschiedenen Geburtstagsfeiern s. Anm. zu 20,16–24.

98,1 *ihre Glücksumstände:* Sie sind negativ zu verstehen, denn Ottilie ist der Romanfiktion nach Waise und mittellos.

98,17 *in beständigem Verhältnis:* in ständiger Verbindung.

98,20 *den niedlichsten Koffer:* Hier ist ein weiteres Dingsymbol eingeführt, dessen Bedeutung im Verlauf der

Handlung schrittweise erkennbar wird. Vgl. Anm. zu 105,1–10.

98,21 *Saffian:* feines, mit dem Gerbstoff Sumach bearbeitetes Ziegenleder; aus poln. *safian*, türk. *sahtjan*. Sumach ist ein Gerbstoff lieferndes Holzgewächs; das Wort stammt aus arab. *summaq*.

98,24 *Feuerwerk:* Zur Funktion des Feuerwerks s. vor allem Anm. zu 103,24–34.

98,32–34 *Ja sogar hatte er wegen des Bettelns ... genommen:* Besonders an dieser Stelle erscheinen Bettler als die aus der Gesellschaft Verbannten. Zum Motiv des Bettelns s. Anm. zu 49,9–50,4.

98,34 *genommen:* getragen.

98,36–99,22 *Am mittelsten Teiche ... Geburt:* Was bisher nur angedeutet war (s. Anm. zu 67,16–23), wird hier gewissermaßen dokumentarisch belegt: Eduard pflanzte die Platanen im Jahr und am Tag von Ottilies Geburt an. Als Dingsymbol gehören sie damit – soviel läßt sich hier feststellen – zur Motivkette der Geburtstage. Darüber hinaus macht Goethe mit dieser Stelle auf den Altersunterschied zwischen Eduard und Ottilie aufmerksam. Dieser Hinweis ist nicht nur Information. Im Gesamtgefüge des Romans steht ihr unterschiedliches Alter in Kontrast zu ihrer geistigen Haltung der Entsagung. Siehe ferner Anm. zu 101,3–103,16 und 225,32–227,10.

Fünfzehntes Kapitel

99,24–105,10 *Endlich leuchtete Eduarden der sehnlich erwartete Morgen ... getraute:* Zur Motivkette der verschiedenen Geburtstagsfeiern s. Anm. zu 20,16–24.

99,27 f. *so viel Artiges:* so viel Erfreuliches; vgl. Anm. zu 8,25.

99,30 *Vor Tafel:* vor der Tafel, vor dem festlichen Mittagessen; vgl. 100,9 *nach der Tafel.*

99,31 *Kranz:* Richtkranz; wird auf dem ›gerichteten‹ Dachstuhl eines neuen Gebäudes zur Feier des Richtfestes aufgestellt. Nach alter Vorstellung soll der Kranz mit den bunten Bändern das Glück des Hauses sichern. Siehe auch Anm. zu 66,18–37.

100,21 *Gesims:* der waagerecht vorspringende Streifen einer Mauer (Wg 1491).

100,32 *Lauben:* bedeckte Gänge zum Schutz gegen Wind, Sonne und Regen (vgl. Gr 292).

101,3–103,16 *Sodann, ehe man sich auf den Spaziergängen zerstreute ... werden:* Hier werden die beiden Hauptmotivkreise des Romans, Geburt und Tod, sowie einige der dazugehörigen Dingsymbole (Platanen, Teiche, Kahn) zum erstenmal im Zusammenhang erkennbar. Siehe weiterhin Anm. zu 225,32–227,10 und zu 20,16–24.

101,6 *nahm Abrede:* verabredete sich.

102,15 *Chirurgus:* hier in der älteren Bedeutung ›Wundarzt‹; abgeleitet von griech. χειρουργός, das aus χείρ ›Hand‹ und ἔργον ›Werk‹ zusammengesetzt ist. Beides, Chirurgus oder Wundarzt, bezeichnete früher einen Arzt für äußere Krankheiten mit handwerklicher Ausbildung im Gegensatz zu Leibarzt oder Medicus, dem Arzt für innere Krankheiten mit akademischer Ausbildung (vgl. Gr 1769f.); s. auch Anm. zu 30,17f. *Feldchirurgus.*

103,2 *Lazarett:* eigtl. ›Militärkrankenhaus‹; aus ital. *lazzaro*, nach dem kranken Lazarus des Neuen Testaments: Lk. 16,20.

103,3 *Zur Barmherzigen Schwester ist sie zu gut:* ›barmherzige Schwestern‹ sind Mitglieder evangelischer weiblicher Orden, die sich der Armen- und Krankenpflege widmen.

103,24 *Raketen:* bis ins 20. Jh. nur ›Feuerwerkskörper‹; allgemein durch Rückstoßantrieb betriebene Flugkörper.

103,24–34 *Raketen rauschten auf ... angehöre:* Rudolf Abeken, der im Januar 1810 die kurz zuvor erschienenen *Wahlverwandtschaften* im *Morgenblatt für gebildete Stände* anonym besprach, urteilte über das *Feuerwerk*: Es »ist zugleich ein Symbol für das Geschick der Liebenden« (ausführliches Zitat s. Kap. III, S. 136). Siehe auch 140,27–35 und 222,32–35.

103,24 f. *Kanonenschläge ... Leuchtkugeln ... Schwärmer ... Räder:* verschiedene Feuerwerkskörper.

103,26 *gischten:* brausten auf; das von Goethe gewählte Wort bezeichnet das Geräusch, das diese Räder verursachen.

103,37–104,9 *Eine Figur ... schien:* Zum Motiv des Bettelns s. Anm. zu 49,9–50,4.

104,2 *versäumt:* hier in der Bedeutung von ›vergessen‹.

104,6 *höchlich verpönt worden:* veraltet für ›bei Strafe streng verboten worden sei‹; aus lat. *poena* ›Sühnegeld, Buße‹; mhd. *verpenen* ›mit einer Geldstrafe bedrohen‹.

104,7 *Goldstück:* Goethe benutzt bewußt eine allgemeine Währungsbezeichnung, um einer zeitlichen und geographischen Festlegung des Geschehens entgegenzuwirken (vgl. Anm. zu 67,5–15).

104,12 f. *der Knabe ward wieder zum Leben hergestellt:* Der Knabe wurde erfolgreich wiederbelebt.

104,22 *Entdeckung:* hier: vertrauliche Mitteilung.

104,29 *Er argwohnte:* er argwöhnte; die ältere, nicht umgelautete Form erschien zur Zeit Goethes noch neben der heute mit Umlaut gebräuchlichen.

105,1–10 *Aber wie erstaunt war Ottilie ... getraute:* Der kleine Koffer und sein Inhalt, Eduards Geburtstagsgeschenk an Ottilie, bilden einen Kontrast zu Ottilies betonter Bescheidenheit in Sachen Kleidung sowie zu der Geburtstagsgabe des Hauptmanns an Charlotte. Siehe Anm. zu 61,25–35 und zu 116,33–117,13; 239,13–15; 245,4–7 und 250,5–17. Siehe dazu Wellbery, Kap. III, S. 204 ff.

105,5 *zu lüften:* emporzuheben; ›lüften‹ ist in dieser Bedeutung heute ungebräuchlich (Gr 1250).
Musselin: feines, leichtes Woll- oder Baumwollgewebe, meist für Damenkleider; aus frz. *mousseline*, nach der ehemals türk. Stadt Mosul.
Battist: feines, leinwandartiges, also aus Flachs oder Baumwolle hergestelltes Gewebe; vermutlich nach einem frz. Leinwandweber Baptiste, der im 13. Jh. in Cambrai gelebt haben soll; heutige Schreibweise: Batist.

Sechzehntes Kapitel

105,13 *gefühltes:* empfundenes.
105,25–109,6 *In diesem Sinne begann sie das Gespräch mit ihrem Gemahl … Vorschub:* Eine eingehende Analyse des Gesprächs zwischen Charlotte und Eduard ist nachzulesen bei Emmel ([2]1979), S. 181–188.
107,10 *Hofmeister:* bezeichnete früher entweder einen Gutsverwalter, einen Hauslehrer oder den Erzieher eines Prinzen; hier wohl allgemein in der Bedeutung ›Erzieher‹.
109,1 *ohne Vorbewußt:* ohne das vorherige Wissen.
109,2 *Einleitung:* vorbeugende Gesprächswendung.
109,8 *wie schon im Stegreife:* wie schon im Steigbügel, d. h. rasch und ohne lange zu überlegen, vom Pferd herab; ›Stegreif‹ ahd. *stegareif* urspr. Nebenform zu ›Steigbügel‹ (aus ahd. *stegon*); heute nur noch in figürlichen Wendungen wie z. B. ›aus dem Stegreif aufsagen‹; der Gebrauch bei Goethe legt nahe, daß sich der Ausdruck in einer Übergangsphase befand.
110,10 *Im Gegenteil:* andererseits, hingegen.
110,13–23 *Als er beim Wirtshause vorbeiritt … Glücke!:* Zur Figur des Bettlers s. Anm. zu 49,9–50,4.

Siebzehntes Kapitel

111,19 *Mundtasse:* Tasse, aus der man gewöhnlich trinkt; wohl eine Wortschöpfung Goethes, da Grimm nur diese Stelle anführt (Gr 2693).

112,27 *bergen:* poet. für ›verbergen‹.

113,35 *beraset:* mit Rasen überzogen; heute verschwundenes Verb, von Goethe noch vielfältig benutzt (Gr 1486).

113,36 *alle rauhe Arbeit:* alle Arbeit am Rohbau, alle Arbeit vor dem Verputz.

114,6–115,3 *Willkommen war ihr daher eine Anstalt ... einzuflößen:* Verankert in der Romanhandlung läßt Goethe hier – ähnlich wie mit dem Bettler-Motiv – eine Stellungnahme zu einer Frage seiner Zeit anklingen: Erziehung von Knaben und Mädchen der ärmeren Bevölkerungsschichten als Aufgabe des Adels. Siehe dazu Hoffmann, vor allem S. 434–438, und Anm. zu 48,31–49,8.

114,10 *eine Art von heiterer Montierung:* eine Art freundlicher Arbeitskleidung; ›heiter‹ im Sinne von ›hell, freundlich‹ gehört zu den Lieblingswörtern Goethes; ›Montierung‹ aus frz. *monture* ›Ausrüstung‹.

114,15 f. *Man fand an ihnen eine bequeme Dressur:* Sie ließen sich leicht zum Gebrauch dienlich machen; ›Dressur‹ aus frz. *dresser* ›zurichten, schulen, zum Gebrauch dienlich machen‹ (vgl. Gr 1406).

114,17 *Manöver:* hier: Kunstgriffen, einheitlichen Handgriffen.

114,18 *Scharreisen:* Gerät zum Scharren oder Kratzen, zum Entfernen von Unkraut.

114,21 f. *das hohe, große, eiserne Walzenrad:* Gerät zum Glätten von Wegen oder Äckern.

114,23 f. *eine artige Folge:* Zu ›artig‹ s. Anm. zu 8,25.

114,24 *Fries:* waagerechter, ornamentaler oder figürlicher Zierstreifen zum Schmuck einer Wand; aus frz. *frise* ›krause Verzierung‹.

114,29 *zeither:* bisher, in letzter Zeit; später von ›seither‹ verdrängt.
114,36 *Korps:* einheitliche Gemeinschaft; aus frz. *corps* ›Körper, Körperschaft‹.
115,7 f. *denn ihr war es besonders freundlich:* denn zu ihr, Ottilie, war es (das Mädchen) besonders freundlich.
115,8 *Zu ihr zog es sich:* Das Mädchen fühlte sich von Ottilie angezogen.
115,16 *Die Beeren- und Kirschenzeit ging zu Ende:* Dies ist eine der wenigen, jedoch bewußt gesetzten Zeitangaben des Romans: der Sommer hat das Frühjahr abgelöst. Siehe auch Anm. zu 3,4 f.
115,29 f. *Die jetzigen Herren Obstgärtner sind nicht so zuverlässig als sonst die Kartäuser waren:* Die Kartäuser, Angehörige eines 1084 in La Chartreuse bei Grenoble gegründeten Mönchsordens mit sehr strenger Regel (Einsamkeit, Stillschweigen), hatten zeitweise berühmte Baumschulen in Paris.
115,31 *honette Namen:* ehrliche Namen; aus frz. *honnête.*
115,35 *Am wiederholtesten:* am häufigsten; wohl von Goethe geschaffener Superlativ.
116,5 *Rabatten:* schmale Beete, besonders als Einfassung von Wegen; aus frz. *rabat* ›Umschlag‹ (Wg 2839).
116,7 *Flor:* Blumenfülle; aus lat. *flos, floris* ›Blüte‹.
116,8–15 *Mit welchen Empfindungen … Mädchens:* s. Anm. zu 3,34–4,4 und zu 20,16–24.
116,9 *die späteren Blumen:* die herbstlichen Blumen, gemeint sind wohl Astern (vgl. 140,21); Astern sind symbolisch Blumen des Sterbens und des Todes.
116,33–117,13 *Ottilie hatte Eduarden nicht entsagt … ihrigen:* Hier ist, parallel zur sommerlichen Fülle in der Natur und mit ebensolcher Bildhaftigkeit, Ottilies Liebe zu Eduard in ihrer vollsten Entfaltung beschrieben; *auf den Knieen* liegt sie z. B. vor dem geöffneten Koffer und betrachtet dessen Inhalt, den sie an ihrem Geburtstag *kaum zu lüften wagte* (105,5). Der Koffer und sein

Inhalt wird hier als Sinnbild für Hoffnung auf das Leben mit dem Geliebten verständlich. Siehe ferner Anm. zu 3,4f. und zu 105,1–10.

Achtzehntes Kapitel

117,15–26 *Daß jener wunderlich tätige Mann … war:* Der an dieser Stelle und im weiteren Verlauf des Kapitels deutlich negativ beschriebenen Tätigkeit Mittlers steht seine Bemerkung gegen Ende des Kapitels gegenüber: *auf die warnenden Symptome achtet kein Mensch, auf die schmeichelnden und versprechenden allein ist die Aufmerksamkeit gerichtet und der Glaube für sie ganz allein lebendig.* Das bedeutet, daß diese Figur nicht durchweg negativ konzipiert ist, was sich zudem mit der Namenwahl schlecht vertrüge. Siehe Anm. zu 259,28–260,10.

118,29f. *so lieb als ein himmlischer Bote:* so lieb wie ein himmlischer Bote; ›als‹ ist heute bei Vergleichen nur nach Komparativ und Superlativ zu finden.

119,27 *auf dem Vorsaale:* auf dem Flur; ›Vorsaal‹ noch heute obersächs. für ›Flur, Diele, Korridor‹ (Wg 3911).

119,36–120,18 *Eine einzige Freude bleibt mir noch … zerrüttet:* Diese bisher in der Forschung weitgehend unberücksichtigt gebliebene Stelle hat ihre Parallele in Ottilies Traumerscheinungen während Eduards Abwesenheit (s. S. 190,13–37) und ist somit als ein Zeichen für ihre Wahlverwandtschaft zu verstehen.

120,6f. *Alles was mir mit ihr begegnet:* alles was ich mit ihr erlebt habe (oder: erlebe).

120,7–10 *Bald unterschreiben wir einen Kontrakt … sich:* s. Anm. zu 87,33–88,5.

120,14 *geängstet:* geängstigt.

120,21 *törigen:* törichten.

121,15 *von den peinlichsten Gefühlen:* von den schmerzlichsten Gefühlen.

121,22f. *wo jeder Trost niederträchtig und Verzweiflung Pflicht ist:* Im Paralipomenon zu *Faust* heißt es: »Jeder Trost ist niederträchtig / Und Verzweiflung nur ist Pflicht« (Weimarer Ausgabe, Bd. 15, II,183, Nr. 83).
121,23 *ein edler Grieche:* Anspielung auf Homer, Dichter der Epen *Ilias* und *Odyssee*.
121,28 *Spektakel:* Schauspiel.
121,32 *Gladiator:* Schwertfechter bei den altrömischen Kampfspielen; aus lat. *gladius* ›kurzes, zweischneidiges Schwert‹.
122,20–27 *Sehen Sie dieses Glas! … hat:* Hier deutet sich Eduard das Glas als ein äußeres Zeichen von seiner und Ottilies Wahlverwandtschaft. Siehe dagegen Anm. zu 259,28–260,10.
124,4–7 *jener Arzt, mein Freund, dem alle Kuren gelangen … wollte:* Anspielung auf Jung-Stilling; vgl. *Dichtung und Wahrheit*, 9., 10. und 16. Buch.
124,26 *womit es sich endigte:* womit es endete.
125,21–24 *Ottilie … ging in sich zurück … nicht:* Ottilies Entsagung beginnt hier.

Zweiter Teil. Erstes Kapitel

126,3–9 *Im gemeinen Leben … erscheint:* Hier macht Goethe noch ausdrücklicher als zu Beginn des ersten Teils das Fiktive seiner Geschichte deutlich (vgl. Anm. zu 3,3f.). Die Hinwendung zu den Nebenfiguren, die er gleichsam doppelt begründet, bedeutet eine Verlangsamung des Erzähltempos. In den 18 Kapiteln des ersten Teils beträgt die erzählte Zeit etwa ein Vierteljahr (von April bis über das Ende der *Beeren- und Kirschenzeit* hinaus), in denen des zweiten Teils umfaßt sie dagegen 15 Monate. Siehe weiterhin Anm. zu 15,34–17,37 (Benennung der Nebenfiguren).
126,3 *Im gemeinen Leben:* im gewöhnlichen Leben; hier

im Gegensatz zu dem Leben zu verstehen, das in Romanen, in der Fiktion dargestellt ist. Vgl. auch Anm. zu 134,3.

Epopöe: aus griech. ἐποποιία ›Verfertigung des Epos‹; wie das Epos urspr. eine längere Götter- oder Heldenerzählung in gleichmäßiger Versform; bezeichnet im 17., 18. und frühen 19. Jh. auch großangelegte Prosadichtungen mit anderen, neuen Inhalten. Da dem Wort und der Gattung Roman zu Goethes Lebzeiten im deutschen Sprachraum noch etwas Unkünstlerisches, ja Triviales anhaftete (s. z. B. Lessings Urteil über Wielands *Geschichte des Agathon*: »Es ist der erste und einzige Roman für den denkenden Kopf von klassischem Geschmack [...] aber für das deutsche Publikum noch viel zu früh geschrieben [...]«, 69. Stück der *Hamburgischen Dramaturgie*, 29. Dezember 1767), vermeidet Goethe, es zu benutzen, obwohl er gleichzeitig wie Wieland u. a. den deutschen Roman auf eine vorher nie erreichte Höhe bringt. Bekannt ist Goethes Definition dieser Kunstform in *Maximen und Reflexionen*: »Der Roman ist eine subjektive Epopöe, in welcher der Verfasser sich die Erlaubnis ausbittet, die Welt nach seiner Weise zu behandeln.«

126,8 *äußert:* offen zeigt.

126,29 *Edelmann:* Adligen.

127,1 f. *Wir erinnern uns ... vorgenommen hatte:* s. 15,21–33.

127,4 *Sockel:* Unterbau an Gebäuden; aus lat. *socculus* ›leichter Schlupfschuh‹.

127,10 *verglichen:* ausgeglichen.

127,16–18 *wenn er unter den alten Linden, gleich Philemon, mit seiner Baucis vor der Hintertür ruhend:* Philemon und Baucis, Gestalten einer griechischen Sage, sind antikes Vorbild ehelicher Liebe und Treue sowie selbstloser Gastfreundschaft. Dieses Paar erscheint in der Dichtung Goethes an entscheidender Stelle gegen Ende von *Faust II* (V,11043–383) noch einmal.

127,21 *Fleckes:* Fleckens; noch heute sind beide Formen nebeneinander gebräuchlich.

127,22 *desungeachtet:* dessenungeachtet; heute seltenes Adv., durch ›trotzdem‹ ersetzbar (Wg 878).

127,23 *gemißbilligt:* mißbilligt; heute fällt bei Verben mit festverbundenem Präfix (hier miß-) das ›ge-‹ im Part. Perf. fort.

127,33 *abgesendet:* Noch heute findet sich bei diesem Verb die schwache Konjugation neben der starken: ›abgesandt‹.

128,2 *vorlaut:* dreist; ›vorlaut‹ urspr. nur in der Jägersprache für ›zu früh Laut gebend‹, später auch figürlich benutzt (Kl 661).

128,2f. *Prinzipals:* hier: Auftraggebers.

128,5 *Eingang:* Einleitung.

128,23 *Vertraute:* Anvertraute.

129,16f. *bescheidentlich:* veraltet für ›bescheiden‹.

129,18 *eingeurnt:* Grimm gibt außer der vorliegenden Stelle nur noch eine in einer *Hamlet*-Übersetzung (1,4) an; es scheint direkt aus dem englischen *inurnd* ins Deutsche übernommen zu sein (Gr 334).

129,20 *Sarkophagen:* prunkvollen Steinsärgen; aus griech. σαρκοφάγος ›Fleischverzehrer, Sarg‹.

129,30 *vergleiche:* ausgleiche.

129,30f. *und so die Decke, indem alle sie tragen, einem jeden leichter gemacht werde:* Die dem Architekten in den Mund gelegte Vorstellung herrschte in der Antike vor; der griechische über Tote gesprochene Wunsch lautete: »Die Erde sei Dir leicht!«

130,13 *kleinlichen:* kleinen; wohl hier noch nicht im heute üblichen abwertenden, sondern im konkret-räumlichen Sinne von lat. *minusculus* zu verstehen (Gr 1117).
Obelisken: vierkantige, in einer Spitze endende, freistehende Säulen.
einer abgestutzten Säule: einer verkürzten Säule.

130,14 *eines Aschenkrugs:* einer Urne.

130,19 *schicklichen:* hier wohl in der älteren Nebenbedeutung von ›geschickt‹ zu verstehen.

130,31f. *Da wird ein Toter geschwind noch abgegossen:* Da wird von dem Gesicht eines Toten geschwind noch ein Gipsabdruck genommen.

131,20 *unbewunden:* bei Goethe häufig für ›unumwunden‹.

131,25 *ein selbstischer Scherz:* ein eigensüchtiger Scherz.

131,26 *wenn … dagegen:* während … doch; von Lessing und Goethe zuweilen benutzte Verbindung, die heute unverständlich ist.

Zweites Kapitel

132,3f. *nach deutscher Art und Kunst:* Goethe zitiert hier Herder, in dessen Blättern *Von deutscher Art und Kunst* 1773 sein Aufsatz »Von deutscher Baukunst« erschienen war.

132,5 *Man konnte wohl nachkommen:* man konnte wohl einsehen (oder: verstehen); laut Grimm nur von Goethe in dieser Bedeutung benutzt (Gr 81).

132,15 *Auferstehungsfelde:* Kirchhofe; wohl Wortschöpfung Goethes (Gr 640).

132,18 *beibehalten:* behalten.

132,20 *Man war nunmehr in dem Falle:* man fand sich nunmehr in der Lage; dieser wohl dem Frz. (*être dans le cas*; *se trouver dans le cas*) nachgebildete Ausdruck wird von Goethe häufig benutzt, läßt sich jedoch auch bei Wieland und Schiller finden (Gr 1274).

132,27 *Gebild:* von Goethe bevorzugte Nebenform zu ›Gebilde‹; hier als Kollektivum zu ›Bild‹, also ›Bilder‹ bezeichnend (Gr 1771).

132,34 *nach seiner Neigung:* ›Neigung‹ bezeichnet bei Goethe meist das innere Geneigtsein (Gr 579ff.).

132,37 *versprochenermaßen:* weil er es versprochen hatte; das Adv.-Suffix ›-maßen‹ (aus mhd. *in der maze*) gilt heute als veraltet (Wg 2375).

133,4 *Grabhügel der nordischen Völker:* Hünen- oder Megalithgräber (Gräber aus großen Steinen) waren urspr. mit Erde überdeckte Grabbauten, die meist die Reste vieler Toten bargen (Familien- oder Sippengräber). Vgl. 135,35–136,8.

133,9f. *etwas Putzhaftes:* etwas Geziertes; Wortschöpfung Goethes; wohl aus lat. *ornatus* gebildet; durchaus positiv zu verstehen (Gr 596).

133,15 *Brakteaten:* einseitig geprägte mittelalterliche Münzen, meist aus dünnem Silberblech, jedoch mit Gold überzogen; aus lat. *bracteatus* ›mit Goldblech überzogen‹. *Dickmünzen:* im Gegensatz zu Brakteaten doppelseitig geprägt und aus dickem, starkem Material.

133,26 *Portefeuille:* Mappe zum Aufbewahren und Transportieren von Kunstblättern; aus frz. *porter* ›tragen‹ und *feuille* ›Blatt‹.

134,3 *Das Gemeinste:* das Alltäglichste, das Einfachste; zur Zeit Goethes ist das Wort noch frei von negativer Bedeutung.

134,26–32 *Wir hören von einer besondern Einrichtung … gehören:* Riemer, Goethes Sekretär zur Zeit der Entstehung der *Wahlverwandtschaften*, berichtet dazu: »Der *rothe Faden*, der nun aus den ›Wahlverwandtschaften‹ […] für alle Welt zur Phrase geworden, hatte für Goethe den realen und reellen Erfolg, dass im Jahr 1813, als die englische Flotte vor der Elbe lag, ein Oberwundarzt derselben, Herr John Forbes, nachdem er in Hamburg von einer Freundin Goethes erfahren, dass dieser in den ›Wahlverwandtschaften‹ von dem rothen Faden der englischen Schiffstaue spreche, in der Freude darüber sich augenblicklich erbot, ein Stück eines solches Taues an den Dichter zu senden, mit der Bitte, er möge es als einen Beweis seiner hohen Achtung annehmen. Es geschah durch eben jene Freundin, und Goethe zeigte es uns am 9. Januar 1814 mit billigem Behagen vor« (Gräf, S. 461f.). Siehe auch Konrad und I. Kuhn, S. 212ff.

134,33 *Tagebuch:* hier als Merkbuch (aus lat. *diarium*) und nicht im Sinne persönlicher Herzensergießungen zu verstehen (vgl. Kl 608).

134,36 *ausgezogenen Sinnsprüche:* herausgeschriebenen, d. h. Büchern entnommenen Sinnsprüche.

135,4 *Aus Ottiliens Tagebuche:* Das Tagebuch ist in diesem Roman erzähltechnisches Hilfsmittel. Es hat die Funktion, dem Leser das innere Wachsen Ottilies in der ersten Hälfte des zweiten Teils sichtbar und somit ihr Handeln in dessen letztem Teil glaubhaft zu machen. Daß die Tagebuchaufzeichnungen auch vom äußeren Gang der Handlung her gesehen an der richtigen Stelle im Gesamtgefüge des Romans erscheinen, zeigt Schaeder (1947), S. 316. Zur Interpretation s. auch Feuerlicht, Konrad, Nemec, S. 150–178, Neumann (1976), S. 683–727, und dagegen Willim, S. 300 ff.

135,5–8 *Neben denen dereinst zu ruhen … Ausdruck:* vgl. 261,15–19.

136,19 *Überschrift:* hier in der älteren Bedeutung ›Inschrift über einem Grabmal‹ zu verstehen (Gr 520).

Drittes Kapitel

136,26–33 *Es ist eine so angenehme Empfindung … Kapelle:* Goethe unterscheidet hier zwischen dilettantischem und künstlerischem Tun, das Vorhaben des Architekten (z. B. das *Ausmalen der Kapelle*) dem ersteren zuordnend. Siehe dazu Stöcklein (1951), S. 61, und Blessin (1979).

136,32 *Mit so billigen Gesinnungen:* mit solch einer vernünftigen Einstellung; vgl. Anm. zu 46,12.

136,34 *Kartone:* Skizzen, Vorzeichnungen zu einem Wandgemälde, im gleichen Maßstab angefertigt; aus ital. *cartone*, Vergrößerungsform zu *carta* ›Papier‹ (Wg 1987).

137,24–26 *Wenn gewöhnliche Menschen, durch gemeine Verlegenheiten des Tags … aufgeregt:* wenn durchschnittliche Menschen durch alltägliche Ereignisse … angeregt.

138,9 *hin und wieder legen:* hin und her wenden.

138,10 *bei keiner Ansicht:* in keiner Hinsicht; zur Goethezeit noch mit der Vorstellung des Ansehens verbunden; heute nur noch figürlich.

138,14 *azurne:* tiefblau wie der Lasurstein (Lapis lazuli), aus dem die Malfarbe Aquamarin gewonnen wird; aus ital. *azzurro.*

138,21–24 *in die Seele … Eindruck machen:* auf die Seele … Eindruck machen; Goethe benutzt die ältere, heute verschwundene Wendung.

138,23 *Physiognomie:* äußere Erscheinung eines Menschen, insbesondere der Gesichtsausdruck; aus griech. φύσις ›Natur‹ und γνῶσις ›Erkenntnis‹.
vorgefaßt hatte: sich innerlich vorgestellt hatte (Gr 1027).

138,34 f. *Fruchtgehänge:* Fruchtbüschel einer Pflanze; bei Campe in der *Jenaischen Literaturzeitung* heißt es: »nichts ist gewöhnlicher auf alten Bildwerken, als weibliche Figuren, die zur Schmückung der Altäre und Tempelhallen dergleichen Laub- und Fruchtgehänge von üppigster Fülle getragen bringen.«

139,1 f. *so kam man doch früher … damit zu Stande:* so wurde man doch früher … damit fertig.

139,23 f. *sich mochte verborgen haben:* sich verborgen haben mochte; die von Goethe benutzte Wortstellung ist heute ungebräuchlich.

140,3 *einige schöngeschnitzte Chorstühle:* wohl als einzelne Teile eines Chorgestühls zu verstehen; Chorgestühl, Sitzreihen aus Holz, an beiden Seitenwänden des Chors einer Kirche angebracht, von Mitgliedern des Klerus während der Meßfeier benutzt; bes. in Spätgotik und Barock mit reicher Schnitzplastik versehen.

140,4 *schicklich:* geschickt.

140,15–35 *Sie verbarg sich nicht … finden:* Hier treten

Geburtstags- und Todesmotiv und einige der sie begleitenden Dingsymbole (*Feuerwerk* bzw. herbstlicher Blumenreichtum, vor allem *Astern*) zusammen auf, wobei das Gewicht erstmalig deutlich zugunsten des zuletzt genannten Motivs verschoben ist. Siehe Anm. zu 20,16–24; 103,24–34 und zu 116,9.

141,16 *Monstranz:* in katholischen Kirchen benutztes Gerät zum Zeigen der Hostie an bestimmten Festtagen; meist aus Gold, mit edlen Steinen besetzt; aus lat. *monstrare* ›zeigen‹.

141,17 *Schmelz:* Email; besteht aus auf Gold und Silber aufgetragenen Farben, die im Feuer (Schmelzofen) zu einer durchsichtigen bunten Schicht zusammenschmelzen.

141,31 *einen Willkommen:* ein Willkommen; noch heute sowohl mit männlichem als mit sächlichem Artikel anzutreffen.

142,4 *ewige Lampe:* eigtl. das Licht, das in katholischen Kirchen vor dem Aufbewahrungsort der geweihten Hostien brennt.

142,15 *der abgesichelten Ähre:* in christlicher Ikonographie ein Zeichen für Tod und Auferstehung. Siehe dazu Horn, Kap. III, S. 224.

Viertes Kapitel

143,26 *Brancards:* (frz.) bedeutet hier ›Packwagen‹ in anderem Zusammenhang auch ›Tragbahre‹.

143,30 *Vorhaus:* bezeichnete zu Goethes Zeiten ein vor einem Hauptgebäude liegendes, mit ihm verbundenes, aber doch als selbständiges Bauglied gekennzeichnetes Gebäude (Gr 1173).

Vachen: rindslederne Koffer, die auf den Reisewagen geschnallt wurden; aus frz. *vache* ›Kuh‹.

143,30f. *Mantelsäcke:* veraltet für Reisegepäck, das Mantel und Verpflegung enthielt; heute würde man von ›Handgepäck‹ sprechen.

143,33 *Geschleppes:* Nach Grimm (3919) ist ›Geschleppe‹ das Gepäck, das man mit sich schleppt.

143,36 *Geschick:* Geschicklichkeit; seit dem Beginn des 17. Jh.s in dieser Bedeutung anzutreffen.

144,1 *logiert:* untergebracht; aus frz. *loger* ›wohnen‹.

144,29 *die innern Verhältnisse:* hier sind wohl die finanziellen Verhältnisse gemeint, die nicht der allgemeinen Kenntnis zugänglich sind, aber vor einer Heirat gewöhnlich geklärt werden.

144,32 *da denn:* häufige Wendung Goethes anstelle von ›wobei, woraufhin, so daß‹.

144,34 *Kometenkern:* Ein Komet ist ein Himmelskörper mit Schweif, der sich auf einer langgestreckten Ellipse um die Sonne bewegt; auch Schweifstern genannt.

145,4 *Vexierspiel:* Spiel, das auf eine Neckerei, eine mehr oder minder harmlose Täuschung hinausläuft (Gr 45); aus lat. *vexare* ›hin- und herreißen, plagen, quälen‹ (Wg 3869).

145,4–15 *Und obgleich das alles … machte:* s. Anm. zu 20,16–24.

145,9f. *ihre eben einfallenden Geburts- und Namenstage:* ihre eben in diese Zeit fallenden Geburts- und Namenstage.

145,20 *Bedächtlichkeit:* Bedächtigkeit; von Grimm nur mit drei Stellen von Goethe belegt, so daß eine Wortschöpfung Goethes anzunehmen ist (Gr 1218f.).

146,5f. *daß man sich … verwandt und verschwägert zu sein glaubte:* dem Lat. *se cognatum esse credere* nachgebildete Konstruktion. Nach ›glauben‹ oder ›meinen‹ ist dieser Latinismus im 18. Jh. häufiger zu finden.

146,5 *Saalnixe:* Figur aus dem Wiener Singspiel *Das Donauweibchen* von Ferdinand Kauer (1751–1831); von Goethes Schwager Vulpius 1792 für die Weimarer Bühne bearbeitet.

146,19 *Improvisator:* jemand, der ohne Vorbereitung etwas vortragen kann (Rede, Gedicht o. ä.); aus frz. *improviser.*

146,22 *Artemisia:* Königin von Karien in Kleinasien (um 350 v. Chr.), Gattin des Mausolus, den sie in dem als Grabmal für ihn errichteten Mausoleum aufrichtig betrauerte. Das Grabmal galt als eines der Sieben Weltwunder des Altertums. Siehe auch Anm. zu 147,7.

146,23 f. *Sie ließ sich erbitten:* Sie gab den Bitten nach.

146,25 f. *in Gestalt der königlichen Witwe:* als Artemisia.

146,28 *Reißfeder:* Feder zum Ausziehen von Linien mit Tusche. Vgl. Anm. zu 59,5.

146,30 *Adjutanten:* Helfer; aus lat. *adiutans* ›helfend, unterstützend‹; hier ausnahmsweise nicht in militärischem Zusammenhang benutzt.

146,33 *Grab des Mausolus:* s. Anm. zu 146,22.

147,1 *Flören:* Plural Dat. zu ›Flor‹, ›dünner Seidenstoff‹; heute noch gebräuchlich in ›Trauerflor‹.

Kreppen: Plural Dat. zu ›Krepp‹, ›krauses, genarbtes Gewebe‹; aus frz. *crêpe* und lat. *crispus* ›kraus‹ (Wg 2162).

Franzen: Ziersaum von Tüchern, Decken u. ä.; aus mhd. *franze*, frz. *frange*; heute ›Fransen‹ geschrieben.

Schmelzen: alte Bezeichnung für kleine, glänzende, schwarze Perlen, Röhrchen oder Steine aus kalziniertem Blei oder Zinn (Jett), die, auf Draht gereiht, früher zur Verzierung von Frauenkleidern verwendet wurden (Gr 1011).

147,6 f. *einem longobardischen … König:* Die Langobarden (›Langbärte‹), Angehörige eines ostgermanischen Volkes, lebten um die Zeitenwende an der unteren Elbe; sie sollen 17 n. Chr. auf seiten des Arminius gegen die Römer gekämpft haben; um 400 n. Chr. wanderten sie nach Südosten; im Jahre 568 besetzten sie unter Führung ihres Königs Alboin einen Teil Norditaliens; die langobardische Landnahme war die erste germanische Bewegung, die auf Eingliederung in die römische Reichsordnung verzichtete und im eigenen Namen hoheitlich handelte; selbst unter Karl dem Großen (742–814), der das Langobardenreich 773 eroberte, behielt es eine gewisse Selbständigkeit, bis unter Otto dem Großen (912–973) die langobardische Krone mit der deutschen verbunden wurde.

147,7 *einem karischen König:* Karien, lat. Caria, antiker Name der Küstenlandschaft im südwestlichen Kleinasien zwischen dem Großen Mäander und dem Dalaman-Fluß. Über die Bewohner ist wenig bekannt, da ihre Inschriften noch unentziffert sind. Die Karer, soviel ist gewiß, waren Vasallen der Perser, später der Seleukiden, seit 189 v. Chr. unter römischer Oberhoheit.

147,34 *Witwe von Ephesus:* literarische Anspielung Goethes auf eine Geschichte, die in La Fontaines *Contes et nouvelles en vers* (1665–85) zu finden ist. Dort wird die *Witwe von Ephesus* ihrem Vorsatz, nach dem Tode des Gatten in dessen Gruft freiwillig zu verhungern, sehr schnell untreu, indem sie sich dort einem Soldaten hingibt. La Fontaines Quelle wiederum ist der römische Dichter Petronius (gest. 66 n. Chr.), der in seinem *Satyricon* den Eumolphus diese Geschichte erzählen läßt.

147,37 *in welchen Ton:* in welche Tonart.

148,22 *kam herbeigefahren:* kam schnell herbei.

149,1 *Windspiel:* Windhund.

149,14 *Folioband:* Buch, bei dem der Druckbogen nur einmal gefaltet ist und das daher ein besonders großes Format (etwa DIN A 1) hat; aus lat. *folium* ›Blatt‹.

149,20f. *Galanteriehändler:* (span./frz.) Verkäufer von modischem Kleidungszubehör wie Schals, Schnallen u. ä.

149,23 *Incroyables:* (frz.) die Unglaublichen; selbstgewählter Spottname einer Gruppe Pariser Modegecken und Stutzer zur Zeit der Direktorial-Regierung, also um 1800.

150,5 *Kollation:* (frz.) leichte Zwischenmahlzeit, Imbiß.

150,13 *Maximen und Sentenzen:* Grundsätze und Denksprüche.

150,14f. *durch ihre eigene Reflexion:* durch ihr eigenes Nachdenken.
150,16 *irgendeinen Heft:* ›Heft‹ ist bei Goethe stets maskulin.
150,17 *was ihr gemütlich war:* was ihr zusagte, was ihrem Gemüt entsprach; heute verschwundene Bedeutung des Wortes ›gemütlich‹.
150,27 *eingezogen:* zurückgezogen.
151,18 *Der Verständige:* der nüchterne Verstandesmensch.
151,35 *Phönixe:* Der Phönix ist ein Vogel der ägyptischen Mythologie, der sich im Feuer verjüngt und deshalb Sinnbild der Unsterblichkeit ist; aus griech. φοῖνιξ ›Purpur‹.

Fünftes Kapitel

152,12 *Mitteilend:* freigebig.
154,11 *unter lauter Komplimenten:* vor lauter Rücksichtnahme.
154,20 *Noterben:* andere als die natürlichen Erben (die Hinterbliebenen, vor allem die Kinder), also vom Gesetz bestimmte Erben.
154,25 *Hautelisseteppich:* mit senkrecht aufgezogener Kette gewobener Teppich, also Gobelin oder Bildteppich; aus frz. *haute* und *lisse* ›Schaft mit senkrecht aufgezogener Kette‹ (Wg 1678).
154,26f. *bis zum frivolsten … Kupferstich:* bis zum leichtfertigsten … Kupferstich; aus frz. *frivole* leichtfertig, oberflächlich‹.
155,3 *uneingedenk:* nicht gedenkend.
155,36 *höchlich:* veraltet für ›sehr‹.
156,3f. *bei ihren extemporierten Festen:* bei ihren aus dem Stegreif veranstalteten Festen; aus lat. *extempore* ›aus dem Augenblick, aus dem Stegreif‹.
156,4f. *Ressourcen:* Hilfen, Beiträge, rettende Einfälle.
156,10–14 *Weiter als zu einem Altar … gedachte:* s. Anm. zu 20,16–24.

Der blinde Belisarius
Kupferstich von Louis-Gérard Scotin,
nach einem Gemälde von Luciano Borzone
(früher Van Dyck zugeschrieben)

156,33–157,17 *Indessen je tiefer der Winter sich senkte … Herzen:* Winterliche Jahreszeit und Ottilies schwindende Hoffnung auf eine Verbindung mit Eduard treten hier, von Goethe bewußt gesetzt, zusammen auf. Über Parallelität von Natur mit innerem und äußerem Geschehen s. Anm. zu 3,4f.; s. ferner Anm. zu 116,33–117,13 (der erste Sommer) und zu 140,15–35 (der erste Herbst).

157,2 *zogen sich herbei:* fühlten sich stark angezogen.

157,18–158,15 *Luciane hörte kaum … sei:* Goethe zeigt Lucianes extreme Selbstbezogenheit u. a., indem er sie nicht wie die anderen im Duett musizieren läßt. Sie begleitet ihren Gesang selbst auf der Gitarre. Trotz ihres geschickten Spiels und der angenehmen Stimme ergibt sich kein harmonisches Konzert. Die oberflächliche Gesellschaft vernimmt die Diskrepanz nicht. Das bleibt einem zufällig anwesenden Dichter vorbehalten. Im Gesamtgefüge des Romans gesehen, bringt diese Stelle auch einen der zahlreichen und auffälligen Kontraste zwischen Luciane und Ottilie.

157,34 *sondieren:* vorsichtig ausforschen; aus frz. *sonde* ›Lot, Senkblei‹.

158,2 *Unterdessen:* hier: jedoch.

158,21f. *Deklamatorien:* Rede- und Vortragsübungen; wohl Wortschöpfung Goethes; aus ›Deklamator‹ abgeleitet.

159,10–20 *Man suchte nun Kupferstiche nach berühmten Gemälden; man wählte zuerst den Belisar nach van Dyck … nicht vergessen: Belisar,* ein oströmischer Feldherr im 6. Jh., besiegte die Vandalen und Ostgoten; er soll auf Befehl des undankbaren Justinian geblendet worden sein. Antonis van Dyck, Maler des flämischen Barock, lebte von 1599 bis 1641. Heute schreibt man den Kupferstich Louis-Gérard Scotin (1690–1733) zu, der ihn nach dem Gemälde *Der blinde Belisarius* von Luciano Borzone (1590–1645), dem Mitglied einer ge-

Esther vor Ahasverus
Kupferstich nach Nicolas Poussin

nuesischen Malerfamilie, angefertigt haben soll. Der Kupferstich ist auf S. 57 abgebildet. Zur Diskussion der Bilder s. Brude-Firnau, Reschke, Trunz (1980).

159,34 *Eine bedeutende Musik:* s. Anm. zu 9,19f.

160,6–17 *Es war die bekannte Vorstellung von Poussin: Ahasverus und Esther … Vollkommenheit gewann:* Die Geschichte von *Ahasverus und Esther* ist im Buch Esther des Alten Testaments aufgezeichnet. Dort wird Esther vor Ahasverus zweimal ohnmächtig, bevor sie es über sich bringt, ihm ihre Zugehörigkeit zum jüdischen Volk zu gestehen. Nicolas Poussin, französischer Landschafts- und Historienmaler, lebte von 1594 bis 1665. Der Kupferstich ist auf S. 59 abgebildet. Siehe Anm. zu 159,10–20.

160,18–30 *Als drittes hatte man die sogenannte väterliche Ermahnung von Terborch gewählt, und wer kennt nicht den herrlichen Kupferstich unseres Wille von diesem Gemälde? … im Begriff ist:* Gerard Terborch, holländischer Genremaler, lebte von 1608 bis 1681. Johann Georg Wille (1715–1808) war ein hessischer Kupferstecher, der in Berlin und Paris lebte. Der Kupferstich ist auf S. 61 abgebildet. Siehe Anm. zu 159,10–20 und Maierhofer.

160,24 *Atlaskleide:* Seidenkleide; Atlas ist ein Seidengewebe mit glänzender Ober- und matter Unterseite; aus arab. *atlas* ›glatt‹.

161,10 *tournez s'il vous plaît:* (frz.) bitte herumdrehen, bitte umwenden.

161,20f. *niederländische Wirtshaus- und Jahrmarktsszenen:* von niederländischen Malern dargestellte Wirtshaus- und Jahrmarktsszenen.

161,3 *zur Richtigkeit:* in Ordnung.

162,4 *das Karneval:* den Karneval; zur Zeit Goethes trat der sächliche Artikel noch neben dem maskulinen auf.

162,16 *auf polnische Art:* auf gemeinsame Kosten.

162,24 *Treibjagen:* Jagen, bei dem in einem von Jägern umstellten Gebiet das Wild von den Hunden aufge-

Väterliche Ermahnung
Kupferstich von Johann Georg Wille, nach einem Gemälde von Gerard Terborch

scheucht und von den Treibern auf die Schützen zugetrieben wird.

163,14 *billige Menschen:* vernünftige Menschen; vgl. Anm. zu 46,12.

164,6 *Ungeschicktes:* Unschickliches.

165,1–4 *Es gibt … wissen:* Goethe entnahm diesen Satz wahrscheinlich den 1787 erstmalig gedruckten Briefen des Fräulein von Aissé (1695–1733).

Sechstes Kapitel

166,1 *Selbstigkeit:* Eigenliebe, Selbstsucht, Egoismus; der von Goethe benutzte Ausdruck ist heute verschwunden.

166,21 *da denn:* wobei; s. Anm. zu 144,32.

166,25 *einreden:* hineinreden.

166,30 *jene Partie:* jene Geselligkeit, jenes Fest.

167,2 *Gegen jedes allein:* gegen jeden allein.

167,10 *versah sie es:* machte sie es falsch.

167,15 *Apprehension:* Besorgnis, Befangenheit; aus lat. *apprehendere* ›ergreifen‹; bei Goethe häufig in der Bedeutung ›Besorgnis, Furcht, Abneigung‹.

167,32 *einer öffentlichen Anstalt:* einer öffentlichen Heil- und Pflegeanstalt.

168,25 f. *ein anmaßlicher Politiker:* einer, der sich anmaßt, Politiker zu sein.

168,33 *etwan:* heute verschwundene Nebenform zu ›etwa‹, beide Wörter haben verschiedene mhd. Wurzeln (Gr 1181 ff.).

169,5 *Kustoden:* Plural zu ›Kustos‹, Vorsteher oder Oberaufseher einer privaten oder öffentlichen Sammlung; aus lat. *custos* ›Hüter, Wächter‹; verdeutschte Bedeutung ›Küster, Kirchendiener‹.

169,11 *Nicht wohl:* nicht gut.

169,12 f. *in Gefolg:* als Folge; beides – ›in Gefolg‹ und ›im Gefolg‹ – sind heute verschwundene Wendungen; Goethes Gebrauch bezeichnet meist eine Reihe von Ursache und Wirkung, als hätte er ›Gefolg‹ als Kollektivum zu ›Folge‹ verstanden (Gr 2151).

169,16 *also:* so, folgendermaßen.

169,18 *empfindlich:* hier: schmerzhaft.

169,31–37 *Die Weihnachtsfeiertage nahten sich … werden:* s. Anm. zu 20,16–24.

169,33 *Präsepe:* (lat.) Krippe und allgemein Darstellung der Geburt Christi in der Kunst.

170,10f. *sich jener heiligen Gestalt anzumaßen:* ›sich anmaßen‹ wurde zu Goethes Zeiten noch mit Gen.-Obj. gebildet (Gr 405); heute nur noch mit Akk.-Obj.

170,16 *statt alles Labsals:* an Stelle aller Erholung; heute besser: alle Erholung zu ersetzen; aus mhd. *labesal*, zu mhd. *laben* ›waschen, erquicken‹.

170,36 *ätherischer Leib:* zarter Leib; von lat. *aether* ›flüchtiger Stoff‹.

170,37 *lichtsbedürftig:* des Lichtes bedürftig; wohl Wortschöpfung Goethes.

171,9 *hinzublinzen:* hinzublinzeln; ›blinzen‹ aus der gleichlautenden mhd. Form ist noch heute Nebenform zu ›blinzeln‹ (Wg 713).

171,16f. *er wäre in Sorge gestanden:* er hätte Sorge gehabt.

171,31 *Ihre Augen strömten von Tränen:* Tränen strömten aus ihren Augen; die von Goethe benutzte Wendung war seit dem 18. Jh. beliebt und im 19. Jh. noch gebräuchlich.

172,3 *eine unmäßige Erleuchtung:* eine das Maß des Gewöhnlichen weit übersteigende Beleuchtung; die urspr. neben der negativen bestehende und von Goethe hier wohl gemeinte positive Bedeutung von ›unmäßig‹ ist heute verschwunden.

172,7f. *Kunstmummerei:* Kunstverkleidung; ›Mummerei‹ ist ein heute verschwundener Begriff.

172,11f. *darein:* verstärktes ›darin‹.

172,13 *Hellung:* heute durch ›Helle‹ ersetzter Begriff (Gr 976).

172,25 *und regte die Frage auf:* und regte die Frage an; vgl. Anm. zu 10,17.
172,27 *unter:* in.

Siebentes Kapitel

173,20 *gegenwärtig:* in seiner Gegenwart; wohl aus stilistischen Gründen wechselt Goethe den Ausdruck innerhalb des Satzes (s. *nach seiner Entfernung).*
173,32 *dem es bei ihnen wohl werden sollte:* der sich bei ihnen wohl fühlen sollte.
174,11 *so machte sich:* so ergab sich.
174,36–179,5 *Charlotte, die seine Gesinnungen schon im ganzen kannte … wird:* s. Anm. zu 114,6–115,3.
175,4f. *mit gesetzlichen Bewegungen:* mit geregelten Bewegungen (Gr 4081).
175,28 *ungehörig:* unangemessen, abwegig, nicht zur Sache gehörig; in diesem besonderen, heute verschwundenen Sinne bei Goethe häufiger zu finden (Gr 713f.).
175,31 *verrücken:* ablenken, abbringen.
176,17 *strackeres Betragen:* strammeres, geraderes Betragen; von mhd. *strac* ›gerade‹.
176,22 *überein:* gleich.
177,19f. *heben Sie … heran:* ›heranheben‹ verbindet hier die Bedeutung von ›heranziehen‹ mit ›erziehen, emporführen‹ aus lat. *educare* ›herausführen‹.
177,24f. *auf den Schein:* zum Schein.
177,32f. *Man erziehe die Knaben zu Dienern und die Mädchen zu Müttern, so wird es überall wohl stehn:* Siehe Anm. zu 114,6–115,3.
178,33 *den frommen Wunsch:* den unschuldigen Wunsch (Gr 243).
179,4 *wo nicht von uns selbst:* wenn nicht von uns selbst; ›wo‹ als Konjunktion gilt in dieser Bedeutung heute als veraltet (Wg 4035).
179,10f. *Der junge Mann hatte … einer Gehülfin, einer*

Gattin erwähnt: ›erwähnen‹ wird heute nicht mehr mit Gen.-Obj., sondern mit Akk.-Obj. benutzt.

179,23 f. *eine einstimmende Gattin:* eine zustimmende Gattin.

179,37 f. *in den Fall kamen:* in die Lage versetzt waren; vgl. Anm. zu 132,20.

180,5 *in ihren neuen Verhältnissen:* s. S. 157,2–11.

180,19 *bei dem neulichen Besuch:* ›neulich‹, aus mhd. *niuwelîche*, urspr., wie auch heute wieder, nur als Adverb zu finden; bei Goethe daneben zuweilen als Adjektiv.

180,34 *klüglich:* auf kluge Weise.
Exkursion: urspr. ›kleiner wissenschaftlicher Ausflug‹.

181,3 *ungünstig:* ungeneigt; heute verschwundene Nebenbedeutung von ›ungünstig‹ (Gr 1039).

181,6 *ihm … fühlen lassen:* im 18. Jh. statt des heute gebräuchlichen Akk.-Obj.s häufig Dat.-Obj.

181,34 *in Absicht:* in Hinsicht.

183,10 *Verschrobenheit:* eigtl. ›Verschraubtheit‹, aus nd. *verschrauben* ›falsch schrauben‹.

183,11 *Karikaturen:* bildliche Darstellungen, die eine Eigenschaft oder ein Merkmal stark übertreiben und dadurch lächerlich machen; aus ital. *caricatura* ›Überladung‹, zu *caricare* ›beladen‹ (Wg 1981).

183,21 *Kompatrioten:* (frz.) veraltet für ›Landsmänner‹.

183,34 f. *Es wandelt niemand ungestraft unter Palmen:* Diese Stelle ist, wie die von dem roten Faden, der ein Ganzes durchzieht (S. 134,26–32), im deutschen Sprachraum sprichwörtlich geworden. In Büchmann, *Geflügelte Worte*, wird die Bedeutung der *Palmen* mit ›Region der Ideale‹ erklärt. In der griechischen Mythologie ist die Palme ein Attribut des Gottes Apollo, während sie im christlichen Bereich als Zeichen für den Triumph über Sünde und Tod gilt. Im Orient waren Palmen allgemein Siegeszeichen, bei den Römern Embleme für militärischen Erfolg. Keine dieser Deutungen scheint die Stelle zufriedenstellend zu erklären. Auf die Ambivalenz des Satzes, dem paradiesischen Reiz des unter Palmen Wandelns und der damit verknüpften eigenartigen Forderung nach Strafe, sowie auf die Verbindung mit dem Romanganzen weist Schulz (1978), S. 228–231, hin. Ein literarisches Echo dieses Satzes ist im 12. Kapitel von Theodor Fontanes *L'Adultera* (1882), einem Ehebruchsroman mit positivem Ausgang, zu finden; der Autor benutzt ihn dort, leicht abgewandelt (»Man wandelt nicht ungestraft unter Palmen«), als ein erzähltechnisches Mittel, das seinen mit Goethes Werk vertrauten Leser über das Ende des Romans zunächst irreführen kann. Siehe auch Niedermeier (1988), Schneider, S. 296 ff., und Schulz (1998).

184,7 *Humboldten:* Gemeint ist Alexander von Humboldt (1769–1859), führender Naturforscher und -schilderer seiner Zeit und ein Freund Goethes; Goethe schrieb ihm am Tag nach der Beendigung der *Wahlverwandtschaften*: »Sie werden gewiß freundlich aufnehmen, daß darin Ihr Name von schönen Lippen ausgesprochen wird. Das, was Sie uns geleistet haben, geht so weit über die Prose hinaus, daß die Poesie sich wohl anmaßen darf, Sie bei Leibesleben unter ihre Heroen aufzunehmen.«

184,8 *Naturalienkabinett:* s. Anm. zu 35,12.

184,10 *Priesterkaste:* ›Kaste‹ bezeichnet einen von anderen gesellschaftlichen Ständen abgeschlossenen Stand mit strengen religiösen, wirtschaftlichen oder ähnlichen Normen; aus lat. *castus* ›rein, keusch‹ (Wg 1992).

184,23 f. *was ihm nützlich deucht:* ›deucht‹ ist eine Nebenform zum Verb ›dünken, däuchte, gedäucht‹, verwandt mit ›denken‹.

184,24 f. *das eigentliche Studium der Menschheit ist der Mensch:* ein damals oft zitierter Vers aus Popes *Essay on Man*, 11,2: »The proper study of mankind is man.« Alexander Pope (1688–1744), englischer Dichter des Klassizismus, entwarf im Essay *Versuch über den Men-*

schen (1732–34) ein Gesamtbild des Menschen, den es als Mittelpunkt der gesetzmäßig aufgebauten Natur zu erforschen gelte. Die das All leitende höchste Vernunft werde stets für einen Ausgleich der verschiedenen Kräfte – auch der Übel – sorgen.

Achtes Kapitel

185,2f. *Tage, an welchen der scheidende Winter den Frühling zu lügen pflegt:* Hier ist eine weitere der wenigen Zeitangaben im Roman zu finden: Der Winter ist fast vorüber und das zweite Frühjahr der erzählten Zeit wird bald beginnen. Vgl. auch Anm. zu 3,4f.

185,5f. *die sich … herschrieben:* die ihren Ursprung … hatten; seit der letzten Hälfte des 18. Jh.s gebräuchlich und wohl bildlich angelehnt an die urkundliche Beglaubigung einer Tatsache oder eines Rechtsverhältnisses (Gr 1164).

186,2 *das goldne Zeitalter:* das erste Weltalter, ehe noch der Luxus und dessen Gefolge, die Laster, den Menschen bekannt waren. Bei Martin Opitz (1597–1639) heißt es: »Da noch kein Gold nicht war, da war die güldne Zeit« (Johann Christoph Adelung, *Grammatisch-Kritisches Wörterbuch der Hochdeutschen Mundart*, Tl. 2, Sp. 745). Damit ist ein im Rückblick auf jene Zeit entstandenes Idealbild gezeichnet, das nicht nachzuprüfen ist; vergleichbar heute etwa dem Ausdruck und der Vorstellung von der ›guten alten Zeit‹.

187,33–190,12 *Ein Sohn war glücklich zur Welt gekommen:* s. Anm. zu 20,16–24.

188,6–190,3 *Der erste von allen Freunden … war Mittler … ansprechen:* Zu dieser Stelle bemerkt Paul Stöcklein: »Auch die Problemlinie des modernen Selbstbetrugs, wie sie den Roman durchzieht, gipfelt in dieser Figur. Der Bibelfeste spricht die Worte des Lebens, aber sie sind ohne Leben; ohne helfende Kraft. Sie hindern, verwirren, töten ... Mittlers Selbstbetrug ist noch tiefer als der Eduards. Sein Gespräch reproduziert Worte Gottes oder Lehrworte der Gesittung. Es gehört in die Welt der abgelösten Nachahmungen, Vervielfältigungen. Er hat die fertigen Lösungen für die Konflikte, die es geben kann. Er denkt und handelt fast maschinell. Die Vorzüglichkeit seiner Grundsätze erspart ihm das wirkliche Eingehen auf die konkrete Situation, erspart ihm die Liebe. Er benützt die christliche Lehre, um sich der christlichen Pflicht zu entheben. – Seinem ahnungslosen Frevel, als die Phraseologie seiner Taufpredigt das Kind als Heiland des Hauses begrüßt, antwortet der Himmel sofort auf mirakulöse Weise mit der Todesschickung. Er warnt die Menschen: Hütet euch vor diesem Menschen! Niemand versteht es. Charlotte wird ihn weiter mit Mittlergeschäften beauftragen, deren jedes Unheil sät. Der Name des Entzweiers ist Mittler« (Stöcklein, [2]1960, S. 61).

188,16 *Otto sollte das Kind heißen:* s. Anm. zu 3,3 *Eduard.*

188,23 *gehobenen:* behobenen, beseitigten.

188,27 *Meldungsschreiben und Gevatterbriefe:* Amaranthes *Frauenzimmerlexikon* aus dem Jahre 1715 erläutert *Gevatterbriefe* wie folgt: »G. ist dasjenige höflich geschriebene oder auch oft gedruckte Schreiben, worinnen der Kindtaufenvater derjenigen Person, so er zum Taufzeugen erkieset, die glückliche Entbindung seines Weibes entdecket und mit Benennung des Tages, Ortes und Stunde sie freundlich ersuchet, solches Amt und heiliges Werk willig auf sich zu nehmen« (Gr 4663). *Meldungsschreiben* sind Briefe, die Verwandten und Bekannten Geburt und Taufe anzeigen.

188,30f. *der ... mißwollenden und mißredenden Welt:* ›mißwollen‹, übel wollen; ›mißreden‹, falsch oder übel reden; beide Ausdrücke sind heute verschwunden.

188,36 *beschränkt:* auf wenige Teilnehmer beschränkt.

189,3–11 *Das Gebet war verrichtet ... war:* s. dazu S. 85,22–37.
189,7 *zunächst:* danach, als nächste Person.
189,31–34 *Und Sie, mein würdiger Altvater ... gesehen:* Lk. 2,25–30, Darstellung im Tempel.
189,32 *Altvater:* Patriarch, Erzvater; biblische Bezeichnungen für die Stammväter Israels, die Ältesten oder die Leiter des Volkes.
190,13–37 *Führten sie ... Verhältnis:* s. Anm. zu 119,36 bis 120,18.

Neuntes Kapitel

191,2 *Der Frühling war gekommen:* s. Anm. zu 185,2f.
191,4 *ihres Vorsehens:* ihrer Vorsorge.
191,15 *zu ein:* ein zu; das Voranstellen einer Präposition vor den unbestimmten Artikel ist beim jungen Goethe häufiger als in seinen späten Werken zu finden.
191,28 *wirkte:* arbeitete.
191,34f. *Orangerie:* Gewächshaus zum Züchten von Orangen; in Mitteleuropa Bestandteil der barocken Schloßarchitektur; vgl. auch Mörikes Novelle *Mozart auf der Reise nach Prag.*
191,35 *Nelken- und Aurikelnstöcke:* ›Nelke‹, Gattung der Nelkengewächse; aus mittelniederdt. *negelkin* ›Nägelchen‹, auf die Fruchtform der Gewürznelke anspielend (Wg 2559). ›Aurikel‹, Primelart; aus lat. *auricula* ›Öhrchen‹ (Wg 496).
192,1 *die neuen Zierbäume:* Sie sind im ersten Satz des Romans eingeführt und werden 115,24–34 wieder erwähnt.
Modeblumen: Damit sind wahrscheinlich die mehrfach erwähnten Astern gemeint; vgl. S. 140,21 und Anm. zu 116,9.
192,3 *nach der Zeit:* mit der Zeit.
192,6 *verschreiben:* bestellen (Gr 1159).

192,8 *mit den Handelsgärtnern:* mit Gärtnern, die mit den Erzeugnissen ihres Gartens Handel treiben (Gr 381); heute verschwundener Begriff.

192,16–26 *Indem nun die Pflanzen immer mehr Wurzeln schlugen … ergriff:* s. Anm. zu 3,4f. und zu 116,33–117,13.

193,4 *Sträuchen:* Sträuchern.

193,26 *Astern:* s. Anm. zu 116,9.

193,35 *auszuzeichnen:* herauszuschreiben.

194,6 *das Jahresmärchen:* der Jahresablauf als Märchen verstanden; Grimm gibt nur diese Stelle als Beleg (Gr 2240), d. h., es handelt sich wohl um eine Wortschöpfung Goethes.

194,7f. *an seinem artigsten Kapitel:* im Frühjahr; zu ›artig‹ s. Anm. zu 8,25.

194,8 *Veilchen und Maiblumen: Veilchen,* Pflanzengattung mit gespornten Blüten; aus lat. *viola. Maiblumen,* zu den Liliengewächsen gehörende Pflanze. Schelling-Schär weist darauf hin, daß Goethe im Frühjahr 1809, also während seiner Arbeit an den *Wahlverwandtschaften,* von der jungen Pauline Gotter, einer Freundin von Sylvie von Ziegesar, einen Strauß von *Veilchen und Maiblumen* zugesandt bekam (S. 95). Züge von beiden jungen Frauen sollen u. a. bei der Gestaltung der Ottilie-Figur eine Rolle gespielt haben. Siehe ferner Kap. II, S. 88.

194,9 *Vignetten:* kleine Verzierungen auf einem Titelblatt; aus frz. *vignette* ›Verzierungsbildchen‹, Diminutiv zu *vigne* ›Rebe, Weinranke‹ (Wg 3875).

194,12–21 *Wir schelten die Armen … dürfen:* Zum Bettel-Motiv vgl. Anm. zu 49,9–50,4.

194,13 *sich … herumlegen:* herumliegen; der von Goethe benutzte Ausdruck ist heute verschwunden.

195,1 *hinüber:* hinaus.

195,4 *Comédie à tiroir:* Schubladenstück, wegen einer nur planlosen Folge von Szenen nicht für die Bühne, sondern nur für die Schublade geeignet.

Zehntes Kapitel

196,2 *preiswürdig:* hier in der heute nur noch seltenen Bedeutung ›des Preisens würdig, lobenswert‹.

196,4 *irgend eine Anlage:* irgendeinen Plan.

196,31 *Tischer:* Tischler; Goethe gebraucht stets die ältere mundartliche Form.

196,32 *Tapezier:* Tapezierer; aus ital. *tappezare* ›bekleben, verkleiden‹.

Patronen: Schablonen.

196,34 *im Stande:* in Stand gesetzt, fertig.

196,35 *in:* wegen.

197,5–10 *Ottiliens liebster Weg … zeigte:* Diese Stelle bereitet das auf S. 223,11–227,10 beschriebene Geschehen vor.

198,7 *indessen:* indem.

198,13 *außer den geselligen Stunden:* Gemeint ist: auch außerhalb der geselligen Stunden.

198,15 f. *die malerischen Aussichten des Parks in einer tragbaren dunklen Kammer aufzufangen:* Zur Zeit Goethes bediente man sich einer *dunklen Kammer,* auch Camera obscura (Lochkamera) genannt, um scharfe Vorlagen zum Zeichnen oder Malen zu erhalten.

198,25 *Lokal:* Örtlichkeit.

199,5 *eigens:* eigentümlich.

199,18 *Indien:* Teile Indiens waren seit 1757 unter britischer Herrschaft.

200,35 *abzuhangen:* abzuhängen.

201,1 *muß reparieren lassen:* reparieren lassen muß; die von Goethe benutzte Wortstellung ist heute ungewöhnlich.

201,3 f. *überhoben:* enthoben.

201,5 *packen … auf:* ›aufpacken‹, früher: ›das Gepäck auf den Reisewagen schnüren‹.

201,12 *zu:* im.

202,13 *Portefeuille:* hier wohl: Sammlung.

202,22 f. *und ahnete nicht, wie nahe diese seinen Zuhörern verwandt war:* s. dazu 30,1–13 und 210,30–211,5.

202,24–210,24 *Die wunderlichen Nachbarskinder. Novelle:* Zur Interpretation der Novelle siehe z. B. Beckurts, Guntermann, Suhrkamp, Kap. III, S. 182–184 und von Wiese, HA VI,700 f.

202,27 *in verhältnismäßigem Alter:* im richtigen Alter zueinander; ›verhältnismäßig‹ wird heute fast nur adverbial benutzt.

202,34 *deutlich:* eindeutig.

203,33 *ohne deutliches Bewußtsein:* ohne sich dessen deutlich bewußt zu sein.

204,7 *Ein junger Mann:* s. dazu 30,1–13 und 210,30–211,5.

206,3 *ein so unbedeutender Bräutigam:* ein Bräutigam, der ihr so wenig bedeutete; das Wort ›unbedeutend‹ ist in der von Goethe benutzten Weise heute verschwunden.

206,7 *entwickeln:* entwirren.

206,9 *Vergleichung:* Vergleich.

207,1 *seine Unteilnahme:* seinen Mangel an Teilnahme, an Interesse (Gr 1935 f.); das Wort ist heute verschwunden.

207,22 *überzutragen:* zu übertragen.

207,25 *Geistes- und Glücksspielen:* ›Geistesspiele‹, wohl gesellschaftliche Denkaufgaben und Rätselspiele u. ä.

207,26 *Wirt:* Gastgeber.

207,33 *zubereiteten:* verursachten.

208,6 *von da:* von wo.

208,19 *Werder:* Halbinseln oder Inseln in Flüssen.

208,24 *nach Vermögen:* so gut er konnte; ›Vermögen‹ ist ein subst. Inf. aus ahd. *furimugan* ›imstand sein, Kraft haben‹ (Wg 3826); in der von Goethe angewandten Weise heute selten zu finden.

buschigten Stelle: mit Büschen bewachsenen Stelle; ›buschigt‹, von Grimm nicht aufgeführt; es ist wohl eine Wortschöpfung Goethes anzunehmen.

210,9 *die Schiffenden:* die Gesellschaft auf dem Schiff; das von Goethe benutzte Wort ist heute verschwunden.

Elftes Kapitel

211,24 *stand an:* zögerte (Gr 481).

211,26 *Ich setzte mich mit ihr ein:* Ich setzte mich mit ihr in den Kahn; ›sich einsetzen‹, veraltet für ›sich in den Wagen oder in den Kahn setzen‹ (Gr 294).

211,36 *obwaltet:* vorhanden ist; der von Goethe benutzte Ausdruck gehört in den Bereich der Kanzleisprache (Wg 2613).

211,36–213,32 *Ich habe jenen Nebenweg niemals betreten … hatte:* Hier ist das Kopfweh-Motiv aus dem ersten Teil wiederaufgenommen und um ein zur Zeit der Entstehung des Romans vieldiskutiertes Phänomen, das Erz-, Kohle- und Wasserfühlen, erweitert. Siehe dazu Brahm, S. 194–197. Zur Auflösung des Motivs s. 240,9–22 und die Anm. dazu.

212,17 *Pendelschwingungen:* Versuche dieser Art waren u. a. von einem Schwindler mit dem Namen Campetti, aber auch von dem von Goethe geschätzten Physiker Johann Wilhelm Ritter (1766–1810) vorgenommen worden.

212,30 *Markasiten:* Eisen- und Schwefelkies; ehem. Eisensulfid; aus frz. *marcassite* bzw. arab. *marqashita* (Wg 2363).

213,9 *stet:* stetig; Gegenteil zu ›unstet, unruhig, rastlos‹; aus ahd. *stati* ›feststehend, beständig‹.

213,29f. *wovon die Rede sei:* Anspielung auf ein damals heftig umstrittenes hypnotisches Heilverfahren, den sog. animalischen Magnetismus; nach dem Begründer Franz Mesmer (1733–1815) auch Mesmerismus genannt.

213,30f. *weil sie nicht gemeint war:* weil sie nicht gewillt war; das Verb ›gemeinen‹, ehemals in vielfältiger Bedeutung (Gr 3249–3253), ist heute verschwunden.

214,28 *Penserosa:* Gedankenvolle, Sinnende; ein damals beliebter Gegenstand in der bildenden Kunst (siehe

z. B. Michelangelos um 1526 geschaffenen *Il Pensieroso* in der Capella Medici, Florenz) und Dichtung; aus ital. *pensieroso* ›gedankenvoll, tiefsinnig‹.

Zwölftes Kapitel

215,34–216,17 *Ein Glas mit unserm Namenszug bezeichnet … ansehen:* An dieser dritten Stelle, die zum Dingsymbol des Glases gehört, läßt Goethe Eduard es wieder als ein positives Zeichen seiner Wahlverwandtschaft mit Ottilie verstehen. Siehe dagegen Anm. zu 66,18–37 und zu 259,28–260,10.

216,22 f. *dich hierüber nicht zu verdunkeln:* dir über diese Angelegenheit nicht unklar zu sein; Grimm (261) gibt für diese heute verschwundene Bedeutung nur das Subst. ›Verdunkler‹ an und erläutert es als denjenigen, ›der eine Sache unklar macht‹.

216,23 *gedenken:* erinnernd erwähnen (vgl. Gr 1999 und Wg 1413).

217,32 f. *durchgedacht, durchgefühlt:* Beide Verben werden gewöhnlich ohne Abtrennung des Präfixes ›durch‹ benutzt, d. h., sie erscheinen im Part. Perf. ohne ›-ge-‹; die von Goethe gewählte Form hat verstärkte Ausdruckskraft.

217,33 *ich habe mir zugeeignet:* Ich habe sie (*meine Verbindungen*) mir in Gedanken (*durchgedacht*) und im Herzen (*durchgefühlt*) zu eigen gemacht.

218,31 *entgegen sein:* mit Widerstand begegnen; aus ahd. *ingagan.*

219,34 f. *habe ich … vermocht:* habe ich … dazu gebracht.

220,8 *zu übertragen:* bei Goethe gelegentlich im Sinne von ›zu ertragen, auf sich zu nehmen‹.

220,23–25 *verlassen … entbehren … sich … herumdrükken müßte!:* ›müßte‹ hat hier drei abhängige Infinitive.

Dreizehntes Kapitel

221,22 *bestimmte sich:* entschloß sich, entschied sich; s. Anm. zu 42,23 f.

222,25 *Vorsicht:* Besonnenheit; ahd. *foresiht*, Lehnübersetzung aus lat. *providentia.*

223,1 *auf:* in.

225,4 *wo nicht:* wenn nicht; ›wo‹ als Konjunktion in dieser Bedeutung ist heute veraltet (Wg 4035).

225,5 f. *so laß uns erwarten:* so laß uns ausharren; ›erwarten‹ ohne Objekt drückte zu Goethes Zeit noch verstärktes Warten aus (Gr 1045).

225,30 *Altan:* unterstützter balkonartiger Vorbau am oberen Geschoß eines Hauses.

225,31 *hin:* entlang.

225,32–227,10 *Die Platanen sieht sie … Platanen:* Die hier geschilderte Katastrophe, der Tod des Kindes im See, der entscheidend für den Ausgang des Geschehens ist, wird von jenen Dingsymbolen begleitet, die auch beim ersten Unglücksfall (s. 101,3–103,16 und die Anm. dazu) anwesend sind und zu den Motivkreisen Geburt und Tod gehören: die Platanen, der Kahn und die zu einem See verbundenen Teiche. Fraglos überwiegen hier jene den Tod in diesem Roman symbolisch bezeichnenden Dinge. Die Vergrößerung der tödlichen Gefahr des Wassers ist bildhaft durch die zu einer einzigen Fläche umgestalteten Teiche ausgedrückt. Zur Interpretation s. Hinweise am Ende von Anm. zu 21,35–22,9.

226,8 *entfährt ihr:* entfällt ihr; ›entfahren‹ heute nur figürlich verwendet.

Vierzehntes Kapitel

228,17 *Angebäude:* Anbau; aus lat. *aedificium annexum*; von Goethe verschiedentlich benutzter Ausdruck (Gr 337).

228,22 *ein ableitendes Gespräch:* ein von einer Sache auf die andere und schließlich auf die gewünschte leitendes Gespräch; ›ableiten‹, aus lat. *deducere* (Gr 73); diese Gesprächstechnik ist hier (228,21–28) zu beobachten.

228,29–35 *Der Major trat herein ... hindurch:* Das unter dem Zeichen der ruhigen Beherrschung stehende Wiedersehen von Charlotte und dem Major, motiviert durch den Tod des Kindes, durch eine äußere Notwendigkeit also, kontrastiert deutlich mit demjenigen von Eduard und Ottilie im Vorkapitel.

Fünfzehntes Kapitel

233,2–15 *Wenn sich ...; wenn sie sich ...: so findet man ... werden:* Zum sog. elliptischen Stil dieser Stelle vgl. Anm. zu 12,14–35.

234,1–9 *Allein bei Ottilien hing es anders zusammen ... unerläßlich:* Das Motiv von Ottilies Dienstbarkeit löst sich hier auf, d. h., der Leser kann in der Rückschau dessen Bedeutung erkennen: durch dieses äußere Zeichen war Ottilies auch altersmäßig begründete innere Ungleichheit vor allem zu Charlotte ausgedrückt. Ihr Entschluß des *völligen Entsagens* stellt die Gleichheit her. Vgl. Anm. zu 25,18–26,7.

234,20 f. *waren vermeidend:* vermieden Themen, die ihnen beiden peinlich sein mußten.

235,30 *Freistatt:* Zufluchtsort, Asyl.

235,32–236,5 *Die Einsamkeit macht nicht die Freistatt ... brauche:* Der Gedanke vom Primat des Tätigseins, der Vita activa, über die Vita contemplativa, die Goethe Ottilie hier in den Mund legt, ist in anderen seiner Werke, z. B. in *Faust* und in den *Wanderjahren*, als wichtiger Grundgedanke zu finden.

236,29 *der jungen Aufschößlinge:* der jungen Mädchen in der Pension; früher wurden sowohl Kräuter als auch junge, heranreifende Menschen mit dem Wort ›Aufschößling‹ bezeichnet (Gr 730).

237,15–20 *er wird in mir eine geweihte Person erblicken … beschirmen kann:* Zu dieser Stelle bemerkt Stöcklein: »Im Christlichen [dieses Opfergedankens] bleibt dabei ein heidnischer Einschlag leise fühlbar: wie sich Ottilie als geweihte Person empfindet, wie die Sühne fast als vitale Notwendigkeit gefühlt wird für verletzte Ordnung, [...] fast als ob die Wassergeister die Schuldige verlangten« (Stöcklein, ^{2}1960, S. 38f.). Siehe ferner Blessin (1996), S. 222, Lillyman (1983).

239,1 *zu vermögen:* zu bringen.

239,13–15 *Ottilie packte zusammen … anschickte:* Das Zurücklassen des Köfferchens ist das äußere Zeichen dafür, daß Ottilie hier einem Leben mit Eduard entsagt. Vgl. auch Anm. zu 105,1–10.

239,21 *an:* zu.

239,24 *nachbringen:* nachholen.

239,35f. *zu besorgen:* hier: zu befürchten.

Sechzehntes Kapitel

240,9–22 *Als Mittler gekommen war … ertragen:* Hier erfährt das Kopfweh-Motiv seine Auflösung: nichts Gegensätzliches soll es ausdrücken. Es ist vielmehr ein Bild für Eduards und Ottilies Wahlverwandtschaft, für die gegenseitige Anziehung, die sie aufeinander haben. Goethe stellt diese Wahlverwandtschaft unter das Zeichen des Schmerzes. Die von Charlotte und dem Hauptmann dagegen ist durch musikalische Harmonie versinnbildlicht. Vgl. auch Anm. zu 43,16–22 und 211,36–213,32.

240,24 *mit seinem Anbringen:* mit seinem Anliegen.

240,26 *historisch:* früher auch für ›der Reihe nach, tatsachengerecht‹.

240,33 *er war ganz außer sich beschäftigt:* er war nicht mehr nur mit sich selbst beschäftigt.

241,21 *Putzstube:* eine Art Empfangsraum. In Amaranthes *Frauenzimmerlexikon* von 1715 heißt es: »In der Putzstube waren die grauen Überzüge noch über den roten Samtmöbeln« (Gr 2286).

242,35 *zugefahren:* zugeschlagen.

243,2 *stund:* stand; die von Goethe benutzte Form ist heute veraltet.

243,20–26 *Ohne die Miene zu verändern ... mochte:* s. Anm. zu 42,32–43,1.

244,11 f. *Sie lehnt das Frühstück ab ... vor sie:* Hier ist Ottilies den ersten Teil des Romans leitmotivisch durchziehende Mäßigkeit im Essen und Trinken wiederaufgenommen; vgl. Anm. zu 25,18–26,7.

244,14 *er wolle allen ihren Willen:* er wolle allen ihren Willen tun.

Siebzehntes Kapitel

245,4–7 *Man hatte alles weggetragen ... gestreckt:* Mit der hier beschriebenen Geste und der Wiederannahme des Köfferchens ist ausgedrückt, daß Ottilie sich der Wahlverwandtschaft mit Eduard nicht mehr entziehen kann und will. Vgl. auch Anm. zu 105,1–10.

245,12 *belehrt:* hier in der Bedeutung von informiert, unterrichtet‹.

246,10–12 *Unterdessen kann man bemerken ... verharrt:* s. Anm. zu 244,11 f.

246,27 f. *Ich bin aus meiner Bahn geschritten ... hinein:* Daß hier nicht in erster Linie auf Religiöses angespielt ist, beweist ein Vergleich dieser Stelle mit 232,2–11.

247,8 *über:* auf.

247,36–248,20 *Und so blieb er... fanden:* Hier ist vollkommene Wahlverwandtschaft zwischen Eduard und Ottilie dargestellt; nur unter dem Vorzeichen beiderseitiger Entsagung – so zeigt Goethe mit dieser Stelle – ist sie für sie möglich geworden.

249,6–13 *Die herbstlichen Tage … gesehen:* Der letzte jahreszeitliche Hinweis des Romans stellt mit der Bemerkung *an Länge jenen Frühlingstagen gleich* auch eine Verbindung zum Anfang des fiktiven Geschehens her. Siehe auch Anm. zu 3,4f.

249,15–23 *Eduard las gewöhnlich … folgte:* Hier ist das Motiv von Eduards Vorlesen wiederaufgenommen. Schon im ersten Teil des Romans (s. 60,1–11) ist es ein Zeichen für seine innere Nähe zu Ottilie. Bezeichnete es dort noch einen Prozeß (s. Anm. zu 60,1–11), so ist es hier zu einem Zustand geworden. Siehe auch Anm. zu 31,10–32,3.

249,26–29 *Der Major begleitete … zusammentraf:* Zum Musizieren der beiden Paare s. Anm. zu 60,16–61,6.

249,29–250,3 *So rückte man dem Geburtstage Eduards näher … blühten:* Zum Motiv der Geburtstagsfeiern s. Anm. zu 20,16–24.

Achtzehntes Kapitel

250,5–17 *Das Bedeutendste jedoch … es:* Der erstmalig ausgepackte Koffer und Ottilies Weigerung, von seinem Inhalt etwas wegzugeben, unterstreicht die volle Annahme ihrer Wahlverwandtschaft mit Eduard. – Das Motiv von Ottilies Bescheidenheit in der Kleidung löst sich hier auf, obwohl dem Leser die Bedeutung ihrer veränderten Haltung erst ein wenig später verständlich wird.

250,9 *Anzug:* hier: Bekleidung von Kopf bis Fuß.

250,15 *Strumpfbänder mit Devisen:* Strumpfbänder mit Sprüchen oder Versen; Grimm bemerkt dazu: »Das weibliche Strumpfband spielt als diskretes Bekleidungsstück seit je eine Rolle in amourösen Dingen […]; im 18. Jh. werden die Strumpfbänder mit literarischem Schmuck verziert« (Gr 121).

250,33 *auf jenen Tag:* Eduards Geburtstag.

251,19 *Raisonnement:* Erwägungen; aus frz. *raison* ›Vernunft‹.

251,29 *den morgenden Schmuck:* den morgigen Schmuck, den Schmuck, der für den nächsten Tag herausgelegt worden ist; Goethe benutzt stets die ältere, heute ungebräuchliche Form des Adj.s ›morgig‹.

252,27 *statt haben:* gültig sind, gelten (vgl. Gr 984).

252,31 *vorahnender Kinder:* ›vorahnen‹ bezeichnete früher verstärktes ›ahnen‹ und ist heute ungebräuchlich.

254,28 *lebevoll:* voll von Leben; heute verschwundenes Adj.

255,29f. *einen Kranz von Asterblumen:* vgl. Anm. zu 116,9.

256,6–259,23 *Nanny fehlte … verschließen:* Zu dieser Stelle schreibt Gabrielle Bersier: »Der Umschlag vom Gegenwartsroman zur mittelalterlichen Legende bei der Trauerprozession stellt sich bei näherer Betrachtung als ein Glanzstück kontrapunktischer Erzähltechnik heraus, in welchem nicht nur zwei sondern eine Vielfalt von Stimmen gegeneinander geführt werden. Bei Offenhaltung der Grenze zwischen Augenzeugenbericht und Gerücht bleibt der mehrstimmige Text ambivalent, scheint zwischen wohlwollender Skepsis und Ergriffenheit hin und her zu pendeln. Der so verblüffende Übergang ins Legendär-Hagiographische realisiert *verbatim* den Satz von Schlegels Goethe-Rezension, die Poesie müsse ›sich auch von der Seele des Dichters ablösen, und ein unabhängiges Leben in sich tragen, um zur Sage [zu] werden‹.* Während die Forderung des Volksliedtheoretikers nach einer ›Ablösung‹ der ›objektiven Stimmen der Poesie‹ von der ›Seele‹ des Dichters im Opfertod der Prosopopöie der Poesie Goethes seine Erfüllung gefunden hat, wird das ›unabhängige Leben‹ der Poesie während und nach der Bestattungsfeier in den vielen Volksstimmen personifiziert, in deren Mund die Poesie

* F. Schlegel, Goethe-Rezension, in: F. Sch., *Kritische Schriften und Fragmente*, hrsg. von Ernst Behler [u. a.], Paderborn 1988, Bd. 3, S. 129.

buchstäblich ›zur Sage‹ wird. Das Sagenhafte, das Staunen und Gerede des Volkes provoziert und die Gestorbene mit der Aura der Heiligenlegende umwebt – Auferstehung der Toten, Felsensturz und wunderbare Heilung Nannys, magische Konservierung der Leiche und Wunder am Sarg der Heiligen – ist nicht eigens erfunden. Die Wundertaten sind allesamt aus Achim von Arnims Nachdruck der Straßburger Chronik *Von Sante Ottilies* [sic] *Leben* in seiner *Zeitung für Einsiedler* entlehnt.* Das Hagionym der Hauptfigur will die Bezugnahme nicht nur dem Herausgeber der *Zeitung für Einsiedler*, sondern scheinbar auch dem Hauptzieladressaten Friedrich Schlegel sichtbar machen, dessen Mitwirkung an Arnims Zeitschrift durch drei Auszüge aus seinen Sanskritübersetzungen und einem Mailied belegt wird.** Daß die Wundergeschichten aus der hagiographischen Überlieferung übernommen sind, schafft einen doppelten Verfremdungseffekt sowohl gegenüber dem eigentlich Legendenhaften als auch gegenüber dessen mündlicher Überlieferung.

Das Distanzierungsverfahren des Erzählers wird noch spürbarer, wenn man bedenkt, daß der Schluß der *Neuen Heloise* eine ähnliche durch einen alten Kammerdiener übermittelte Auferstehungsszene enthält, die den Zudrang der sensationshungrigen Menge zu der toten Julie de Wolmar verursacht.*** [...] Den Frömmigkeitsausdrücken des Volkes gegenüber zeigt sich der *Wahlverwandtschaften*-Erzähler toleranter und verständnis-

* Vgl. *Von Sante Otilien Leben*, in: Achim von Arnim / Clemens Brentano (Hrsg.), *Zeitung für Einsiedler*, 28. Juli 1808, hrsg. von Hans Jessen, Darmstadt 1962, S. 252–256. Der erste Hinweis auf Goethes Anspielung auf Arnims Nacherzählung der Chronik findet sich bei Nicola Tumparoff, *Goethe und die Legende*, Berlin 1910, S. 70–73.

** Vgl. *Zeitung für Einsiedler*, 6. April 1808, S. 9–10, 9. April, S. 17–18, 23. April, S. 53–54 und 30. April, S. 65–66.

*** Rousseau, *La Nouvelle Héloïse*, 6. Teil, 11. Brief, S. 735–736 [...]. [Vgl. Härtl (1983 a), S. 437 f.; Niedermeier (1992), S. 104 f.]

voller als der Volksaufklärer Rousseau. Die intertextuelle Herkunft der Wunder in Arnims Heiligenlegende verdeutlicht die Zielrichtung seiner Ironie auf die patriotisch-religiöse Spätromantik, deren neumodischer Heiligenkult auf das Niveau volkstümlichen Wunderglaubens herabgezogen wird.« (Bersier, 1997, S. 199–201)

256,13 f. *Oberboden:* ein Boden unterm Dachfirst innerhalb des Dachbodens (Wg 2607 f.).

257,18 f. *welche ... des Leichnams wahrnehmen sollte:* welche ... auf den Leichnam achtgeben sollte; ›wahrnehmen‹ ist hier noch in der urspr. Bedeutung gebraucht (Gr 941), die heute verschwunden ist.

257,21 f. *der ... Lampe ... warten:* auf die ... Lampe ... aufpassen.

258,3–11 *Schon einmal hatte er so vor Belisar gestanden ... worden:* vgl. 159,10–20 und die Anm. dazu.

258,19 *häufig:* reichlich.

259,28–260,10 *Seine Teilnahme an der Unterhaltung ... enthalten:* Hier erfährt der Leser mit Eduard, daß dessen Auslegung des Glases als ein Zeichen von seiner und Ottilies Wahlverwandtschaft falsch war; statt dessen geschieht eine fast zwangsweise Anpassung an Ottilies zuletzt wirksame Eigenschaften: Enthaltsamkeit von Speise und Trank und ihr Schweigen. Siehe auch Anm. zu 247,36–248,20.

259,31 *sein ernstheiterer Blick:* ›ernstheiter‹ ist wohl eine Wortschöpfung Goethes.

260,25 f. *sich ... hin- und herwogten:* seltener, wohl von ›sich wiegen‹ beeinflußter Gebrauch; figürliche Bezeichnung für ein langsames Hin- und Herschwanken (Gr 1001 f.).

261,15–19 *So ruhen die Liebenden nebeneinander ... erwachen:* Zum Schluß des Romans siehe z. B. Bersier (1997), S. 45–55; ferner Horn (1998b), Kap. III, S. 222 ff.

II. Dokumente zur Entstehungsgeschichte

1. Die verschiedenen Arbeitsperioden

Ein Manuskript des Romans ist nicht bekannt. Die Entstehung der *Wahlverwandtschaften*, ursprünglich – etwa seit 1807 – als Novelle für die *Wanderjahre* geplant, läßt sich vorwiegend anhand der Aufzeichnungen verfolgen, die Goethe während der Arbeit an dem Roman in den Jahren 1808 und 1809 in seinem *Tagebuch* vornahm; hinzu kommen einige, die er rückblickend 1822/23 in die *Tag- und Jahreshefte* eintrug. Auch in *Dichtung und Wahrheit*, unmittelbar nach dem Abschluß der *Wahlverwandtschaften* begonnen, befindet sich eine Bemerkung zur Konzeption des Romans.

Zur Entstehungsgeschichte gehören ferner eine Reihe von brieflichen und mündlichen Äußerungen Goethes aus dieser Zeit und einige Bemerkungen seiner Brief- und Gesprächspartner sowie Eintragungen, die sein Sekretär Riemer[1] ins eigene Tagebuch und an anderer Stelle machte. Diesen Unterlagen nach entstanden die *Wahlverwandtschaften* hauptsächlich zwischen dem 11. April 1808 und dem 3. Oktober 1809. Innerhalb dieser Zeit zeichnen sich zwei intensive Arbeitsperioden ab, die Goethe beide außerhalb Weimars verbringt. Im Jahre 1808 hält er sich von Mitte Mai bis Ende August, von einer etwa zweiwöchigen Unterbrechung in Franzensbad abgesehen, in Karlsbad auf. Dort diktiert er Riemer achtzehn Kapitel des Romans, die jedoch nicht mit der ersten Hälfte der endgültigen Fassung übereinstimmen.

Erst Anfang Mai des folgenden Jahres kann die Arbeit an den *Wahlverwandtschaften* – diesmal in Jena, da sich ein Karlsbad-Aufenthalt wegen der Kriegswirren verbietet –

1 Friedrich Wilhelm Riemer (1774–1845) war Goethes Sekretär von September 1803 bis März 1812.

wiederaufgenommen und fast ununterbrochen[2] zu Ende geführt werden. Noch vor dem Abschluß des Manuskripts wird mit dem Druck angefangen. Als Goethe am 7. Oktober nach Weimar zurückkehrt, ist der letzte Revisionsbogen des Romans durchgesehen und in die Druckerei zurückgegangen. Einer Tagebuchnotiz Riemers zufolge nimmt Goethe den fertigen Roman am 9. Oktober in Empfang (s. S. 108) und beginnt ihn an einige Freunde zu senden.

a) *Vorspiel*

Goethe erwähnt die *Wahlverwandtschaften* erstmalig am 11. April 1808 in seinem *Tagebuch* als eine der kleineren Erzählungen, die für die *Wanderjahre* geplant sind:

»[Früh] An den kleinen Erzählungen schematisirt, besonders den ›Wahlverwandtschaften‹ und dem ›Mann von fünfzig Jahren‹ [...]. Abends Hofrath Meyer. ›St. Joseph der Zweite‹ vorgelesen. Ueber die kleinen Erzählungen überhaupt gesprochen.«

Hans Gerhard Gräf: Goethe über seine Dichtungen. Tl. 1. Bd. 1. Darmstadt: Wissenschaftliche Buchgesellschaft, 1968. Nr. 640. [Zit. als: Gräf. – Für die Zitate wird die Numerierung von Gräf angegeben, seine Fußnoten werden nach der Seitenzahl und der Fußnotenziffer angeführt.]

Vom 23. April bis zum 1. Mai 1808 befindet sich Goethe in Jena, wo er hauptsächlich an dem Festspiel *Pandora*, aber auch, wie aus dem Zusammenhang der Tagebuchaufzeichnungen hervorgeht, an den »kleinen Erzählungen« arbeitet. Am 27. April trägt er ins *Tagebuch* ein:

»[Nachmittags] Ausbildung, Gewahrwerden verschiedener Motive und ihrer Behandlung.«

Gräf. Nr. 642.

2 Vom 13. Juni bis 22. Juli 1809 kehrt Goethe wegen alarmierender Kriegsnachrichten nach Weimar zurück.

Daß der Plan zu einer selbständigen Behandlung der *Wahlverwandtschaften* in diese Zeit fällt, läßt sich an der folgenden Eintragung ablesen, die Goethe in der Rückschau in die *Tag- und Jahreshefte* macht:

»Die [...] kleinen Erzählungen beschäftigten mich in heitern Stunden, und auch die ›Wahlverwandtschaften‹ sollten in der Art kurz behandelt werden. Allein sie dehnten sich bald aus; der Stoff war allzubedeutend, und zu tief in mir gewurzelt, als dass ich ihn auf eine so leichte Weise hätte beseitigen können.
›Pandora‹ sowohl als die ›Wahlverwandtschaften‹ drücken das schmerzliche Gefühl der Entbehrung aus, und konnten also nebeneinander gar wohl gedeihen [...] das Schema der ›Wahlverwandtschaften‹ war weit gediehen, und manche Vorarbeiten theilweise vollbracht«.

Gräf. Nr. 890.

Nach seiner Rückkehr nach Weimar am 1. Mai notiert Goethe in seinem *Tagebuch*, daß er seinem Reisebegleiter, Hofrat MEYER,[3] unterwegs die erste Hälfte der *Wahlverwandtschaften* erzählt habe (s. Gräf, Nr. 644). Von dieser Episode existiert auch ein mündlicher Bericht Meyers, der von seinem Schüler, dem späteren Goethe-Sekretär Schuchardt,[4] weitergegeben wurde:

»Meyer, gegen den ich mich verwundert darüber aussprach, erzählte mir sogar, Goethe habe ihm auf einer Fahrt von Jena nach Weimar im Wagen ganze Abschnitte aus den ›Wahlverwandtschaften‹, von denen damals noch

3 Johann Heinrich Meyer (1759–1832), Maler und Kunsthistoriker, gehört zu Goethes Bekannten aus römischen Tagen. Der gebürtige Züricher, seit Ende 1791 in Weimar lebend und dort ab 1807 Direktor am Freien Zeicheninstitut, war zeitlebens einer der engsten Freunde des Dichters.

4 Johann Christian Schuchardt (1799–1870) fertigte unter Goethes Anleitung die ersten Verzeichnisse von dessen Kunstsammlungen an, die er 1848 veröffentlichte (s. Kap. IV).

nichts niedergeschrieben gewesen, so geläufig vorgetragen, als ob er von einem Buche abgelesen habe.«

Gräf. S. 365,1.

b) *Karlsbad – 15. Mai bis 30. August 1808*

Am 15. Mai trifft Goethe, begleitet von Riemer, zum Sommeraufenthalt in Karlsbad ein. Dort beginnt Ende Mai die intensive Arbeit an den *Wahlverwandtschaften*. Vom 29. an wird im *Tagebuch* an drei aufeinanderfolgenden Tagen von der Beschäftigung mit dem »Schema« des Romans berichtet. So heißt es am 30. Mai:

»[Früh] Das Schema zu den ›Wahlverwandtschaften‹ fortgesetzt und umgeschrieben. [...] [Nach Mittag] über den Neu-, Theresien- und Schlossbrunn auf den Chotekschen Weg, den ›Wahlverwandtschaften‹ nachgedacht.«

Gräf. Nr. 648.

Die ersten beiden Kapitel diktiert Goethe Riemer am 1. Juni. Diktat, jeweils zwei Kapitel, und Arbeit am Plan des Ganzen wechseln sich, den kurzen Auskünften des *Tagebuchs* zufolge, von nun an ab. Vierzehn Tage später, am 14. Juni, sind zehn Kapitel des Romans zu Papier gebracht (s. Gräf, Nr. 650–658).
Bevor er weiterdiktiert, arbeitet Goethe etwa acht Tage mit kurzen Unterbrechungen am »Schema« der *Wahlverwandtschaften*. Am 4. Juli meldet das *Tagebuch*:

»[Früh] An den ›Wahlverwandtschaften‹ das elfte Capitel. [...] Nach Tische am Schema der ›Wahlverwandtschaften‹ weiter gedacht und dieses Abends auf der Promenade fortgesetzt.«

Gräf. Nr. 663.

Und zwei Tage später:

»[Früh] Schema der ›Wahlverwandtschaften‹ umgeschrie-

Karlsbad
Ansicht des Böhmischen Saals

ben bis zu Ende. Allein spazieren nach der Karlsbrücke und über diese Dinge gedacht.«

Gräf. Nr. 665.

Als Goethe am 9. Juli nach Franzensbad abreist, wo er sich einige Wochen u. a. in Gesellschaft der Familie von Ziegesar[5] aufhält, sind noch zwei weitere Kapitel des Romans diktiert. An den in Karlsbad zurückgebliebenen Riemer schreibt Goethe, kurz bevor er am 21. Juli dorthin zurückkehrt: »[...] ich hoffe nach meiner Rückkehr von den ›Wahlverwandtschaften‹ stark angezogen zu werden« (Gräf, Nr. 669).

Nur einen Ruhetag legt Goethe nach der Reise ein. Unter dem 23. Juli befindet sich in Riemers Tagebuch eine Notiz, die sich wohl auf die Niederschrift der nächsten zwei oder drei[6] Kapitel, also 14 bis 16, bezieht: »Früh um sechs Uhr zu Goethe, an den ›Wahlverwandtschaften‹ dictirt bis um elf Uhr« (Gräf, S. 370,1).

Am 25. Juli diktiert Goethe die Kapitel 17 und 18 dieser ersten, die man die Karlsbader Fassung nennen könnte. Gleichzeitig ist er im Begriff, Frau von Eybenberg,[7] einer guten Bekannten von früherem Kuraufenthalt, den Ro-

5 Mit der Familie des Kanzlers von Ziegesar war Goethe zu diesem Zeitpunkt seit langem befreundet, wovon seine häufigen Besuche auf deren Gut Drakendorf bei Jena zeugen. Zahlreiche Briefe und einige Gedichte bekunden des Dichters Zuneigung zu Silvie (1785–1855), der jungen Tochter des Hauses, die vor allem in der Zeit der Entstehung der *Wahlverwandtschaften* eine Rolle spielt. Wolff glaubt, daß Goethe u. a. Züge des jungen Mädchens bei der Gestaltung von Ottilie im Sinn gehabt habe. Siehe dazu Wolff (1952).

6 Da Goethes *Tagebuch* am 23. und 24. Juli nur den Hinweis »Wahlverwandtschaften« enthält – am nächsten Tag dann u. a. den auf das Diktat des 17. und 18. Kapitels –, ist nicht mit Sicherheit festzustellen, an welchen Tagen genau und in welcher Aufteilung die drei in Frage stehenden Kapitel niedergeschrieben wurden.

7 Marianne von Eybenberg (gest. 1812), älteste Tochter des reichen jüdischen Kaufmanns Meyer, Berlin, morganatisch verheiratet mit dem Fürsten Reuß, lebte nach dessen Tod als Frau von Eybenberg in Wien. Goethe hatte sie

man vorzulesen. Der folgende *Tagebuch*-Vermerk in diesem Zusammenhang ist fast der einzige Hinweis auf den Inhalt jener achtzehn Kapitel der Erstfassung:

»[Nachmittags] Mit Frau von Eybenberg spazieren [...] [Abends?] derselben die ›Wahlverwandtschaften‹ bis zu Ottiliens Brief an die Freunde[8] [vorgelesen].«

Gräf. Nr. 672.

Bevor Goethe sich wieder anderen Arbeiten, vor allem *Pandora* und der Geschichte der *Farbenlehre* zuwendet, beschäftigen ihn in den letzten Julitagen noch Schema und Durchführung des Romanschlusses sowie »Vorarbeiten zu völliger Durcharbeit« (s. Gräf, Nr. 674–676). Einen Monat später, kurz vor seiner Abreise aus Karlsbad, nimmt der Dichter die *Wahlverwandtschaften* wieder vor, durchdenkt sie in »verschiedenen Beziehungen« (Gräf, Nr. 686) und spricht sie mit Riemer durch. Dieser notiert am 28. August in seinem Tagebuch:

»Goethes Geburtstag. Mit ihm über den neueren Roman, besonders den seinigen.
Er äusserte, seine Idee bei dem neuen Roman ›Die Wahlverwandtschaften‹ sei: sociale Verhältnisse und die Conflicte derselben symbolisch erfasst darzustellen.«

Gräf. Nr. 687.

Und am 30. August heißt es dort: »Um sechs Uhr von Karlsbad weggefahren. Ueber die ›Wahlverwandtschaften‹ und was noch zu thun sein möchte«; am 31. August: »Die

bei einem früheren Aufenthalt in Karlsbad kennengelernt. Viele Jahre lang ist sie seine intime Freundin auf den Badereisen, dazu charmante und kluge Briefpartnerin, die an seinem Werk lebhaften Anteil nimmt. Im Jahre 1808 reist sie am 31. Juli aus Karlsbad ab. Siehe dazu Richard Friedenthal, *Goethe. Sein Leben und seine Zeit*, Bd. 2, München 1968, S. 496f.

8 Der hier erwähnte Brief befindet sich in der endgültigen Fassung des Romans im vorletzten Kapitel des 2. Teils (S. 246f.). Er deutet darauf hin, daß in der Karlsbader Fassung die Haupthandlung wohl schon zu einem Abschluß gebracht worden war.

›Wahlverwandtschaften‹ gelesen«; am 2. September: »Den Park aus den ›Wahlverwandtschaften‹ entworfen« (Gräf, S. 373, 3).

Daß die *Wahlverwandtschaften*, das dichterische Hauptanliegen dieses Sommers, noch nicht abgeschlossen sind, ist nicht nur durch dieses Reisegespräch bezeugt. Auch in Franzensbad, wo Goethe sich nach der Abreise von Karlsbad noch bis zum 12. September aufhält, denkt er im *Tagebuch* weiter über den Roman nach (s. Gräf, Nr. 690).
Eine Aufzeichnung Riemers, im Abschnitt »Reisen« seiner *Mitteilungen* zu finden, illustriert die bekannte Tatsache, daß die Atmosphäre von Karlsbad (und Jena) für Goethes »poetische Produktion« sehr vorteilhaft war, noch einmal mit besonderem Bezug auf die Zeit der Entstehung der *Wahlverwandtschaften* im Sommer 1808:

»Jena und Karlsbad waren für seine poetischen Productionen sehr günstige und förderliche Orte. Nicht nur die Sonette, die ›Wahlverwandtschaften‹, ›Pandora‹, sondern auch die kleinen Gemälde, ›St. Joseph‹, die ›Neue Melusine‹ und andere mehr wurden dort, wenn nicht alle concipirt, doch grösstentheils ausgebildet und zur ersten Erscheinung gebracht.
[...] ich [war] hier nicht nur Augenzeuge, sondern auch Gehülfe bei Entstehung und Bildung der lieblichsten Novellen, Mährchen und Allegorien, indem ich mit rascher Feder die Dictate des Dichters auffasste und sie zur äussern Erscheinung, zur nähern Uebersicht, zur ferneren Ueberarbeitung und Ausbildung in Wort und Stil, in reinlicher Hinschrift vor Augen legen konnte.
Das Besprechen des Plans, die Prüfung und Anwendung der einzelnen Motive, füllte die Mussestunden der Spaziergänge, der Tischzeit; wozu sich Bemerkungen und Reflexionen aus dem Leben überhaupt gesellten.

Goethe im Jahre 1808
Kreidezeichnung von Friedrich Bury

Man lebte und verkehrte selbst unter diesen eingebildeten Personen der Phantasie, als wären es wirkliche: wie sie denn auch zu Vergleichungen mit wirklichem Anlass und Parallele boten.
Für *Charlottens* Persönlichkeit fand ich bald unter den Badegästinnen eine Goethen nicht unwillkommene Repräsentantin. So fehlte es auch nicht an einem *Hauptmann,* nicht an einem leibhaften *Lord*; und für *Mittlern* wie für den *Architect* liess sich sogar eine porträitähnliche Verwandtschaft nachweisen.«

Gräf, S. 366 f.,1

c) *Zwischenspiel*

Ab 17. September 1808 befindet sich Goethe wieder in Weimar. Verschiedene private Ereignisse wie der Tod seiner Mutter, gesellschaftliche und vor allem politische Verpflichtungen verhindern fast ein halbes Jahr lang eine weitere Arbeit an den *Wahlverwandtschaften.*
Es ist eine politisch bewegte Zeit: Am 26. September wird der Dichter dem russischen Kaiser Alexander I. vorgestellt; drei Tage später beruft ihn Herzog Carl August, der Weimarer Landesherr, anläßlich des Erfurter Kongresses, der Fürstenversammlung um Napoleon, in sein Gefolge; dort hat Goethe seine erste Begegnung mit dem französischen Kaiser, der ihn zu einer Audienz befiehlt, bei der auch Talleyrand zugegen ist. Goethe rechnet diese Stunde zu den wichtigsten Ereignissen seines Lebens. Zwei weitere Gespräche mit Napoleon folgen. Während dieser Zeit werden ihm das Ritterkreuz der Ehrenlegion und der russische Sankt-Annen-Orden verliehen.
Bis zum Ende des Jahres gibt es dann eine Reihe von Besuchern im Haus am Frauenplan. Unter ihnen sind Wilhelm von Humboldt, Achim von Arnim, Zacharias Werner und ein junger Mann aus Kassel, Daniel Engelhard (1788–1856), der als das Vorbild des Architekten in den

Goethe im Jahre 1808
Wachsbossierung von Franz Gerhard von Kügelgen

Wahlverwandtschaften angesehen wird. Goethe beschäftigt sich mit altdeutscher und altnordischer Sage und Dichtung. Spuren davon wie überhaupt von seinem gesellschaftlichen Leben dieser Zeit lassen sich im damals noch nicht konzipierten 2. Teil des Romans finden.
Ein Brief an seinen Verleger Cotta, am 2. Dezember 1808

geschrieben, zeigt den Stillstand von Goethes literarischer Produktivität und sein Bedauern darüber:

»Dass alle litterarischen Arbeiten zugleich mit allen andern Geschäften durch diese Begebenheiten unterbrochen worden, ist leider zu vermuthen. Ich versuche dieses und jenes wieder anzuknüpfen; noch aber will es nicht fliessen. So ist indess von der ›Farbenlehre‹ leider nur ein Bogen zu Stande gekommen.
An Ausarbeitung anderer in Karlsbad vorbereiteter, für's Publicum vielleicht mehr erfreulicher, Arbeiten liess sich bis jetzt gar nicht denken. Indessen wird eins nach dem andern, wenigstens im Geiste, vorgeschoben.«

Gräf. Nr. 692.

Das neue Jahr bringt zunächst keine Änderung. In einem Brief an Marianne von Eybenberg vom 16. Januar 1809 heißt es:

»[...] glauben Sie, wenn ich mich wieder nach Karlsbad sehne, so ist es nicht zum kleinsten Theil, weil ich hoffen kann, Ihnen wieder näher zu kommen. Hoffentlich wird Ihre Gegenwart mich wieder zu manchem Guten befeuern: denn leider hab' ich seit meinem Hiersein doch auch gar nichts hervorgebracht. Ja ich kann fast sagen, seit den letzten Capiteln jenes Romans, die ich so geschwind zusammenschrieb, um Ihnen keinen fragmentarischen Eindruck zu hinterlassen, ist mir fast gar nichts gelungen, was denn auch wohl sehr natürlich ist, weil ich fast gar nichts unternommen habe.«

Gräf. Nr. 693.

Wie aus einem Brief Cottas an Charlotte von Schiller von Anfang März 1809 hervorgeht, drängt der Verleger auf baldige Veröffentlichung des von Goethe versprochenen Romans (s. Gräf, S. 375 f., 2). Aber erst am 15. April werden die *Wahlverwandtschaften* im *Tagebuch* wieder direkt erwähnt:

»[Früh] ›Wahlverwandtschaften‹. Spazieren in Ueberlegung des Schemas zur Ausfüllung und Ausführung.«

Gräf. Nr. 695.

Bis zum 28. April folgen nun fast täglich diesbezügliche Vermerke im *Tagebuch* (s. Gräf, Nr. 696–703). Goethe beginnt, an der »Ausfüllung und Ausführung« zu arbeiten und liest abends in kleinerem Kreis aus dem neuen Werk vor (s. Kap. III, S. 115 f.).

Wegen der vielen Störungen, die in Weimar einen Teil seines Tages ausmachen – es gibt u. a. wieder eine militärische Einquartierung[9] –, und weil ein Sommeraufenthalt in Karlsbad der kriegerischen Unruhen halber nicht möglich ist, geht Goethe (mit Riemer) ab 29. April mit der Absicht, den Druck der »Farbenlehre« einzuleiten und die »Wahlverwandtschaften« zu Ende zu bringen, ins nahe Jena.

d) *Jena – 29. April bis 7. Oktober 1809*

Zunächst tritt hier der Arbeit ein unerwartetes Hindernis entgegen, über das ein Brief Goethes an Charlotte von Stein vom 9. Mai unterrichtet:

»Indessen man in Weimar meiner so gnädig und freundlich gedachte und von meinen romantischen Mittheilungen einen guten Nachklang empfand, ist es mir zum Eintritt hier gleich sehr übel gegangen, indem ich einen Anfall erleiden musste, von dem ich nun drei Jahre befreit geblieben, und der mir nun um so mehr Apprehension gibt, als es doch immer unwahrscheinlich bleibt, dass ich nach Karlsbad gelangen kann [...]. Dass unter solchen Adspec-

9 Oberst Gautier, Kommandant des Generalstabs.

Jena
Blick auf die Stadt von Osten

ten nicht viel geleistet wird, können Sie wohl denken. Ich habe schon einigemal mein Gebet an die heilige Ottilie[10] gewendet; allein ich habe noch keine Gegenwirkung empfunden. Es jammert mich nur, dass die schöne Zeit so ganz ungenützt vorbeistreichen soll. Vielleicht, wenn ich noch eine Zeitlang hier bleibe, geniesse ich besserer Einflüsse.«

Gräf. Nr. 704.

Ab 11. Mai kann jedoch, wie sich im *Tagebuch* verfolgen läßt, die tägliche intensive Beschäftigung zunächst mit dem Schema der *Wahlverwandtschaften* begonnen werden. Seiner Frau Christiane schreibt Goethe am 12. Mai:

»Indessen geht mir, was ich arbeite, gut von Statten und mehr bedarf ich nicht. Wenn ich noch einige Zeit hier bin, soll der Roman, hoffe ich, zum Druck befördert sein. Denn ich lasse ihn hier drucken, und es soll damit, wie mit einigen andern Dingen, rasch gehen. Worüber Du Dich erfreuen wirst.«

Gräf. Nr. 706.

Vorläufig wird mit dem Drucken allerdings noch nicht angefangen, denn nach mehrtägigem Nachdenken über den

10 Goethe hat hier wohl jene Wallfahrt im Sinn, die er als Student im Juli 1771 von Straßburg aus unternommen hatte. Das Kloster Odilienberg, genannt nach der Heiligen Ottilie, liegt etwa 30 km südwestlich von Straßburg. Er gedenkt ihrer noch einmal wenig später in *Dichtung und Wahrheit*: »Einer mit hundert, ja tausend Gläubigen auf den Ottilienberg begangenen Wallfahrt denk ich noch immer gern. Hier, wo das Grundgemäuer eines römischen Kastells noch übrig, sollte sich in Ruinen und Steinritzen eine schöne Grafentochter, aus frommer Neigung, aufgehalten haben. Unfern der Kapelle, wo sich die Wanderer erbauen, zeigt man ihren Brunnen und erzählt gar manches Anmutige. Das Bild, das ich mir von ihr machte, und ihr Name prägte sich tief bei mir ein. Beide trug ich lange mit mir herum, bis ich endlich eine meiner zwar spätern, aber darum nicht minder geliebten Töchter damit ausstattete, die von frommen und reinen Herzen so günstig aufgenommen wurde.« (*Dichtung und Wahrheit*, III,11). Vgl. auch Kap. I, Anm. zu 57,34–58,4.

Roman (s. Gräf, Nr. 707–711) meldet das *Tagebuch* am 26. Mai: »Der ›Wahlverwandtschaften‹ drittes Buch angefangen« (s. Gräf, Nr. 712). Das ist neben jener Bemerkung über die »Ausfüllung und Ausführung« vom Vormonat ein weiterer Hinweis auf die geplante Erweiterung des Manuskripts. Über eine inhaltliche Abgrenzung der verschiedenen Bücher gibt es keinerlei Hinweise. Am 29. Mai heißt es an gleicher Stelle, daß das »erste Buch der ›Wahlverwandtschaften‹ besonders durchgegangen« wurde (s. Gräf, Nr. 714). Es ist möglich, daß das einzige erhaltene Schema des Romans (s. S. 109–113) an diesem Tag entstanden ist.[11] Wie die am nächsten Tag an Christiane nach Weimar gehende Bitte zeigt, geht die Arbeit jetzt gut voran:

»Wende alles, was Du kannst, die nächsten acht Tage von mir ab: denn ich bin gerade jetzt in der Arbeit so begriffen, wie ich sie seit einem Jahre nicht habe anfassen können. Würde ich jetzo gestört, so wäre alles für mich verloren, was ich ganz nahe vor mir sehe und was in kurzer Zeit zu erreichen ist.«

Gräf. Nr. 715.

An Charlotte von Stein sendet Goethe, ebenfalls am 30. Mai, folgendes Schreiben:

»[...] es ist mir in diesen Tagen gelungen, an dem Roman fortzuarbeiten, der mir durch die gute Aufnahme seiner ersten Hälfte[12] erst wieder werth geworden. Mögen Sie unsrer verehrten Fürstin sagen, dass ich, indem ich mir jene Wirkungen zurückrief, die dasjenige hervorgebracht hatten, was schon auf dem Papier fixirt war, mir den Muth und die Freude geben konnte, das Uebrige, was noch zwischen Sein und Nichtsein schwebte, hervorzurufen und festzuhalten. So viel habe ich mir fest vorgesetzt: ich will

11 Riemers Tagebuch verzeichnet am gleichen Tag: »Bei Goethe, *Wahlverwandtschaften*« (s. Gräf, S. 380,4).

12 Siehe Kap. III, S. 115f.

alles abweisen und vermeiden, was mich hindern könnte das Angefangene zu Stand zu bringen. Verzeihen Sie, wenn ich Sie von dem ausschliesslich unterhalte, was mich jetzt interessirt. Ein künftiges Interesse hängt vom gegenwärtigen ab.«

Gräf. Nr. 716.

Und zwei Tage später, am 1. Juni, unterrichtet er Zelter[13] über den Stand der Dinge:

»Da es noch nicht räthlich war nach Karlsbad zu gehen, so befind' ich mich in Jena, wo ich einen Roman fertig zu schreiben suche, den ich vor'm Jahre in den böhmischen Gebirgen concipirt und angefangen hatte. Wahrscheinlich kann ich ihn noch in diesem Jahre herausgeben und ich eile um so mehr damit, weil es ein Mittel ist, mich mit meinen auswärtigen Freunden wieder einmal vollständig zu unterhalten. Ich hoffe, Sie sollen meine alte Art und Weise darin finden. Ich habe viel hineingelegt, manches hinein versteckt. Möge auch Ihnen diess offenbare Geheimniss zur Freude gereichen.«

Gräf. Nr. 720.

Bis zum 11. Juni ist unter den verschiedenen Daten im *Tagebuch* meist nur der kurze Vermerk »Die Wahlverwandtschaften« angegeben (s. Gräf, Nr. 721–723); zuweilen wird er ergänzt mit dem Zusatz, daß der erste Teil revidiert oder das Ganze durchdacht wird (s. Gräf, Nr. 726–728, 730, 732). Zwei Briefe gehen in dieser Zeit nach Weimar (s. Gräf, Nr. 724 und 725), einer an Christiane, der andere an Charlotte von Stein; in beiden wird davon gesprochen, daß die Hauptschwierigkeiten mit dem neuen Werk über-

13 Karl Friedrich Zelter (1758–1832), Baumeister und Musiker in Berlin, leitete dort seit 1800 die Singakademie. Er trat 1799 zum erstenmal mit Goethe in Verbindung und vertonte einige seiner Gedichte. Neben der künstlerischen Beziehung ergab sich eine bis ans Lebensende dauernde Freundschaft.

wunden seien und es noch vor Ende des Monats fertiggestellt sein sollte.
Wegen der sich nähernden kriegerischen Unruhen muß Goethe am 13. Juni die Arbeit aber noch einmal unterbrechen. Für sechs Wochen kehrt er nach Weimar zurück. Am 16. Juni schreibt er von dort an Frau von Eybenberg:

»Von mir kann ich wenig melden, denn ich habe dieses Jahr viel Zeit verloren. Nur seit vier bis sechs Wochen konnte ich in Jena zu einiger Thätigkeit kommen. Der zweite Theil des Romans hat in dieser Zeit einigen Bestand gewonnen, und ich kann noch hoffen, dass er vor Michaelis Ihnen irgend wo begegnen wird. Man findet sich schon glücklich genug, wenn man sich in dieser bewegten Zeit in die Tiefe der stillen Leidenschaften flüchten kann.«

Gräf. Nr. 733.

Von der am 23. Juli stattfindenden Rückreise nach Jena notiert Riemer in sein Tagebuch, daß unterwegs über den Titel des Romans gesprochen worden sei (s. Gräf, S. 386,1). Und an anderer Stelle berichtet er, daß Goethe am Tag darauf gesprächsweise folgendes gesagt habe:

»Die sittlichen Symbole in den Naturwissenschaften (zum Beispiel das der ›Wahlverwandtschaft‹, vom grossen Bergman[14] erfunden und gebraucht) sind geistreicher und las-

14 Der schwedische Naturforscher Tobern Bergman hatte die Lehre von den chemischen Wahlverwandtschaften um 1775 aufgestellt. Danach findet bei dem Aufeinanderwirken zweier Verbindungen AB und CD entweder keinerlei Veränderung statt oder aber eine völlige Trennung und Neuverbindung in die Gruppen AC und BD. Ähnlich läßt Goethe es im Roman den Hauptmann im 4. Kapitel des ersten Teils vortragen. Wie dieses chemische Gleichnis in den *Wahlverwandtschaften* dichterisch verarbeitet und variiert wurde bzw. wie es innerhalb des Romangeschehens aufgefaßt werden kann, ist nachzulesen bei Nemec, S. 49–63. Weitere Hinweise s. Kap. I, Anm. zu 33,22–39,3. Vgl. auch die in Kap. I, S. 5 abgedruckte Selbstanzeige des Romans, die wenig später veröffentlicht wurde.

sen sich eher mit Poesie, ja mit Societät verbinden, als alle übrigen, die ja auch, selbst die mathematischen, nur anthropomorphisch sind, nur dass jene dem Gemüth, diese dem Verstande angehören.«

Gräf. Nr. 735.

In Goethes *Tagebuch* ist unter dem gleichen Datum, dem 24. Juli – sowie an den folgenden Tagen –, zu lesen, daß er an dem Roman korrigiert (s. Gräf, Nr. 736–741). Bei Riemer heißt es ferner, daß die Vorbesprechungen zum Druck des Werkes am nämlichen Tage stattfinden (s. Gräf, S. 387,1). Am 28. Juli kann Goethe in einem Brief an Christiane melden:

»Die ersten Bogen des Romans sind in die Druckerei, und es braucht nur sechs bis acht Wochen Ruhe und Sammlung, so ist die Sache abgethan und ich kann an etwas Andres gehen. Riemer ist mir auf die beste Weise behülflich. [...] Für mich wünsche ich weiter nichts als ein leidliches Befinden, dass ich in diesen paar Monaten mit meiner vorgesetzten Arbeit fertig werde [...].«

Gräf. Nr. 742.

Vom 30. Juli an werden die Revision des Romans im Manuskript und die Durchsicht der ersten Druckbogen nebeneinander betrieben (s. Gräf, Nr. 745 und 746, 751 und 752, 754–760, 762–774). Außer dem *Tagebuch* verzeichnen verschiedene Briefe Goethes den täglichen Fortschritt und drücken zugleich den Wunsch aus, daß das Werk nun auch in absehbarer Zeit zu Ende geführt werden kann. So am 1. August an Christiane:

»Wir haben den Druck des Romans angefangen, ohne zu wissen, wie wir damit zu Ende kommen wollen. Indessen, wenn wir den August und September gut anwenden, so ist Hoffnung, dass wir fertig werden.«

Gräf. Nr. 748.

Und an Charlotte von Schiller am gleichen Tage:

»Aus beiliegendem Blättchen[15] sehen Sie, dass der Roman anfängt gedruckt zu werden. Lassen Sie Ihre guten Wünsche bei uns sein, damit wir ihn bald nach Michael gebunden sehen. Es ist eine grosse Reise, die mir bevorsteht und die sich leider nicht mit Extrapost machen lässt.«

Gräf. Nr. 750.

An Meyer schreibt Goethe am 11. August:

»Der neue Roman ist bis zum siebenten Bogen gedruckt in unsern Händen. Es wird sorgfältig daran redigirt, corrigirt und revidirt und ist kaum abzusehen, wie bis Michael das Ganze fertig sein soll. Indessen ohne eine solche Nöthigung käme man gar nicht zu Stande.«

Gräf. Nr. 761.

Am 22. August, elf Tage später also, wird dem *Tagebuch* nach das letzte Kapitel des ersten Teils durchgesehen. Gleichzeitig schickt Goethe die Anzeige des Romans[16] nach Tübingen an seinen Verleger Cotta. Sie ist für die Veröffentlichung im *Morgenblatt für gebildete Stände* bestimmt, erscheint dort am 4. September 1809 und ist mit folgender Ankündigung eingeleitet:

»Wir geben hiermit vorläufige Nachricht von einem Werke, das zur Michaelismesse im Cottaschen Verlage herauskommen wird [...].«

Gräf. Nr. 747.

Die Korrektur der Druckbogen des ersten Teils geht weiter (s. Gräf, Nr. 774), und am 25. August wird ein »ausführliches Schema« zum zweiten Teil des Romans erstellt (s. Gräf, Nr. 776).

15 Goethe sendet ihr den ersten Druckbogen des Romans zu.
16 Text der Anzeige s. Kap. I, S. 5.

Die ersten Kapitel dieses Teils werden in den folgenden Tagen wohl mit Blick auf den nun feststehenden Plan des Ganzen teils leicht geändert, teils umgeschrieben (s. Gräf, Nr. 778 und 779, 783–785). Nur am 28. August, seinem 60. Geburtstag, legt Goethe eine Pause ein und verbringt ihn mit Christiane und einigen Freunden. In Riemers Tagebuch ist erwähnt, daß am letzten Augusttag mehrere Kapitel umgeschrieben werden (s. Gräf, S. 395,1). Goethe spricht unter dem gleichen Datum auch davon, daß er das letzte Kapitel des zweiten Teils umdiktiert habe (s. Gräf, Nr. 785).

Vom 2. September an geht er die achtzehn Kapitel des zweiten Buches der *Wahlverwandtschaften* noch einmal nacheinander durch und ergänzt und erweitert vor allem »Ottiliens Tagebuch« am Schluß der Kapitel 2 bis 5, 7 und 9, wobei zunächst täglich etwa ein Romankapitel fertiggestellt werden kann.[17] Am 3. September geht der Anfang des zweiten Teils, Kapitel 1 bis 3, in die Druckerei, und ab 7. September arbeitet Goethe sowohl am Manuskript als auch an der Korrektur der Druckbogen des zweiten Buches (s. Gräf, Nr. 787–789, 792–794, 796–800, 803, 805, 809–812, 814 und 815).

Von dieser Zeit sind zwei Dokumente ausgewählt, die über die für solch intensive Schaffensperioden Goethes typischen Stichworte seiner *Tagebuch*-Eintragungen hinausgehen. An Meyer schreibt der Dichter am 12. September:

»Unsre hiesigen Geschäfte gehen ihren Gang. Wenn ich Ihnen sage, dass wir heute den dritten Bogen des zweiten Theils revidiren, und dieser, wie der erste, etwa zwanzig Bogen haben wird, so sehen Sie, was gethan worden und was noch zu thun ist. Ich wünsche, dass alles vor Ende Septembers geleistet sei.«

Gräf. Nr. 802.

17 Eine Ausnahme bildet das sechste Kapitel, das hauptsächlich die Erzählung der vom Architekten veranstalteten Weihnachtsgruppe enthält, in der Ottilie die Gottesmutter darstellt. Goethe arbeitet daran vom 7. bis 12. September (s. Gräf, Nr. 794, 796–798, 800 und 803).

Und an Reinhard,[18] der sich nach dem neuen Roman brieflich erkundigt hatte, geht am nächsten Tag folgende Nachricht:

»Ich befinde mich seit länger als sieben Wochen hier und komme mir vor wie jene Schwangere, die weiter nichts wünscht, als dass das Kind zur Welt komme, es sei übrigens und entstehe was will. Diese Geburt wird sich etwa in der Hälfte Octobers bei Ihnen präsentiren. Ich bitte um gute Aufnahme.«

Gräf. Nr. 804.

Ein Exemplar des ersten Teils, gedruckt und gebunden, kann Goethe am 15. September an Christiane nach Weimar senden,[19] während noch etwa die Hälfte des zweiten zur Überarbeitung im Manuskript und zum Druck ansteht. Am 20. September schreibt Goethe an seine Frau:

»Ich brauche wenigstens noch acht Tage, um mit demjenigen in Ordnung zu kommen, was ich mir vorgenommen habe; nicht allein mit dem Druck des Romans muss ich im Reinen sein, [...] Ich bitte Dich inständig, mir alle Besuche abzuhalten [...].«

Gräf. Nr. 813.

Am 22. September – Goethe bleibt in diesen Tagen wegen eines leichten Unwohlseins im Bett – geht eine ähnliche Bitte an die gleiche Adresse:

»Heute bin ich im Bett geblieben; wir können aber unsere Arbeiten demungeachtet fortsetzen.
Weil Ihr Euch über den ersten Theil des Romans so freundlich geäussert habt, so soll die Hälfte des zweiten

18 Karl Friedrich Graf von Reinhard (1761–1837) war ein französischer Diplomat deutscher Abkunft, den Goethe im Jahre 1807 in Karlsbad kennenlernte. Er nahm an Goethes dichterischen und wissenschaftlichen Arbeiten regen Anteil. Siehe auch Kap. III, S. 131 f.

19 Text des Briefes, der die Sendung begleitet, s. Kap. III, S. 116 f.

Die

Wahlverwandtschaften.

Ein Roman

von

Goethe.

Erster Theil.

Tübingen,

in der J. G. Cottaischen Buchhandlung.

1809.

bis an einen Abschnitt die nächste Woche unter eben den Bedingungen zu Euch gelangen. Du schickst mir den Band wieder, den Du in Händen hast, und wir hoffen nun das Ende bald zu erreichen. Doch brauchen wir, wenn kein Hinderniss dazwischenkommt, immer noch zehn Tage. Wenn Du etwa hören solltest, dass jemand zu mir herüberkommen will, so lehne es ja ab: denn es kommt doch, wie ich auch diessmal gesehen habe, für die Besuchenden auch nicht das Geringste heraus.«

Gräf. Nr. 816.

Besondere Sorgfalt wird noch einmal auf das Durchdenken und Überarbeiten des Romanschlusses verwendet. Das *Tagebuch* meldet an vier verschiedenen Tagen zwischen dem 17. und 26. September eine Beschäftigung mit dem letzten Kapitel (s. Gräf, Nr. 810, 820, 821 und 823).
Die Durchsicht der Druckbogen des zweiten Teils nimmt Goethe bis zum 4. Oktober in Anspruch, jedoch nutzt er die Tage, die er in Jena verbleibt, ebenfalls, um das neue Werk zahlreichen Freunden und Bekannten brieflich anzukünden.
Daß die Rezeption der *Wahlverwandtschaften* nunmehr in den Vordergrund rückt, zeigt – neben diesen Briefen – auch die *Tagebuch*-Notiz vom 29. September:

»[Vormittags] Der sechzehnte Revisionsbogen. [...] Abends Oberstlieutenant von Hendrich. Ueber Aufnahme neuer Werke, besonders von Freunden und Stadtgenossen.«

Gräf. Nr. 829.

An Cotta schickt Goethe am 1. Oktober folgendes Schreiben:

»Die Aushängebogen des Romans werden nun bald in Ihren Händen sein; und ich wünsche, dass diese beiden Bändchen zuerst Ihnen und dann dem Publicum Vergnügen machen. Es ist so manches hineingelegt, das, wie ich hoffe, den Leser zu wiederholter Betrachtung auffordern wird.«

Gräf. Nr. 833.

Unter dem gleichen Datum findet sich ein weiteres an den Verleger gerichtetes Briefkonzept:

»Dass der Roman als Fortsetzung meiner Werke abgedruckt werde, bin ich wohl zufrieden und so, dass es damit wie mit dem Uebrigen nach unsrer Verabredung gehalten werde. Einen Preis für diese Arbeit wüsste ich nicht auszusprechen. Ich habe daran, was ich vermochte, gewendet und ich bin von Ihnen überzeugt, dass Sie mich und die Meinigen dagegen das Billige und Rechte werden geniessen lassen.«[20]

Gräf. Nr. 834.

Einige weitere Briefe gehen am 1. Oktober von Jena ab. Einer an Frau von Eybenberg:

»Der Roman, den Sie durch Ihre Theilnahme so sehr gefördert haben, ist nun bald völlig abgedruckt und wird seinen Weg auf die Leipziger Messe nehmen. Ich schicke Ihnen kein Exemplar, weil Sie es, bei dem jetzigen theuern Porto, bequemer durch den Buchhandel erhalten. Gedenken Sie mein unter dem Lesen, gedenken Sie der guten Tage, in welchen dieses Werkchen grösstentheils in Ihrer Nähe entstand.«

Gräf. Nr. 835.

Und an Reinhard:

»Noch bin ich in Jena und hoffe, die letzten Bogen meines Romans noch vor Ablauf des Stillstandes, oder vor Unter-

20 Goethes Honorar für den Roman beträgt 2000 Rth., und für den notwendigen Nachdruck erhält er 500 Rth. Siehe dazu Gräf, S. 407,5.

zeichnung des Friedens, gedruckt zu sehen.[21] Es ist auf dieses kleine Werk so viel verwendet worden, dass ich hoffen kann, man wird es mit Antheil aufnehmen.
Das erste, vollständige, geheftete Exemplar gebe ich für Sie auf die fahrende Post. Indessen können noch immer vierzehn Tage hingehen, bis es in Ihre Hände kommt.«

Gräf. Nr. 836.

Am 7. Oktober kehrt Goethe nach Weimar zurück. Riemers Tagebuch ist zu entnehmen, daß der Autor den fertigen Roman am 9. Oktober dort in Empfang nehmen kann (s. Gräf, S. 413, 2).
In den *Tag- und Jahresheften* faßt Goethe viele Jahre später[22] die Jenaer Periode der Entstehung der *Wahlverwandtschaften* wie folgt zusammen:

»[Zu 1809.] Dieses Jahr muss mir in der Erinnerung, schöner Resultate wegen, immer lieb und theuer bleiben [...].
Was ich mir [...] in Jena zu leisten vorgenommen, sollte eigentlich durch einen ganz ununterbrochenen Aufenthalt begünstigt sein; dieser war mir jedoch nicht gegönnt; unerwartete Kriegsläufte drangen zu und nöthigten zu einem mehrmaligen Ortswechsel.
[...] Um von poetischen Arbeiten nunmehr zu sprechen, so hatte ich von Ende Mai's an die ›Wahlverwandtschaften‹, deren erste Conception mich schon längst beschäftigte, nicht wieder aus dem Sinne gelassen. Niemand verkennt an diesem Roman eine tief leidenschaftliche Wunde, die im Heilen sich zu schliessen scheut, ein Herz, das zu genesen fürchtet. Schon vor einigen Jahren war der Hauptgedanke gefasst, nur die Ausführung erweiterte, vermannichfaltigte sich immerfort und drohte die Kunst-

21 Die Friedensverhandlungen zwischen Frankreich und Österreich, auf die Goethe sich hier bezieht, fanden erst am 14. Oktober im Anschluß des Wiener Friedens ein Ende.

22 Dezember 1822 und Januar 1823.

gränze zu überschreiten. Endlich nach so vielen Vorarbeiten bestätigte sich der Entschluss, man wolle den Druck beginnen, über manchen Zweifel hinausgehen, das eine festhalten, das andere endlich bestimmen.
In diesem raschen Vorschritt ward ich jedoch auf einmal gestört; denn indem man die Nachrichten des gewaltsamen Vordringens der Franzosen in Oesterreich mit Bangigkeit vernommen hatte, begann der König von Westfalen einen Zug gegen Böhmen, wesshalb ich den 13. Juni nach Weimar zurückging. Die Nachrichten von dieser sonderbaren Expedition waren sehr ungewiss, als zwei, dem Hauptquartier folgende, diplomatische Freunde, von Reinhard und Wangenheim, mich unerwartet besuchten, einen unerklärlichen Rückzug räthselhaft ankündigend. Schon am 15. Juli kommt der König nach Weimar, der Rückzug scheint in Flucht auszuarten und gleich am zwanzigsten ängstigt das umherstreifende Oelsische Corps uns und die Nachbarschaft. Aber auch dieses Gewitter zieht schnell in nordwestlicher Richtung vorüber, und ich säume nicht am dreiundzwanzigsten Juli wieder nach Jena zu gehen.
Unmittelbar darauf werden die ›Wahlverwandtschaften‹ in die Druckerei gegeben, und indem diese fleissig fördert, so reinigt und rundet sich auch nach und nach die Handschrift, und der 3. October befreit mich von dem Werke, ohne dass die Empfindung des Inhalts sich ganz hätte verlieren können.«

Gräf. Nr. 891.

2. Ein Schema zum ersten Teil des Romans

I. Theil.

1. Exposition überhaupt
   Beratschlagung wegen des Hauptmanns Aufnahme in die Familie
2. Ottiliens Verhältniß wird eingeführt

Mittler kommt.
Es wird entschieden, den Hauptmann aufzunehmen.

3. Der Hauptmann kommt.
Unterhaltung in der Mooshütte.
Aussicht von der Höhe.
Einleitung der Geschäfte.
Tadel von Charlottens Anlagen.
Erste Nachricht von der Pension.
4. Die Charte wird fertig.
Die Geschäfte förmlicher betrieben.
Allerley nützliche Anstalten werden gemacht.
Vorlesung und daraus entspringender Vortrag von den Wahlverwandtschaften.
Es entscheidet sich, daß Ottilie aufgenommen wird.
5. Zweyte Briefe aus der Pension
Die beyden Männer ziehen zusammen.
6. Ottilie kommt.
Die beyden Frauen schließen sich aneinander.
Die beyden Männer handeln immerfort gemeinsam.
Größeres Parkwesen in Bewegung gebracht.
Dadurch Annäherung Charlottens zum Hauptmann.
7. Eduard schließt sich an Ottilien
Die Geschäfte der beyden Freunde leiden
Großer Spaziergang um die Teiche.
Aussichten u. Vorsätze zu neuen größeren Anlagen.
Die Neigungen wachsen.
8. Charlottens Geburtstag.
Ankündigung der Gäste.
Erscheinung Mittlers.
9. Der Graf und die Baronesse kommen an.
Tischgespräche über Heirat u. Scheidung
Spazirgang nach Tisch.
Charlotten eröffnet der Graf seine Absichten auf den Hauptmann.
Die Baronesse forscht Eduarden aus wegen Ottilien.
Abendtisch und Unterhaltung.

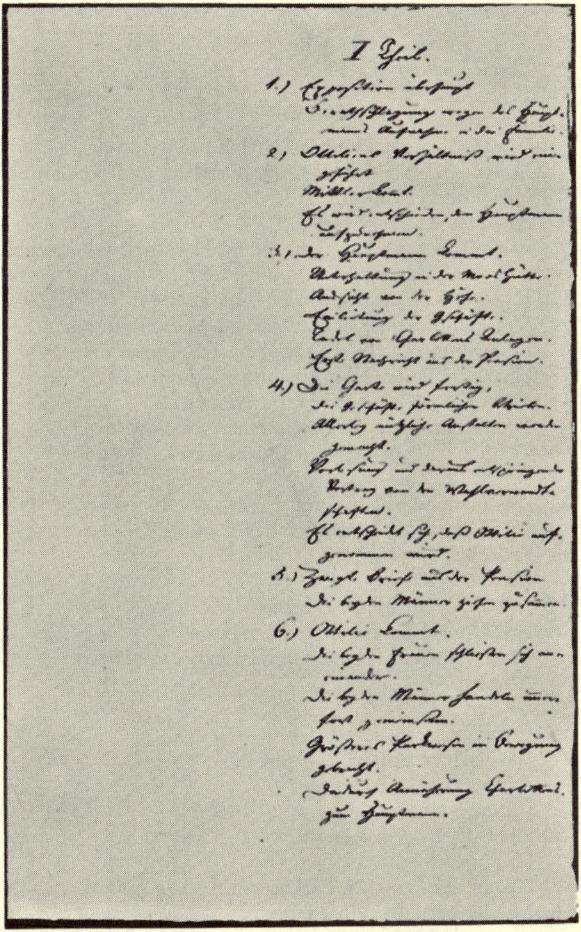

I Theil.

1.) Exposition überhaupt
Die Berathschlagung wegen des Haupt-
manns Aufnehmen in die Familie.

2.) Ottiliens Verhältniß wird ein-
geschoben
Mittler kommt.
Es wird entschieden, den Hauptmann
aufzunehmen.

3.) der Hauptmann kommt.
Unterhaltung in der Moos Hütte.
Aussicht von der Höhe.
Einleitung des Geschäfts.
Arbeit an Charlottens Anlagen.
Erste Nachricht aus der Pension.

4.) Die Charte wird fertig,
die Geschäfte förmlicher betrieben.
Allerley nützliche Anstalten werden
gemacht.
Vorlesung und daraus entspringender
Vortrag von den Wahlverwandt-
schaften.
Es entscheidet sich, daß Ottilie auf-
genommen wird.

5.) Zweyte Briefe aus der Pension
Die beyden Männer ziehen zusammen.

6.) Ottilie kommt.
Die beyden Frauen schließen sich an-
einander.
Die beyden Männer handeln immer
fort gemeinsam.
Größeres Interesse in Bewegung
gebracht.
Dadurch Annäherung Charlottens
zum Hauptmann.

10. Nachtscene zwischen dem Grafen und Eduard.
    Abenteuerlicher Gang der beyden.
    Eduard bringt bey seiner Frau die Nacht zu.
11. Frühstück.
    Zerstreuter Tag.
    Wasserfahrt des Hauptmanns und Charlottens.
    Vollendete Abschrift durch Ottilien und Erklärung zwischen ihr u. Eduard.
    Abendessen der Viere.
    Ereignisse zwischen dem Hauptmann und Charlotten nacherzählt.
12. Eduards Leidenschaft bricht aus.
    Der Hauptmann bereitet sich zu einer Entfernung.
    Eduard und Ottilie verstricken sich immer tiefer.
    Charlotte u. der Hauptmann resigniren sich.
13. Der Graf beruft den Hauptmann ab.
    Verwandlung der Teiche in einen See wird betrieben.
    Ottiliens Geburtstag wird vorbereitet.
    Kommt heran.
    Das Haus wird gerichtet.
    Unglück durch Einsinken des Damms.
    Feuerwerk.
    Bettler.
14. Der Hauptmann ist abgereist
    Erklärung Eduards mit seiner Frau.
    Entschluß sein Haus zu verlassen
    Abreise.
    Bettler.
15. Ottilie vermißt Eduarden.
    Wird seiner Entfernung gewiß.
    Schmerzlicher Zustand.
    Fassung
    Charlottens Betragen
    Gegen Ottilien
    Gegen das Haus- u. Parkwesen.
16. Mittler besucht Eduarden,

Eduards Leidenschaft.
Hoffnung einer Scheidung
Mittler besucht Charlotten.
Entdeckung ihrer Schwangerschaft
Eduards weitere Reise.
Ottiliens dunkle Entsagung.
Erwähnung des Tagebuchs.

Goethes Werke. Hamburger Ausgabe in 14 Bänden. Hrsg. von Erich Trunz. Bd. 6. Hamburg: Wegner, ⁶1965. S. 672–674. [Zit. als: HA VI.]

Das obige Schema, das einzige zum Manuskript der *Wahlverwandtschaften* gehörende Dokument, das erhalten ist, befindet sich im Goethe- und Schiller-Archiv in Weimar.[23] Es ist von Riemers Hand geschrieben und hat zwei Kapitel weniger als die endgültige Fassung des Romans. Vor dem 8. Kapitel des Schemas ist im Roman ein neues eingefügt, das hauptsächlich das unterschiedliche Musizieren der beiden Paare zum Inhalt hat. Kapitel 8 der Gliederung wird so zum 9. des Romans. Durch Teilung in der Mitte werden aus dem 13. Kapitel später zwei, nämlich 14 und 15 des fertigen Werkes. Diese Zählung ergibt sich, wenn man das vor dem 8. eingeschobene Kapitel berücksichtigt. Das Entstehungsdatum des Schemas ist nicht bekannt. Wahrscheinlich liegt es in der Jenaer Periode der Arbeit an den *Wahlverwandtschaften*, also im Frühsommer 1809, bevor der erste Teil gedruckt wurde und nachdem feststand, daß der Roman in mehr als einen Teil gegliedert würde. Vgl. S. 120 und HA VI,675.

23 Das Schema ist im 6. Band der *Hamburger Ausgabe* zum erstenmal abgedruckt worden.

III. Dokumente zur Wirkungsgeschichte

Im Unterschied etwa zu *Werther* haben die *Wahlverwandtschaften* erst spät zu direkter literarischer Nachschöpfung angeregt. Die Diskussion über diesen Altersroman Goethes aber ist von seinem Erscheinen bis in unsere Zeit nicht abgebrochen. Tatsächlich beginnt die Wirkungsgeschichte der *Wahlverwandtschaften* in einem sehr frühen Stadium (s. dazu Kap. II, S. 106ff.).
Die große Kontroverse, die der Inhalt des Romans nach der Veröffentlichung im Oktober 1809 bis weit ins 19. Jahrhundert hinein auslöste, hat sich bis heute weitgehend verloren und – vor allem nach dem Zweiten Weltkrieg – einer mehr dichtungstheoretischen Auseinandersetzung mit dem Werk Platz gemacht. Zu den Goethe-Gedenkjahren (1982, 1999) ist in der Forschung eine verstärkte Beschäftigung mit dem Roman zu beobachten. Von den etwa 300 Büchern und Artikeln seit 1950 sind fast ein Drittel allein in jenen Jahren entstanden. Dem stehen weniger als 100 Bücher und Artikel in der ersten Hälfte des 20. Jahrhunderts gegenüber.[1]

1. 19. Jahrhundert

a) *Vor der Veröffentlichung*

Es gibt ungezählte Belege für Goethes Interesse daran, wie der gebildete Leser seine Werke aufnahm und beurteilte, und für die Tatsache, daß er häufig noch während des Entstehungsprozesses die Meinung von Freunden und Bekannten suchte. Zuweilen lassen sich auch Rückwirkungen feststellen. Die *Wahlverwandtschaften* bilden keine Aus-

1 Die Seitenangaben in den Auszügen aus der Forschungsliteratur beziehen sich – wenn nicht anders angegeben – auf die Hamburger Ausgabe, Bd. 6.

nahme. Im Gegenteil. Während ihrer Entstehung zeigen sich diese Bestrebungen Goethes in besonders deutlicher Weise, so daß die Wirkungsgeschichte noch vor Fertigstellung des Romans angesetzt werden kann. Seinem Freunde, Hofrat Meyer, erzählt Goethe ganze Teile der Handlung, bevor eine Zeile davon niedergeschrieben ist (s. Kap. II, S. 85 f.). Während der Karlsbader Arbeitsperiode macht er Marianne von Eybenberg mit den 18 Kapiteln jener ersten Fassung wohl auch aus dem Grunde bekannt, um das Urteil der klugen Jüdin zu hören (s. Kap. II, S. 88 f.). Die Reaktionen der beiden ersten Hörer kennt man nicht. Bevor sich Goethe im Frühsommer 1809 nach Jena zurückzieht, um dort den Roman zu beenden, liest er der Herzogin[2] und einem kleinen Kreis das bisher Ausgeführte an zwei Abenden vor. Charlotte von Stein und Henriette, die Schwester von Goethes Freund Knebel,[3] sind ebenfalls anwesend, und von ihnen stammen die ersten überlieferten Reaktionen zu den *Wahlverwandtschaften*. Henriette schreibt am 19. April 1809 an ihren Bruder nach Jena:

»Es ist ewig schade, daß Du nicht die Erzählung von Goethe mit angehört hast. Sie ist voll Geist und Leben und versetzt in die mildeste Gemütsstimmung.«

Gräf. S. 375,1.

Über das am zweiten Abend Gehörte urteilt sie in ihrem Brief vom 29. April an den gleichen Empfänger:

»Heute wird Goethe auf einige Tage nach Jena kommen. Er hat uns gestern durch die Fortsetzung seines Romans einen der seltnen und auserlesenen Abende verschafft und

2 Die Lesungen fanden am 18. und 19. April 1809 bei der Herzogin Luise, der Gemahlin Carl Augusts von Sachsen-Weimar, statt.

3 Karl Ludwig von Knebel (1744–1834), Erzieher der weimarischen Prinzen, als deren Reisebegleiter er im Dezember 1774 in Frankfurt die folgenreiche Bekanntschaft mit Goethe vermittelte, gehört zu den wenigen Freunden des Dichters, mit denen er das vertrauliche Du teilte.

hat uns ganz in seinen Zauberkreis hineingezogen. Seine Gemälde sind nicht allein vollkommen richtig gezeichnet, sondern jedes Detail ist zugleich mit so lebhaften Farben und so äusserst delicat ausgemalt, dass man dieses neue Product als ein Meisterwerk nicht genug bewundern und sich darüber erfreuen kann. Ich gäbe was drum, wenn er Dir's vorläse. Es hat uns sehr glücklich gemacht.«

Gräf. S. 376f.,1.

Charlotte von Stein (1742–1827) gibt ihren Eindruck von dem neuen, noch unvollendeten Werk am gleichen Tag an ihren Sohn Fritz weiter:

»Es that einem wohl, auf einige Stunden in eine idealische Welt zu kommen. Wie viel Kenntniss des menschlichen Herzens, was für feine Gefühle, wie viel Sittlichkeit, Verstand und Anstand darin vorgetragen ist, kann ich Dir nicht genug sagen. Der Himmel gebe, dass er ihn vollenden kann. Er hatte ihn voriges Jahr in Karlsbad angefangen, und nun will er ihn auch dort vollenden, und die Kriegsunruhen [der Krieg Napoleons gegen Oesterreich] verhindern die Reise.«

Gräf. S. 376,1.

Welche Rückwirkung diese frühen Urteile – sie wurden ihm wohl von Knebel mitgeteilt – auf Goethe haben, läßt sich zum Beispiel seinem Brief an Frau von Stein entnehmen, den er am 30. Mai während der zweiten Phase der Arbeit aus Jena an sie schreibt (s. Kap. II, S. 98f.).
Sobald der erste Teil des Romans am 15. September in gedruckter Form in seinen Händen ist, sendet Goethe ihn mit einigen Anweisungen, von denen die vierte in diesem Zusammenhang am meisten interessiert, an seine Frau:

»[…] sodann schicke ich ein Bändchen, aber nur unter folgenden Bedingungen:

1. Dass Ihr es bei verschlossenen Thüren leset.
2. Dass es niemand erfährt, dass Ihr's gelesen habt.
3. Dass ich es künftigen Mittwoch wieder erhalte.
4. Dass mir alsdann zugleich etwas geschrieben werde von dem, was unter Euch bei'm Lesen vorgegangen.«

Gräf. Nr. 807.

Mit besonderer Umsicht bereitet Goethe die Rezeption des fertigen Werkes vor. Die Ankündigung der *Wahlverwandtschaften* mit der Bitte, den Roman gut aufzunehmen, ist Hauptthema seiner Briefe an Freunde während der letzten Entstehungszeit und auch in einigen nach der Veröffentlichung (s. Gräf, Nr. 819, 822, 829, 830, 836, 837 und 844). An Rochlitz schreibt er am 28. September:

»Ich habe hier einige Monate auf die Bearbeitung und auf den Druck eines Romans verwendet, der in wenig Tagen die Presse verlassen wird. Da Sie sich in diesem Fache selbst so löblich hervorgethan, so wünschte ich wohl Ihre Meinung über meine Arbeit zu hören, und wenn es Ihnen gelegen wäre, öffentlich. Es gibt, wie Sie selbst wissen, mehr als eine Art dergleichen Productionen zu beurtheilen: eine gedrängte, welche die Hauptmomente hervorhebt, würde mir sehr willkommen sein.«

Gräf. Nr. 826.

Die folgenden Auszüge aus den nach dem Erscheinen der *Wahlverwandtschaften* entstandenen Dokumenten werden der großen Anzahl wegen nicht kommentiert.

b) *1809 und 1810*

Johann Friedrich Rochlitz (1769–1842) an Goethe am 4. Oktober 1809:

»Den Roman, womit Sie uns alle so sehr überraschen, werde ich mir, sobald er auf der Messe erscheint, verschaffen; werde ihn in ruhigen Stunden erst in einem Strich durchlesen, um das Ganze möglichst rein zu fassen und die frische Blüthe des Genusses mir vollgültig zu verschaffen, und dann, nach einiger Zwischenzeit, alles langsam wiederholen, um nun auch das Einzelne in dem Ganzen erkennen, schätzen und geniessen zu lernen. Was mir nun hierbei von selbst Bedürfniss wird aufzuschreiben, das schreibe ich auf und sende es Ihnen zu. Sie werden dann entscheiden, ob es bei Seite gelegt, oder für das Publicum benutzt werden, und, wenn Sie diess erwähleten, wo es geschehen soll. Eine eigentliche Recension wird es aber ganz gewiss nicht; denn wenn ich mir diese von einem Werke solcher Art schon nicht einmal denken kann, so kann ich sie noch weit weniger verfassen.«

Gräf. S. 404 f.,3.

ROCHLITZ an Goethe am 5. November 1809:

»Ew. Excellenz neues Werk, die ›Wahlverwandtschaften‹, habe ich in den letzten Tagen erst lesen können und in dieser Stunde habe ich es beendigt. [...]
Ich bin auf's innigste durchdrungen, ich bin erschüttert bis zum Schmerz: und gleichwohl ist mein ganzes Wesen Leben, Freude und schöner Genuss: ja selbst jener Schmerz ist ein nothwendiger Theil meines Glücks. Ich kenne Werke dieser Gattung, welche Höheres und Grösseres wollen: aber durchaus keins, das, was es will, so vollkommen leistet. Ich bewundere den so leise, aber so bestimmt in allen seinen Linien angelegten Plan: ich bewundere jedoch noch mehr die Umsicht, die Klarheit und die Ausdauer in der Ausführung dieses Plans bis in's Kleinste. Die Begebenheiten, die Charaktere, die Situationen, selbst die Scene, worauf sich jedes zeigt – alles ist in reiner Harmonie und wirkt mithin vollkommen eins und dasselbe. So sehr die Ausbeugungen, betrachtet man sie einzeln für sich, diesem zu widersprechen scheinen, so sehr bestätigen sie es, siehet man sie im

Ganzen und aus dem Ganzen an. Dieser innere Zusammenhang macht es, dass man lesend sich nicht zu lesen scheint, sondern zu leben, nicht zu denken, sondern zu handeln, mit einzugreifen, mit zu blühen und mit zu vergehen.
Im Einzelnen, die Charaktere – sie sind keine wesenlosen Ideen, sondern wahre Personen, ohne jedoch an Hinz oder Kunz zu erinnern; sind wahre Individuen, ohne dass viel auf das gezählt wäre, was man im gemeinen Leben Eigenheiten nennt. Diese scheinen vielmehr, wie kleine späte Drucker auf das Gemälde, nur aufgetragen, den Schein der Wirklichkeit täuschender – so täuschend zu machen, als die würdige Kunst täuschen mag. Bewundernswerth und äusserst kunstreich finde ich dabei, dass die Personen nur in Gruppen einander entgegengestellt sind; dass nun die Theile jeder Gruppe, wie billig, einander nicht wenig verwandt, und doch so weit, so sicher, so consequent geschieden sind, ja auch in dieser Verschiedenheit wieder so geistreich *unter sich* gruppirt erscheinen.
Im Einzelnen, die Situationen – sie sind so natürlich nicht nur gewählt, sondern auch herbeigeführt und hingestellt, dass man sie täglich selbst zu erwarten sich berechtigt glaubt, und eben dadurch noch mehr, eben dadurch wahrhaftig unwiderstehlich in sie hineingezogen wird. Selbst das Schwierigste und Häkelichste in der Behandlung ist da mit einer Vollständigkeit, Fülle und Gegenwart, und doch zugleich mit einer Delicatesse gegeben, welche vereint noch kein Romandichter, ausser Ihnen, erreicht hat. [...]
In den letzten tragischen Situationen ist etwas so Ungeheures, und doch so Nahes, dass es einen hinreisst, wie Lears Geschick. Wird jedoch nicht die für viele gewiss wirksamste dieser Scenen, der Tod des Kindes, zu schnell von den Personen und fast auch vom Dichter vergessen? – Ist es befriedigend, dass Charlotte und der Major am Ende stillschweigend aufgegeben werden?
Freilich wüsste ich mit ihnen nichts weiter zu thun – denn die Sterbenden zu häufen, oder nach dem Tode jenes Paa-

res für dieses, wenn auch noch so leise, heitere Aussichten zu eröffnen, wäre gleich unstatthaft: aber ich bin auch nicht der Dichter, und der Dichter kann alles.

[...] Ich komme auf die Summe echter Lebensweisheit, welche einem, und nicht etwa allein aus Ottiliens Tagebuche, zugespielt wird. Das muss ein schlechter Leser sein, dem nicht mehrere ihrer Aussprüche lebenslang gegenwärtig bleiben, wie die Kernsprüche der Bibel, die er in Knabenjahren erlernet hat.

[...]

Nun die Haltung des Ganzen in Ton und Farbe; und diese Vollendung der Sprache, diess Wort in weitestem Umfang und aller Fülle genommen! In diesen Vorzügen, und besonders im letzten, halte ich dieses Werk selbst unter allen den Ihrigen, welche erzählen, für das vollendetste; und wenn in den frühern eine gewisse gemüthliche Unbesorgtheit allerdings sehr wohl thut, leichter gewinnet und auch mehr Effect macht: so muss diese classische Gediegenheit, Rundung, Sicherheit und Harmonie, wenigstens auf den gebildeten Mann, von der erwünschtesten Wirkung sein. Ich getraue mir auf eben dieses mein Urtheil etwas zu halten, weil ich in diesem Stück mich wohl auch selbst mit Fleiss und Sorgsamkeit versucht habe. – Dass Sie in Ihren Gleichnissen einzig sind, muss selbst Ihr Gegner eingestehen; und auch in diesem Betracht ist diess Werk sehr reich und äusserst anziehend. [...]

Gräf. S. 417ff., 2

GOETHE an Heinrich Karl Abraham Eichstädt, den Leiter der *Jenaischen Allgemeinen Litteraturzeitung*, am 25. November 1809:

»Dass Herr Hofrath Rochlitz die Recension abgelehnt, thut mir umsomehr leid, als er in einem Briefe an mich über das in Frage stehende Werk sich sehr einsichtig und zart geäussert hat. Unter diesen Umständen gestehe ich meinen aufrichtigen Wunsch, dass eine Recension vorerst unterbleiben möge. Ein Buch, das in aller gebildeten Menschen Hände kommt und von jedem nach seiner Weise beurtheilt wird, bringt ein litterarisches Institut vielleicht am besten später zur Sprache, und recapitulirt und rectificirt mit Ernst und Einsicht die bisherigen schwankenden Urtheile.«[4]

Gräf. Nr. 860.

JOHANNA FROMMANN (1765–1830) an ihren Gatten am 18. Oktober 1809:

»Es ist mir eigentlich recht schwer geworden, ohne Dich auszulesen. […] Wie hat mich die Stelle ergriffen, wo das Kind in's Wasser fällt und der Ruf des Schicksals, den man lange vernommen, immer deutlicher wird! Und doch muss ich glauben, wir ahnden nur erst, was der Dichter meint und bezweckt. Mir war es oft, als stiegen alte Griechen und Juden aus ihren Gräbern und freuten sich des neuen Werks und sagten: Für euch ist es zuviel. Ach schon die Ahnung ist uns soviel! – Ich fühle eine sonderbar contrastirende Empfindung in mir: indem immer gesagt wird von Eduard, er *musste*, fühl' ich meine Kraft sich stählen, *nicht zu müssen.*«

Gräf. S. 436,1.

GOETHE an Karl Ludwig Knebel am 21. Oktober 1809:

»Den zweiten Theil meines Romans schicke ich Dir nicht; Du möchtest mich darüber noch mehr als über den ersten ausschelten. Kommt er Dir von andern Seiten her in die Hände, so bin ich alsdann unschuldig daran. Die armen Autoren müssen viel leiden, und es ist hergebracht, dass

4 »Dessen ungeachtet brachte die Jenaische Allgemeine Litteratur-Zeitung bald darauf eine ausführliche Besprechung. Sie erschien am 18. und 19. Januar 1810, in Nr. 16 und 17 (Jahrgang 7 Spalte 121–131), und hatte Delbrück zum Verfasser; […]« (Gräf, S. 426,3).

gerade die Exemplare, die sie selbst ausgeben, ihnen die grösste Noth machen.«[5]

Gräf. Nr. 849.

Knebel an Goethe am 5. November 1809:

»Aber was soll ich sagen zu Deinem zweiten Theil der ›Wahlverwandtschaften‹, den ich nun gelesen! Ich wäre wohl gestraft gewesen, wenn Du mir ihn nicht geschickt hättest. Jedes Capitel ist in seinem Inhalte tief, vortrefflich und schön – meisterhaft geschrieben. Ich habe mich sehr ergötzt an dem tief Erkannten, und gleichsam ganz auf eine neue Art an's Licht Geförderten. Was soll ich zu der schönen Novelle [›Die wunderlichen Nachbarskinder‹ in Theil 2 Capitel 10] sagen? und dann zu der schaurigen Ruhe, zu der die Geschichte gegen das Ende steigt? Es ist neu und doch wahr und vortrefflich. Mit welchem Auge hast Du die Menschen und ihre Dinge gesehen?«

Gräf. S. 414 f.,1.

Karl Friedrich Zelter (1758–1832) an Goethe am 27. Oktober 1809:

»Es gibt gewisse Symphonien von Haydn, die durch ihren losen liberalen Gang mein Blut in behagliche Bewegung bringen und den freien Theilen meines Körpers die Neigung und Richtung geben wohlthätig nach aussen zu wirken. Meine Finger werden dann weicher und länger, meine Augen möchten etwas ersehen, das noch kein Blick berührt hat, die Lippen öffnen sich, mein Inneres will hinaus in's Freie.
So geht mir's, wenn ich Ihre Romane lese und so ist mir's geworden, wie ich heute Ihre ›Wahlverwandtschaften‹ las. Das muthwillige geheimnissvolle Spiel mit den Dingen

5 Goethe ließ dem Freund durch seinen Sohn am 27. Oktober ein Exemplar des Romans zustellen.

der Welt und den Figuren, die darinne angestellt und geleitet werden, kann Ihnen niemals misslingen, mag auch zwischen durchlaufen, was Platz hat, oder sich Platz macht.
Dazu eignet sich endlich noch eine Schreibart, welche wie das klare Element beschaffen ist, dessen flinke Bewohner durcheinander schwimmen, blinkelnd oder dunkelnd auf und abfahren, ohne sich zu verirren oder zu verlieren.
Man könnte zum Poeten werden über eine solche Prosa, und ich möchte des Teufels werden, dass ich keine solche Zeile schreiben kann.
Der Titel Ihres Romans macht eine ganz besondere Sensation auch unter Ihren Freunden. Manche können gar nicht darüber wegkommen, dass ihnen alles Urtheil wie abgeschnitten ist; sie möchten doch gern ihre Meinung sagen und können eigentlich zu keiner gelangen. Einigen hab' ich sogar darüber Rede stehen sollen; besonders soll der Titel erklärt werden: wie, warum, woher, wohin? [...]«

Gräf. S. 415 f.,2.

Wilhelm Grimm (1786–1859) an seinen Bruder Jakob am 28. Oktober 1809:

»Goethes ›Wahlverwandtschaften‹ haben wir [Grimm, Arnim, Brentano] gelesen. Die erste Hälfte des ersten Bandes ist über alle Begriffe langweilig. Das Andere aber herrlich, rührend und von einer seltenen Gewalt der Darstellung. Aber jenen Fehler vergißt man nicht.«

HA VI,640 f.

Jakob Grimm (1785–1863) an seinen Bruder Wilhelm am 11. November 1809:

»Von dem Buche bin ich sehr eingenommen worden und kann gar nicht in Deinen Tadel einstimmen. Es ist mir nämlich begreiflich, daß man in dergleichen Geschichten aus moderner Zeit recht leis in das eigentliche Leben, durch alle Konvenienzen hindurch, durch alles förmliche Wesen einbrechen muß. Im ›Wilhelm Meister‹ ist es nicht anders gemacht. Ohne diesen Eingang wäre die Charlotte sicher nicht interessant. Die Luciane hätte meinetwegen ganz wegbleiben mögen und auch der Mittler, der nichts Rechtes zu tun hat. Beim Architekten hat vielleicht Goethe an die Gestalt des Engelhard gedacht. Auffallend ist, wie Goethe den Zufall und ein heimliches Schicksal gegen seine sonstige Art mannigfaltig hat walten lassen.«

HA VI,641.

Wilhelm Grimm an seinen Bruder Jakob am 24. November 1809:

»Auch darin bewährt sich sein großer Geist, daß seine Werke so verschiedenartige Urteile erzeugen und unendliche Ansichten zulassen. Steffens [*und*] Reichardt haben wieder ganz abweichende, seltsame Meinungen; aber noch Jeder meint: es habe doch nur Goethe schreiben können. Und Jeder hat Etwas gefunden, das ihm besonders wert gewesen, so daß schon jeder Charakter seinen Freund und Feind gehabt hat und Alles schon gut und schlecht gewesen. Ich zum Beispiel finde nun die Luciane (Jagemann) wieder sehr reizend und ganz notwendig, indem durch sie der Charakter der Ottilie erst recht deutlich und entgegen gestellt wird. Dagegen ist mir der verfluchte Gehülfe ganz unausstehlich.

Ich begreife auch, daß das ganze Verhältnis sehr langsam und sorgfältig mußte entwickelt werden, nur nicht langweilig, wie es durchaus ist. Ich erkläre mir es aus der Art der Entstehung des Buchs, weil es durchaus diktiert ist, wo der Faden wohl nicht streng angehalten worden, sondern ganz gemächlich abgehaspelt worden und zuweilen auf die Lehne des Schlafsessels herabgefallen ist. Dann aber soll auch Goethe Mehreres von Riemer haben ausarbeiten lassen und ihm nur den Entwurf gegeben haben, wie Rafael malte – wenn es wahr ist.«

HA VI,641.

Achim von Arnim (1781–1831) an Bettina Brentano am 5. November 1809:

»Ich will von etwas anderm Schmerzlichen reden [...] von Goethes ›Wahlverwandtschaften‹. Klemens kam ganz tükkisch verstört davon: wie Goethe sich hinsetzen könne, den Leuten so viel Kummer zu bereiten! Was kann er dafür? Doch mögen wir den Himmel entschuldigen mit der Langenweile, die auf Erden entstehen würde, wenn er nicht zuweilen allerlei Trübsal auf unschuldige Häupter häufte. Diese Langeweile des unbeschäftigten, unbetätigten Glückes, die Goethe in der ersten Hälfte des ersten Bandes so trefflich dargestellt, hat er mit vieler Beobachtung in das Haus eines gebildeten Landedelmannes unserer Zeit einquartiert. Ich habe Manchen der Art kennen gelernt, und Alle leiden an einer ganz eigentümlichen Hypochondrie. Durch ihre Bildung von dem Kreise eigentlicher Landleute geschieden, so viel Wohlwollen und Wirklichkeit sie in sich sammeln mögen, ohne eine mögliche Richtung ihrer Tätigkeit zur allgemeinen Verwaltung, kochen sie ihre häusliche Suppe meist so lange über, bis Nichts mehr im Topfe. Nirgends finden sich mehr Ehescheidungen als unter diesen Klassen; alles Neuhinzutretende muß sie stören in dem Zustande gegenseitigen Überdrusses [...].
Unendlich schmerzlich ist, daß Ottilie Wunder tut und daß die Kirche, um sie zu hindern, zugeschlossen wird. Wessen Schuld ist diese Härte, da Eduard noch lebt? Ich will Das durchaus nicht leiden. Will einer Wunder tun, so soll ihn niemand daran hindern.
Übrigens wollen wir unserm Herrgott und seinem Diener

Goethe danken, daß wieder ein Teil untergehender Zeit für die Zukunft in treuer, ausführlicher Darstellung aufgespeichert ist.«

HA VI,642.

Jean Paul (1763–1825) an Christian Otto am 7. November 1809:

»Dieser dramatische Roman wird der Welt, besonders der weiblichen, mehr gefallen als der epische höhere Meister. Kunst und Menschenkenntnis etc. etc. ist viel darin; nur interess[iert] blos Ein Charakter, Ottilie. [...] Wär' er vollkommner: so hätt' ich vielleicht eine Rezension *gewagt;* so aber hätte ich nichts davon als einmal in Weimar den Anblick des aufgespreizten Gefieders an diesem Jupiters Adler. Kannst du mir den 2ten Theil ohne deine oder A[möne]'s Unbequemlichkeit auf den Nachmittag schicken: so wär' es mir lieb. Doch thuts nicht so noth; gestern abends schickte Krause mir den 1. Theil, heute abends will ers mit dem 2ten.«

Jean Pauls Sämtliche Werke. Hist.-krit. Ausg. Hrsg. von der Preußischen Akademie der Wissenschaften. Abt. 3. Bd. 6: Briefe 1809–1814. Hrsg. von Eduard Berend. Berlin: Akademie-Verlag, 1952. S. 65.

Heinrich Voss (1751–1826) an Charlotte von Schiller am 12. November 1809:

»Bei Cottas bin ich vierzehn Tage gewesen [...]. Da habe ich denn auch Goethes ›Wahlverwandtschaften‹ gelesen, von denen ich viel erwartete und doch noch viel mehr fand. Die Erzählung beginnt so einfach, in so kleinem Raume, und wie erweitert sich Das alles! Mir ist, als wenn Goethe den ganzen Reichtum seiner Erfahrungen und Lebensansichten hier niederlegen wolle. Aber der Mann ist unerschöpflich wie die Gottheit: von jedem seiner künftigen Werke werde ich Dasselbige sagen müssen. Ottilie ist ein lieblicher Engel. Ein bloßes Geschöpf der Einbildungskraft? Das glaube ich nimmermehr. Aber das arme Kind jammert mich, so oft ich daran denke. Soeben hat es noch ›so vernünftig in die Welt geguckt‹, und nun dieser Tod! [...] So weit habe ich gelesen; die folgenden Bogen fehlen Cottan noch; meine Sehnsucht nach dem Ende ist unbegrenzt.«

HA VI,642 f.

Karoline von Wolzogen (1763–1847) an Charlotte von Schiller am 16. November 1809:

»Er [der Roman] hat mich unaussprechlich ergriffen und mir meine eigene Natur wieder vereint und in allen Tiefen aufgeschlossen.
Wie können die Menschen an So-etwas meistern und tadeln, was ewig wahr ist wie die Aussprüche der Natur selbst!«

HA VI,643.

Friedrich de la Motte-Fouqué (1777–1843) an Rahel Levin am 30. November 1809:

»Nur noch einige Worte über Goethes ›Wahlverwandtschaften‹. So etwas Herrliches, finde ich, hat der alte Meister noch nicht erschaffen. Diese tiefe künstlerische Besonnenheit bei diesem jugendinnigen Gefühl und stillem, heiligem Glauben! Ich habe mich noch nie so zu ihm hingezogen gefühlt.
Daß nun der Mann Exzellenz sein muß, ich ein Schriftsteller! Und vor allem, daß viele der besten Worte durch unwürdigen Gebrauch nichtsnutzig geworden sind oder gar verdächtig! Das tut mir jetzt recht von Herzen leid; ich schriebe ihm sonst. Ist es aber nicht ebensoviel, wenn ich mich vor ihm neige und im stillen Gemüte sage: ›Lieber alter Vater, du bist doch vielmal mehr als wir Andern alle zusammengenommen, die wir heutzutage die Dichtkunst pflegen.«

HA VI,643 f.

Friedrich Jacobi (1743–1819) an Voß am 18. Dezember 1809:

»Was sagst Du zu Goethes ›Wahlverwandtschaften‹? Schelling ist davon ganz entzückt. Mir ist das Buch im Ganzen ein Ärgernis, ob ich gleich das darin einzeln zerstreute Gute und Schöne wohl zu schätzen weiß.«

HA VI,644.

Goethe an Marianne von Eybenberg am 21. Dezember 1809:

»Jetzt bin ich fleissig, [...] indessen meine lieben Landsleute mit den ›Wahlverwandtschaften‹ verwandt zu werden trachten, und doch mitunter nicht recht wissen, wie sie es anfangen sollen.«

Gräf. Nr. 862.

Marianne von Eybenberg an Goethe[6] am 24. Februar 1810:

»[Wilhelm von] Humboldt hat seiner Mephistopheles-Natur zufolge mir Ihren Brief wenigstens zehn Tage vorenthalten [...] nach vielem Schicken erhielt ich endlich das Paquet und mit welchem Genuss las ich zum drittenmal dieses interessante Product wieder! Der Gegenstand bleibt der nemliche, allein auf so hübschem geglätteten Papier ist es doch etwas Anderes, es ist, als sähe man einen theuren Freund in einer schönen, hell erleuchteten Wohnung; auf dem Fliesspapier ist's mir, als sei er nicht einlogirt, als es für ihn passe und zieme, als habe er nicht, was ihm gebühre – schelten Sie mich thöricht, kindisch, so ist's und nicht anders! Nie habe ich so enthusiastisch, so gescheut und so dumm und absurd über etwas sprechen hören, als über diesen Roman, und nie sind die Buchhändler so bestürmt worden, – es war wie vor einem Bäckerhause, in einer Hun-

6 Dieser Brief ist wahrscheinlich die Antwort auf eine weitere Mitteilung Goethes und nicht auf die oben angeführte.

gersnoth – die ersten vier Sendungen waren so vergriffen, dass sie nicht einmal Zeit hatten, es in den Zeitungen setzen zu lassen. Was ich von feinen gebildeten Menschen kenne, urtheilen und beherzigen es meist, eine Classe, die eine gewisse französische Bildung haben, radotirt stark darüber.«

Gräf. S. 428,2.

Goethe im Gespräch mit Friedrich Wilhelm Riemer im Dezember 1809:

»Unter andern Philister-Kritiken über die ›Wahlverwandtschaften‹, gleich nach ihrer Erscheinung, war auch die: daß man keinen Kampf des Sittlichen mit der Neigung sehe. – Goethe bemerkte dabei gegen mich: ›Dieser Kampf ist aber hinter die Scene verlegt, und man sieht, daß er vorgegangen sein müsse. Die Menschen betragen sich wie vornehme Leute, die bei allem innern Zwiespalt doch das äußere Decorum behaupten. Der Kampf des Sittlichen eignet sich niemals zu einer ästhetischen Darstellung: denn entweder siegt das Sittliche oder es wird überwunden. Im ersten Falle weiß man nicht, *was* und *warum* es dargestellt worden; im andern ist es schmählich, das mitanzusehen. Denn am Ende muß doch *irgend* ein Moment dem Sinnlichen das Übergewicht geben, und dieses Moment gibt der Zuschauer gerade *nicht* zu, sondern verlangt ein noch schlagenderes, das der Dritte immer wieder eludiert, je sittlicher er selbst ist. In solchen Darstellungen muß stets das Sinnliche Herr werden, aber *bestraft* durch das Schicksal, das heißt: durch die sittliche Natur, die sich durch den Tod ihre Freiheit salviert. So muß der *Werther* sich erschießen, nachdem er die Sinnlichkeit Herr über sich werden lassen; so muß *Ottilie karterieren**

* [*Anmerkung Riemers:*] »Nach dem griechischen *karterein* ›sich enthalten‹ (der Speise, des Schlafs u. s. w.), von Goethe der Kürze wegen gebraucht, wie öfter solche fremdsprachige Worte in dem Cotterie-Jargon, den wir unter uns führten.«

und *Eduard* desgleichen, nachdem sie ihrer Neigung freien Lauf gelassen. Nun feiert erst das Sittliche seinen Triumph.‹«

HA VI,622.

GOETHE im Gespräch mit einem Unbekannten (1809):

»Ob die ›Wahlverwandtschaften‹ wahr sind, ob sie auf Thatsächlichem beruhen? Jede Dichtung, die nicht übertreibt, ist wahr, und alles, was einen dauernden tiefen Eindruck macht, ist nicht übertrieben. Uebrigens soll es den Menschen gleichgültig sein; der blossen Neugierde muss man nicht Rede stehen. Das Benutzen der Erlebnisse ist mir immer alles gewesen; das Erfinden aus der Luft war nie meine Sache, ich habe die Welt stets für genialer gehalten, als mein Genie.«

Gräf. Nr. 865 a.

GOETHE an Karl Friedrich, Graf von Reinhard am 31. Dezember 1809:

»Die ›Wahlverwandtschaften‹ schickte ich eigentlich als ein Circular an meine Freunde, damit sie meiner wieder einmal an manchen Orten und Enden gedächten. Wenn die Menge dieses Werkchen nebenher auch liest, so kann es mir ganz recht sein. Ich weiss, zu wem ich eigentlich gesprochen habe, und wo ich nicht missverstanden werde.
[...] Das Publicum, besonders das deutsche, ist eine närrische Caricatur des *demos;* es bildet sich wirklich ein, eine Art von Instanz, von Senat auszumachen, und im Leben und Lesen dieses oder jenes wegvotiren zu können, was ihm nicht gefällt. Dagegen ist kein Mittel als ein stilles Ausharren. Wie ich mich denn auf die Wirkung freue, welche dieser Roman in ein paar Jahren auf manchen bei'm Wiederlesen machen wird. Wenn ungeachtet alles Tadelns und Geschreis das, was das Büchlein enthält, als ein unveränderliches Factum vor der Einbildungskraft

steht, wenn man sieht, dass man mit allem Willen und Widerwillen daran doch nichts ändert, so lässt man sich in der Fabel zuletzt auch so ein apprehensives Wunderkind gefallen, wie man sich in der Geschichte nach einigen Jahren die Hinrichtung eines alten Königs und die Krönung eines neuen Kaisers gefallen lässt. Das Gedichtete behauptet sein Recht, wie das Geschehene.«

Gräf. Nr. 863.

Reinhard an Goethe[7] am 16. Februar 1810:

»Was Sie vom Wiederlesen der ›Wahlverwandtschaften‹ voraussagen, ist bei mir bereits eingetroffen. Ich habe sie wiedergelesen und ich bin leicht dahin gelangt, mir von Ottiliens Eigenthümlichkeit (denn um diese Hauptfigur scheinen mir alle andern sich zu gruppiren) eine deutliche Rechenschaft abzulegen. Dieses liebliche Wesen steht unter einer Art von Naturnothwendigkeit, die von ihr auf alle ihre Umgebungen ausgeht, durch Anziehen und Zurückstossen. Sie existirt so zu sagen in einem beständigen Zustand der Magnetisation. Weder in ihrem Wirken noch in ihrem Leiden ist volles, helles Bewusstsein; sie handelt und empfindet, sie lebt und stirbt so und nicht anders, weil sie nicht anders kann. Dieser Roman hat mir manche Ihrer Aeusserungen in Karlsbad wieder in's Angedenken gebracht, und ich glaubte darin die Befugniss zu finden, sie besser zu verstehen als mancher Andere. Was Eduard betrifft, so versieht er sich freilich darin, dass er sich etwas nachsieht, aber wer sieht sich nicht etwas nach, und wer hätte darum das Recht, ihn einen ärmlichen Charakter zu schelten? Aber unser verfeinertes Lesepublicum hat sich, wie das französische für's Theater, für Moralität und Drang gewisse conventionelle Regeln geschaffen, nach denen die Charaktere wie Puppen am Drahte sich bewegen

7 Zur Beurteilung Eduards vgl. auch Goethes Antwort (S. 132) und Goethes Gespräch mit Eckermann (S. 158 f.).

sollen, und in diesem Sinne haben Sie vollkommen recht, dass das Gedichtete sein Recht behaupte wie das Geschehene, um so mehr, wenn das Gedichtete so tief aus der Natur gegriffen ist, dass es sogleich lebendig in die Reihe des Geschehenen eintritt. Spiritualistisch freilich sind Ihre Charaktere und Ereignisse nicht, und für Jacobi werden sie ein Aergerniss sein, sowie für Schelling eine himmlische Erscheinung. Indessen, wenn wir jemals zu einer tieferen Kenntniss der Geheimnisse unserer Natur gelangen, so dass wir im Stande sind, uns davon Rechenschaft abzulegen, so ist es möglich, dass Ihr Buch alsdann als eine wunderbare Anticipation von Wahrheiten dastehe, von denen wir jetzt nur eine dunkle Ahnung haben.«

Gräf. S. 430f.,1.

GOETHE an Reinhard am 21. Februar 1810:

»Da Sie mir meine liebe Ottilie so echt, gut und freundlich nehmen und auch dem Eduard Gerechtigkeit widerfahren lassen, der mir wenigstens ganz unschätzbar scheint, weil er unbedingt liebt, so gewinnen Sie gewiss diesem zweiten Theile des Farbenwesens so viel ab, dass er dem ersten, der Ihre Gunst erwerben konnte, die Wage hält.«

Gräf. Nr. 870.

JOSEPH VON GÖRRES (1776–1848) an Arnim am 1. Januar 1810:

»Ich habe mich gefreut über das Kunstwerk (Goethes ›Wahlverwandtschaften‹), wie man aus Stückchen Jugend, die ins Alter hineinscheinen, ein Ganzes zusammensetzen kann, das aus einem Stücke nach purer Jugend aussieht. Das ist noch eine starkschlagende Ader, die Ottilien herausgeblutet hat, die verspricht hundert Jahre Leben, ein warmer Blutstrom treibt wundersame Werke und Kunstgestänge, und es quillt wie roter Wein oben für alles Volk,

Eduard aber ist gleichsam der Ochs, der zur Krönung der schönen Gestalt gebraten wird. Einiges mir fatale Beiwerk ist auch dabei wie bei Wilhelm Meister, gefrorne Fensterblumen und wohl ausgespritzte Präparate. Ich kann mich gar nicht gewöhnen ans gemeine Leben in der Poesie, weit eher an die Poesie im Leben, es kömmt mir manches bloß wie gebohnt und nicht geschnitzt vor. Gar sauber ist aufgeräumt und jedes an seinem Ort, es sind keine Kinder in der Haushaltung, die alles durcheinanderwürfen und kleine Tümpelchen hineinpißten, alles wie bei einem alten Junggesellen, wo eine gleichfalls etwas bejahrte Jungfer Ordnung hält. Die allzu große Absichtlichkeit in allen Anlagen hat mich auch gestört. Kurz, ich schneide nur Ottilie heraus und fasse sie in einen goldnen Rahmen [...] habe aber doch den größten Respekt dafür und weiß, daß ich nichts dergleichen machen kann [...].«

Josef von Görres' Ausgewählte Werke und Briefe. Hrsg. von Wilhelm Schellberg. Bd. 1. Kempten/München: Kösel, 1911. S. 135.

Rudolf Abeken (1780–1866) in einer anonym erschienenen Rezension im *Morgenblatt für gebildete Stände* vom 22., 23. und 24. Januar 1810:

»Über Goethes Wahlverwandtschaften

1.

– Dass die ›Wahlverwandtschaften‹ viele Menschen nicht ansprechen, dass so sonderbare Urtheile über sie gefällt werden, befremdet mich nicht. In der That, man sieht es oft genug, wie Gegenstände, welche dem Menschen nahe liegen und ein fast allgemeines Interesse haben, leicht und oberflächlich dargestellt, ihre Wirkung nicht verfehlen; wie sie aber die Menge und die für die Welt Gebildeten kalt lassen, wie sie oft gar nicht begriffen werden, wenn ein grosser Geist sie klar in ihrem tiefsten Grunde und in ihrer höchsten Bedeutung ausspricht. – Ist es nicht so mit dem Gegenstande, mit dem jener herrliche Roman sich beschäftigt? – Dass es Menschen gibt, die ihrer Natur nach verwandt sind, dass diese Verwandtschaft Liebe erzeugt, welchen Kampf, welches Unglück diese veranlasst, wenn menschlicher Irrthum und irdische Verhältnisse ihren Weg durchkreuzen, das ist das Thema fast aller Romane. Wenigstens liegt der Gedanke einer natürlichen Verwandtschaft, wenn auch dunkel, dem zum Grunde, was von Sympathie geredet wird. Solche Bücher werden immer geschrieben und immer gelesen werden; jeder Leser hat dergleichen gesehen und erlebt; er wird bewegt, und fühlt, dass auch er dem Loose unterworfen ist, welches die Liebe trifft. – Dasselbe Thema finden wir in den ›Wahlverwandtschaften‹; aber wie anders behandelt! wie klar bis in die tiefsten Geheimnisse, wie selbstständig und voll innern heiligen Lebens liegt es vor uns da! – Hier sehen wir, wie dieselben ewigen Gesetze, die in dem walten, was wir Natur nennen, auch über den Menschen ihre Herrschaft üben und ihm oft mit unwiderstehlicher Strenge gebieten; wie es *eine*, nur gesteigerte, Kraft ist, die leblose Stoffe zu einander zwingt und diesen Menschen zu einem andern zieht. Schilt mich nicht um dieser Aeusserung Willen. Ruht doch auch die Liebe der Eltern zu dem Kinde auf der Natur und entspringt aus ihr; und doch wird dieser Trieb durch Freiheit zu einem schönen sittlichen Verhältnisse. – Die neuere Naturlehre wird noch manches Geheimniss in Bezug auf den Menschen enthüllen, vor dessen Offenbarung dem grauen möchte, welcher die Kräfte der Natur nicht als lebendige und ewige erkennt, und welchen die Beobachtung der Menschen und ihrer Schicksale nicht gelehrt hat, dass etwas in ihrem tiefsten Innern liegt, was über jenen Kräften ist, was vielleicht einer höhern Welt angehört. – Das sind die heiligen hohen Gedanken, die im tiefsten Grunde der Seele entspringen, welche der Mensch mit freier Gewalt festhält, die ihm ewig vorschweben als höchste Muster, als Sitte, als unveränderliches Gebot. Wo wir solche Gedanken wahrnehmen, da ist unser Interesse für den Menschen entschieden; und wenn der Gang der Dinge auf Erden und irdische Verhältnisse mit ihnen jene Gesetze der Natur in Streit bringen, der nicht rein zu schlichten ist, da werden wir zur höchsten Theilnahme bewegt. Das Mächtigste führt ihn, und das Liebste, dem wir die längste Dauer unter uns wünschten, soll ihm zum Opfer fallen. Es ergreift uns ein Gefühl, nicht unähnlich dem, was jene köstlichen Worte in der ›*Euphrosyne*‹ in uns erwecken [V. 69 f., 77 f., W. 1,283 f.]:

Ach, Natur, wie gross und sicher in allem erscheinst du!
  Himmel und Erde befolgt ewiges festes Gesetz.
Alles entsteht und lebt ihm gemäss; – nur über den Menschen
  – – – – herrschet ein schwankendes Loos.

Wo in den übrigen Wesen die Natur ihre Kräfte walten lässt, da entsteht Leben, da ist Dauer; und den Menschen vernichtet sie oft durch eben diese Kräfte. – Das ist das tragische Princip, das in den ›Wahlverwandtschaften‹ herrscht, und das unwiderstehlich uns ergreift und die Menschheit in uns erschüttert.

2.

Hier sehen wir zwei Naturen vor uns, durch das Geschick getrennt, durch Verwandtschaft gewaltsam zu einander gezogen, durch *natürliche* Verwandtschaft. Das wunderbare Kopfweh der beiden Liebenden ist von grossem Gewichte. Eduard fühlt alsbald, wie nahe er Ottilien angehört; er gibt sich dem Zuge hin, ohne Widerstand zu leisten, und seine Leidenschaft ist mit Bewusstsein vermählt. – Anders Ottilie. Nicht von bewusster Leidenschaft, sie wird vom Schicksal hingerissen, und findet sich von seinem Strome gefasst, ehe sie weiss, dass sie hineingerathen ist. Es *musste* also sein. – Da beginnt das Tragische der Geschichte, und

schon im Anfange des Buches, wir wissen nicht *wie,* ergreift uns der Schmerz und die bange Ahnung – welche ihre höchste Höhe erreicht an Ottiliens Geburtstage, da Eduard das Feuerwerk in die Lüfte rauschen lässt.
Hier ist das erhabene Gedicht in seiner Begeisterung, in einem heiligen Wahnsinne, einer Gährung, von welcher aus sich das glühendste Leben in alle Enden verbreitet. Es ergreift uns ein Schwindel, und doch erkennen wir die ruhige Weisheit, die nüchterne Mässigung, die alles lenkt und alles ordnet, wodurch das Werk ein vollendetes, selbstständiges Ganzes wird, das sich selbst trägt und erhält. So thut sich der Schöpfer in seinen Werken kund.
Und jener Wahnsinn ist zugleich ein Symbol für das Geschick der Liebenden. Eduards Leidenschaft hat zu Ottiliens Fest das Feuerwerk bereitet; nichts auf der Welt vermag ihn von der Ausführung zurückzuhalten. Und wie die Feuerkugel, mit brennbarem Stoffe gefüllt, wenn sie einmal in Brand gerathen ist, sausend durch die Luft fährt, und ihre Bahn durchstürmt und keinen Halt kennt – bis sie zerstiebt und sich vernichtet, – so fährt das Geschick mit den Liebenden dahin, da es sie ergriffen und dem Untergange geweiht hat.
Was vermögen hier menschliche Klugheit und Verstand? Der *Mittler* spricht wohlmeinend und verständig; aber wo nach menschlichem Ansehn noch zu rathen ist, da entfernt er sich, aus Princip, wie er's nennt, und er selbst wird am Ende ein Diener des Geschicks:

Denn wer sich vermisst, es klüglich zu wenden,
Der muss es selber erbau'n und vollenden.
[Schillers ›Braut von Messina‹, V. 2490 f.]

3.

Einen schönen Gegensatz gegen Eduards und Ottiliens leidenschaftliche Liebe macht Charlottens Neigung zu dem Hauptmann. Auch sie werden von einander angezogen; aber des Hauptmanns fester Sinn und Verstand und Charlottens Mässigung und Vernunft sind von der Art, dass ein nicht zu schlichtender Kampf zwischen diesen und der Leidenschaft nicht entstehen konnte. In des edeln Weibes Seele wohnt das Recht und das Mass; das schöne Gleichgewicht in ihr, wie zart es gebildet sein mag, widersteht dem andrängenden Ungestüm andrer Gewalten. Daher kommt die himmlische Milde, die Klarheit der Vernunft, mit welcher Charlotte durch die ganze Geschichte waltet. – Wodurch sie sich von Ottilien unterscheidet, das hat der Dichter am deutlichsten durch den Pendul ausgedrückt, der in ihrer Hand ruhig, unbeweglich schwebt, da er hingegen, von Ottilien berührt, in die heftigsten Schwingungen geräth.

4.

Halte ja manche Nebenpersonen, vor allem die, welche gegen eine der Hauptpersonen eine Anziehungskraft beweisen, nicht für unbedeutend. So ziehen sich, wenn wir Stoffe von geringerer oder grösserer Verwandtschaft in die Lage bringen, dass sie ihre Kräfte gegen einander äussern können, auch die weniger verwandten an, aber nur ein wenig, und sie kommen zu keinem vereinten Leben. Lass die inniger verwandten Raum gewinnen, sie vermählen sich und vor ihnen verschwinden die Kräfte der übrigen.

5.

Einen herrlichen Gegensatz gegen Charlottens Gesinnung machen die Weltgebildeten, der Graf und die Baronesse mit ihrem Raisonnement; und das tolle Treiben Lucianens, ihr weltliches Rasen, hebt die himmlische Ruhe Ottiliens, in welcher sie, wie auch ihr Geschick *raset,* beharret und zunimmt.

Es ist nicht ohne Bedeutung, dass Luciane die Affen so liebt, und dieser Zug macht uns auf eine neue Verwandtschaft aufmerksam, die in dem reichen Buche uns dargelegt wird. Denn wie dieses mit eigner Lust und schöner Begeisterung die fernsten Grenzen berührt und vor die Seele bringt, welche der Mensch erreichen kann, so zeigt es auch im Contraste, welche niedrige Neigungen und Aehnlichkeiten selbst den gebildeten Menschen unter seine Sphäre hinabziehen können. Luciane ergötzt sich an Affen und vergleicht sie mit Menschen, während Ottilie Engel malt und selbst ein Engel wird in dieser Umgebung.

6.

Welch ein herrliches, reiches Bild hat uns der Dichter vor die Augen gebracht in der Scene, da Ottilie die Mutter Gottes vorstellt! – Ich möchte diese, in Rücksicht auf die Wirkung, die sie in dem Gedichte hervorbringt, das Gegenstück zu jener Nacht-Scene nennen, da Ottiliens Geburtstag mit dem Feuerwerke gefeiert wird. – Charlotte sitzt vor dem Heiligen-Bilde und betrachtet das schlafende heilige Kind; und sie gedenkt dessen, das sie unter dem Herzen trägt, denkt, was es ihrem Hause werden soll in der Zeit der Noth, und Thränen treten in ihre Augen. – Ach, es soll kein Versöhner für sie sein; es wird geboren, und seinem Gesichte ist das aufgeprägt, was den nicht zu lösenden Streit erzeugt und erhält. Es kommt in die Welt, aber nicht als Bote des Lebens, sondern des Todes; und der Greis, der es in seine Arme nimmt, fährt hin, aber ach! nicht in *Frieden* – Als eine wahre Versöhnerin dagegen steht Ottilie da in dem herrlichen Bilde; sie ist die Schmerzenreiche, die Betrübte, der das Schwert durch die Seele dringt; aber wir ahnen in ihr auch die Heilige. Die Nacht verschwindet, und das heilige Licht bricht herein.

7.

Man hat es befremdend gefunden, dass in Ottiliens Tagebuche keine Reflexionen über ihre Liebe zu Eduard vorkommen. Aber ist Ottilie in einem Zustande, dass sie Betrachtungen über ihre Liebe anstellen kann? – Sie wird fortgerissen von ihrem Geschicke und ist, ohne Schuld, einer fremden Macht anheimgefallen. – Und konnte die hohe, seltne Bildung ihres Geistes, konnte die himmlische Ruhe, in der ihre Seele bei allen Stürmen beharrt, besser dargestellt werden, als durch dieses Tagebuch? – Und ihre Blätter offenbaren, was in ihrer Seele vorgeht, was ihr selbst nicht bewusst ist; und wunderbar ergreift es uns, wenn wir sehen, in welcher nahen Verbindung der menschliche Geist, der nur auf die Gegenwart, und höchstens auf die Vergangenheit angewiesen scheint, mit der Zukunft steht. – Hier sitzt Ottilie im alten Kirchenstuhle in der heiligen Capelle, wie im Todtenreiche, und erwartet die Geliebten, die das heilige ernste Leben mit ihr beginnen sollen. Sie ist dem Tode geweiht, und auch ihr Jahr ist fast abgeklungen. ›Wir blicken so gern in die Zukunft, weil wir das Ungefähre, das sich in ihr hin- und herbewegt, durch stille Wünsche so gern zu unsern Gunsten heranleiten möchten‹ [Theil 2 Capitel 4, W. 20,239,3–6]. Blickst du auch in die Zukunft, herrliche Ottilie! und weisst du, was du wünschest, und weisst du, was es ist, das dich heranbewegt? – Der unerbittliche Tod hat seine Sichel schon geschärft; der Halm muss fallen.

›Doch in der abgesichelten Aehre liegt überschwänglich viel Nährendes und Lebendiges‹ [Theil 2 Capitel 3, W. 20,225, 6f.].

So beginnt das herrliche Tagebuch. Es nimmt fast einen umgekehrten Gang mit Ottiliens Tagen. Es wird heitrer, macht tiefe zarte Bemerkungen über das Leben, und in den Ansichten vom Werthe des Menschen und von seiner Erziehung offenbart sich eine schöne Geistesverwandtschaft jener edeln Natalie. – Warum konnte der beiden Geschick nicht verwandt sein? – Zarte, innige Beziehungen sind überall in den Blättern zerstreut; wer vermöchte sie alle zu enthüllen? und wer wollte sie erläutern? – Das hiesse von der schwellenden Traube den zarten Duft abwischen, mit dem der frische Morgen sie angehaucht, oder den Staub vom Schmetterlingsflügel streifen, um ihn unter dem Mikroskope zu betrachten.

Gegen das Ende wird die Stimmung wieder ernster. Zwar ist der Frühling gekommen; ›das Jahresmährchen ist an seinem artigsten Capitel, dessen Vignetten Veilchen und Maiblumen sind‹ [Theil 2 Capitel 9, W. 20,309,15–19]. Aber wir ahnen die Astern als Schlussvignette des letzten, ernsten Capitels.

Das Tagebuch ist an seinem Ziele; es schliesst mit dem schönen Gedanken: ›dass ein Leben ohne Liebe ein schlechtes Schubladenstück ist, wo man überall von vorn anfangen muss und überall enden möchte‹ [Theil 2 Capitel 9, W. 20,311,3–9]. – Ist es Ottilie, die diese Bemerkung macht? – Ist es das Buch selbst, das hier in seine Tiefen blickt und die Gottheit erkennt, die in ihm waltet? – wie eine alte Sage spricht, dass Menschen kurz vor ihrer Vollendung ihr eignes Selbst erblicken. – Ich weiss es nicht. Aber dem Ende nahet sich das Buch, der Vollendung; und eine schmerzliche Ungeduld ergreift uns. Denn ›wenn Knospen und Blüthen kommen, dann wird man ungeduldig, bis das volle Laub hervortritt, und der Baum sich als eine Gestalt uns entgegendrängt‹. ›Und alles Vollkommene in seiner Art muss über seine Art hinausgehen, dass es etwas Andres, etwas Unvergleichbares werde‹ [Theil 2 Capitel 9, W. 20,310,20–27].

8.

Denn was ist es, das bei der tiefen Trauer, die uns erfüllt, bei dem herzzerreissenden Schmerze uns beruhigt und eine Ahnung des Himmels gibt? – Das ist es, was jeglicher wahren Tragödie die Kraft verleiht, uns zu erheitern und in die seligen Regionen zu erheben, was bei den ungeheuern Schicksalen der wirklichen Welt den edeln Menschen aufrecht erhält und mit dem Leben versöhnt. – Die Würde der menschlichen Natur, die in dem furchtbaren Drange der Noth und des Leids erst recht hervortritt, siegreich, anbetungswürdig. – Siehe Ottilien an. Sie ist der Naturnothwendigkeit unterworfen; ihr Geschick reisst sie blind dahin; da sie von Eduard schon entfernt ist, wird sie unwillkürlich wieder in seine Nähe gezogen; und da sie schon wie ein abgeschiedner Geist in den Gemächern des einst so freudenreichen Hauses wandelt, bewegt sich jene Kraft noch sichtbar in ihrem Innern; es ist, als ob dieses durchsichtig vor unsern Augen läge.

Aber wie gross und frei erhebt sie sich über diese Nothwendigkeit in ihrem festen Anhalten an die heiligen Gedanken, die ihr selbstgeschaffenes Gesetz und ihr höheres Leben sind. Ergriffen konnte sie werden von jener Nothwendigkeit, beherrscht konnte sie werden von ihr, *sie,* die sogar das dringendste, furchtbarste Bedürfniss der Speise sich verwehren kann; *vernichtet* werden konnte sie, aber nicht *überwunden.* – Man liest in den Leben der Heiligen, dass sie zu ihrer Heiligkeit durch Busse gelangten; hier hast Du eine solche Busse und eine Heilige, die sich kühn unter die Herrlichsten stellen kann.

Dieser Triumph des Menschen musste, sollte anders das Gedicht zu unsrer völligen, seligen Befriedigung sich schliessen, klar vor unsre Seele gebracht werden; das war die letzte Aufgabe des Meisters, und er hat sie herrlich gelöst. Wir nennen diejenigen Heilige, die durch ihre Tugend die niedere Welt überwinden, und als Heilige thut sich Ottilie uns kund in ihrem Scheiden, und der Himmel selbst verklärt sie, und umgibt sie mit dem heiligen Scheine, da sie wunderthätig wirkt, und den Sterblichen Trost und Genesung in ihrer Nähe zu Theil wird. – Engel umgeben sie, wie sie in ihrem Sarge, mit Blumen geschmückt, daliegt, und lächeln ihr freundlich zu; das wunderbar genesene Kind kniet zu ihren Füssen; und zur Seite der Verklärten, in der heiligen Capelle, steht der liebenswürdige Freund und weint über ihr, und mit ihm weinen die Edeln der ganzen Erde, trauernd über das verlorene Kleinod.

9.

Wirf nun noch einen Blick auf den ›*Werther*‹, der mit dem vor uns liegenden Gedichte in mehr als einer Hinsicht verwandt ist, des Meisters frühestes Werk, das ihn schon ankündigt in seiner Kraft; und erfreue Dich mit mir an der Betrachtung, zu welcher Höhe die Kunst steigen kann, wenn der Künstler sich, seiner Kraft vertrauend, muthig ein fernes Ziel steckt, nach dem er unablässig wandelt, und wenn ihm die belebende Wärme der Seele zu Theil geworden ist, die auch auf dem weitesten Wege nicht erkaltet. Und lass mich noch Eines hinzusetzen, um desswillen mir eben in dieser Zeit dieses Buch eine herrliche Erscheinung ist. Vielleicht spricht ein individuelles Gefühl aus mir. Vielleicht dass mehrere hierüber gleiche Gedanken und Empfindungen mit mir hegen. – Die grossen politischen Begebenheiten des Tages ziehen alle unsre Aufmerksamkeit auf sich, und wir vergessen darüber, dass wir noch in einer andern Hinsicht in einer bedenklichen Zeit leben. – Was hat die neuere Naturlehre, obgleich sie erst ihre grossen Entdeckungen verbreitet, nicht für Wunder an's Licht gebracht? und wen hat wohl nicht, vorübergehend oder dauernder, ein Schauer erfasst, wenn er von den Organen des Gehirns, von den magnetischen Curen, von der Gewalt, die ein menschlicher Körper gegen den andern übt, gehört hat? – Ist nicht wohl manchem das alte Gespenst des Materialismus wieder erschienen? – Da ist es gut, wenn der Mensch überzeugend auf eine Kraft in seinem Innern aufmerksam gemacht wird, die über die Natur erhaben ist, die ihn zum Herrn der Welt macht. Der Philosoph wirkt mit seiner Wissenschaft nur auf einen engen Kreis; aber des Dichters Wort verbreitet sich weit und dringt gewaltig in die Seele jedes Menschen, dem Sinn und Gefühl verliehen sind. – Und siehe, hier zeigt uns der Dichter in Charlotten, wie Mass und ruhige Vernunft eine Stimmung der Seele erzeugen, an der die Gewalt der Natur sich bricht; und ist diese heftiger und lebendiger im Menschen – wirf einen Blick auf Ottilien. Es gibt eine Kraft in der menschlichen Seele, die nicht zu berechnen ist, die auch das Ungeheuerste überwindet. Ottilie erfreuet uns und tröstet uns, wenn wir uns versucht fühlen, auf Eduard zu zürnen, der, besonders in den letzten Scenen, in der That nur ihre Folie ist und nur durch einzelne liebenswürdige Eigenschaften und durch den Muth, mit dem er Gefahren entgegengeht, unser Interesse gewinnt. Wir freuen uns, dass er im Tode in der Nähe der Geliebten ruht; die heilige Ottilie wird alsbald für ihn bitten können am Throne des Richters. – Um so natürlicher kommt mir dieser Gedanke, da in dem Buche so viele Winke vorkommen, die auf ein künftiges Leben deuten. Wird dort das Heilige, das Ottilie mit hinüber nimmt, Gesetz und Element sein? – Doch sei dem, wie ihm wolle; die höchste der Aufgaben ist mir in dem Buche auch für diese Welt befriedigend gelöst. – Und Ottilie selbst weiset mit ihren letzten Worten in das Leben zurück; und da wir ihre Hülle in der heiligen Capelle liegen sehen, und uns verlangt, dem verklärten Geiste in jene Regionen zu folgen, da erinnert uns der liebenswürdige Künstler, der an ihrem Sarge steht, wie viel Edles und Schönes auf Erden wohnt, und dass in des Menschen Seele eine Kraft lebt, die einen Himmel auf der Erde zu schaffen vermag.«

Gräf. S. 438–447,1.

Johann Diederich Gries (1775–1842) an Abeken am 23. März 1810:

»Ihr Brief, lieber Abeken, hat mir [Gries] eine sehr angenehme Ueberraschung gemacht. Ich kann Ihnen nicht sagen, wie sehr es mich freut, Sie als den Verfasser eines Aufsatzes kennen zu lernen, der unstreitig unter allem, was über die ›Wahlverwandtschaften‹ geschrieben worden ist, bei weitem den ersten Platz einnimmt. Das will nicht viel sagen, meinen Sie vielleicht, denn das Uebrige ist frei-

lich nicht weit her. So lassen Sie sich denn an der Versicherung des grossen Meisters genügen, der Ihnen das Zeugniss gibt, dass Sie den rechten Fleck getroffen haben.
Goethe hatte Ihren Aufsatz schon im ›Morgenblatt‹ gelesen und gleich damals seine grosse Zufriedenheit darüber geäussert. Diess brachte Riemern auf den Gedanken, ihn hier von Frommann nachdrucken zu lassen, um, wie er sagte, Goethen eine angenehme Ueberraschung zu machen. Es gehe fast kein Tag hin, wo Goethen oder ihm nicht etwas über die ›Wahlverwandtschaften‹ gesagt oder geschrieben werde, und meistens sehr abgeschmacktes Zeug. Um nun nicht immer dasselbe wiederholen zu müssen, habe er diesen Nachdruck veranstaltet. So geht nun Ihr Aufsatz, der durch des Meisters Siegel und Unterschrift gleichsam Gesetzeskraft erhalten hat und völlig wie eine *interpretatio authentica* anzusehen ist, in alle Welt, um die Heiden zu bekehren, wozu der Himmel sein Gedeihen gebe. Goethe und Riemer verschicken und vertheilen ihn an alle Freunde und Bekannte. [...]
Was nun den Verfasser anbetrifft, so war Riemer auf den Gedanken gekommen, es sei kein andrer als Schelling. Er hatte diess auch Goethen und andern ziemlich plausibel zu machen gewusst; [...].
Da ich mich hauptsächlich mit Frommann über diesen Punct oft sehr lebhaft gestritten hatte, so konnte ich mir den Triumph nicht versagen, ihm Ihren Brief noch ganz brühwarm zu überschicken. Dadurch haben denn auch die andern das Geheimniss erfahren, und Goethe besonders hat mehrmals seine Freude darüber bezeigt.«

Gräf. Nr. 869.

ABEKEN über Goethes Reaktion am 27. März 1810:

»Er dankte mir [Abeken] für meine Theilnahme an den ›Wahlverwandtschaften‹, und sprach über das Buch. Hätte ich nur alles behalten! Doch schien er sich in Hinsicht auf meine ›Fragmente‹ besonders darüber zu freuen, dass ich das Buch als ein für sich bestehendes, mit eigenem Leben begabtes Ganzes angesehen. ›Ein solches Werk‹, sagte er ungefähr, ›wächst einem unter den Händen und legt einem die Nothwendigkeit auf, alle Kraft aufzubieten, um seiner Meister zu bleiben und es zu vollenden; wo denn die Scheere nicht gespart werden darf.‹ – Die Leser seien ihm die liebsten, die sich ganz und gar in einem Buche verlieren könnten. Sonst sprach er von dem Werke mit einer Bescheidenheit, die mir wunderbar schien; als wenn es nur für seine Zeit etwas sein sollte.‹

Gräf. Nr. 871.

ABEKEN über Wielands Reaktion am 10. April 1810:

»Von Wieland, dem das Buch ziemlich excentrisch und von dem Mass, das er sich gebildet und angeeignet, abweichend erscheinen mochte, wurden meine ›Fragmente‹ nicht so gut aufgenommen. Ich musste einen schalkhaften Tadel von ihm hinnehmen, als ich (am 10. April [1810]) mit Griesbachs, [...] Mittags bei ihm speisete. Uebrigens war er nicht so ungerecht, dass er das Kind mit dem Bade hätte verschütten sollen. Einzelnes entzückte ihn, so das von Eduard über Ottilie am ersten Morgen nach ihrer Ankunft auf seinem Schlosse ausgesprochene Wort: ›Sie ist ein angenehmes unterhaltendes Mädchen,‹ worauf Charlotte antwortet: ›Unterhaltend? sie hat ja noch nicht den Mund aufgethan‹ [›Den andern Morgen sagte Eduard zu Charlotten: Es ist ein angenehmes unterhaltendes Mädchen. Unterhaltend? versetzte Charlotte mit Lächeln: sie hat ja den Mund noch nicht aufgetan‹ – S. 44, 16–19]. ›Für dieses eine Wort, sagte Wieland, würde ich, wenn ich der Herzog wäre, Goethen ein Rittergut schenken.‹ Sollte wohl Wieland in seiner Bewunderung das volle Gewicht, das Goethe in diese Worte gelegt, erkannt haben? Wie sehr Wieland auch das Mass ehrte und beachtete – wo er auf etwas ihm besonders Zusagendes und Schönes stiess, konnte er im Lob überschwänglich sein.«

Gräf. S. 453 f.,2.

Caroline von Humboldt (1766–1829) an Wilhelm von Humboldt am 7. Februar 1810:

»Goethens Roman [...] habe ich endlich bekommen und gelesen. Er hat mich als ein außerordentlich poetisches Produkt, ich meine Ottiliens Charakter, unendlich frappiert, und das Geheimnisvolle einer tiefen Natur ist unbeschreiblich in diesem Wesen ausgedrückt oder der Ahndung hingegeben. Charlotte ist mir *zu klug*, sie ist es ach! noch in den zerreißendsten Momenten des Lebens. Die Männer sind mir gar zu wenig angedeutet. Ich begreife wohl, daß Eduard ein von Natur schön und reiches Gemüt hat, allein die Heirat mit einer *alten* und *reichen* Frau in früher Jugend ist mir ein Anstoß, ein Makel [...].«

Wilhelm und Caroline von Humboldt in ihren Briefen. Hrsg. von Anna von Sydow. Bd. 3. Repr. Nachdr. Osnabrück: Zeller, 1968. S. 333.

Wilhelm von Humboldt (1767–1835) an Caroline am 6. März 1810:

»Dein Urteil über die Wahlverwandtschaften ist auch großenteils das meinige. Die Staël schreibt mir fast aus der Seele darüber. Sie sagt: ›le ... ne me plait pas du tout (das ist für mich zu stark) il tend à dépouiller la vie de toute ... l'on-y meurt d'amour, sans que pour cela les sentiments inspirent plus d'interet et que les caractères paraissent plus sérieux, il semble qu'il cherche à caractériser en tout l'empire du hasard.‹ Das letztere finde ich äußerst wahr. Schicksal und innere Notwendigkeit vermisse ich vor allen Dingen darin. Auch glaube ich im Gespräch mit Goethe entdeckt zu haben, daß sehr viel Reminiszenzen in dem Roman aus dem wirklichen Leben angebracht sind, die er nun nicht genug poetische Kraft oder Stimmung gehabt hat, in ein Ganzes gehörig zu verschmelzen. Ihm aber darf man so etwas nicht sagen. Er hat keine Freiheit über seine eigenen Sachen und wird stumm, wenn man im mindesten tadelt. Es schadet dem Verhältnis und hilft nicht der Sache.«

Ebd. S. 356.

CHRISTOPH MARTIN WIELAND (1733–1813) an seine Tochter Charlotte Geßner am 10. Februar 1810:

»Verzeihe, liebes Kind, daß ich Dein Verlangen, mein Urteil von den ›Wahlverwandtschaften‹, an welchen dieser Titel, dünkt mich, das einzige Alberne ist, zu wissen, diesmal nicht stillen kann. Das Werk wird von den Einen zu übermäßig gelobt, von den Andern vielleicht zu scharf getadelt; auch gehört es von einer Seite unter die besten, von der andern unter die tadelnswürdigsten Produkte seines genialischen, aber das Publikum gar zu sehr verachtenden Urhebers. Das Buch muß, wie Goethe *selbst* sagt, *dreimal* gelesen werden [...].«

HA VI,645.

GOETHE an Johann Heinrich Meyer am 27. April 1810:

»Die beiden Contradrucke folgen auch. Das gute Kind[8] kann wohl was und könnte noch mehr lernen, aber das schlimmste ist, sie denkt falsch wie die sämmtliche Theecompanie ihrer Zeitgenossinnen: denn in unsrer Sprache zu reden, so hole der Teufel das junge künstlerische Mädchen, das mir die heilige Ottilie schwanger aufs Paradebett legt. Sie wissen besser als ich, was ich sage. Jene können nicht vom Gemeinen und Niederträchtigen, von der Amme, von der Madonna loskommen und dahin zerren sie alles, wenn man sie auch gelinde davon zu entfernen wünscht. Das todte, wirklich todte Kind gen Himmel zu

8 Sophie Reinhard (1775–1843).

heben, das war der Augenblick, der gefasst werden musste, wenn man überhaupt solches Zeug zeichnen will. So wie im andern Falle in der Capelle für malerische Darstellung nichts gelten kann, als das Herantreten des Architekten. Aber wo sollte das Völklein, bei allem freundlichen Antheil, hernehmen, worauf es ankommt.«

Gräf. Nr. 872.

Goethe im Gespräch mit einer Unbekannten (Sommer 1810?):

»Ich [?] kann dieses Buch durchaus nicht billigen, Herr von Goethe; es ist wirklich unmoralisch, und ich empfehle es keinem Frauenzimmer.
Darauf hat Goethe eine Weile ganz ernsthaft geschwiegen, und endlich mit vieler Innigkeit gesagt: ›Das thut mir leid, es ist doch mein bestes Buch. Glauben Sie nicht, dass es die Grille eines alten Mannes ist, ja, man liebt das Kind am meisten, welches aus der letzten Ehe, aus der spätesten Zeit unserer Zeugungskraft stammt. Aber Sie thun mir und dem Buche Unrecht; das Gesetz in dem Buche ist wahr, das Buch ist nicht unmoralisch, Sie müssen es nur vom grösseren Gesichtspuncte betrachten, der gewöhnliche moralische Massstab kann bei solchem Verhältnisse sehr unmoralisch auftreten.‹«

Gräf. Nr. 865.

Johann Heinrich Jung-Stilling (1740–1817) an Fouqué am 12. November 1810:

»[…] Was Göthe betrifft, so kann ich Ihnen nichts weiter von ihm sagen, als was alle Welt weiß; ich hab' ihn 1775 im Herbst zuletzt gesehen, und auch seitdem keinen Umgang mehr mit ihm gehabt. Seine ›Wahlverwandtschaften‹ hab' ich gelesen und bin dadurch in der Vermuthung bestärkt worden, die ich schon damals hatte, als wir zusammen studirten: Der *Fatalismus* ist sein Glaubenssystem, seine natürliche Gaben, Anlagen und Triebe, verbunden mit den äußern Umständen, sind seine unbezwingbaren Führer; diese reißen ihn unaufhaltbar mit sich fort. Er kann nicht dafür, daß er das ist, was er ist, das ist – Gott verzeihe mir! – Gottes Sache [...].«

Briefe an Friedrich Baron de la Motte-Fouqué. Hrsg. von J. E. Hitzig und H. Kletke. Repr. Nachdr. Bern: Lang, 1968. S. 178f.

GOETHE an Marianne von Eybenberg am 7. Dezember 1810:

»Der Prinz de Ligne hat an den Herzog einen äusserst lustigen Brief geschrieben. Ich lasse hiebei die Stelle copiren, welche meine ›Wahlverwandtschaften‹ betrifft. Sie rechnen mir diese kleine Eitelkeit nicht hoch an; da sich so viele Gegner alle Mühe geben, diess Werklein zu discreditiren, so mag es wohl auch erlaubt sein, unter Freunden, was Freunde denken, mitzutheilen.
›Aidé d'une bonne traduction,[9] j'ai lu avec admiration les „affinités électives“: et je plains les hommes begueules, et les femmes qui souvent le sont moins, de n'avoir pas trouvé, au lieu d'immoralites qui n'existent pas, tous les secrets du coeur humain, le developpement de mille choses qu'on n'a pas senties, parcequ'on ne reflechit pas, des tableaux du monde, de la nature, et deux portraits piquants et neufs, Lucienne dans un genre et Mitler dans un autre. Quel chef d'oeuvre, même en francais, que les tablettes d'Ottilie! et que de profondeur, et d'attachant, et d'imprévu dans cet ouvrage, où il y a la plus grande superiorité sur ceux des autres nations! – J'espere et Vous aussi surement, Monseigneur, que le Major et Charlotte se consolent un peu à présent, et que s'ils ont des petites fantaisies de part et d'autre, ils se les confient: car c'est là la seule manière d'être heureux en mariage, etc.‹

9 Im Jahre 1810 erschienen zwei französische Übersetzungen (s. Kap. IV, S. 235).

Hierauf folgen einige Honnetetäten für des Autors Persönlichkeit, wie es einem so gewandten Welt- und Hofmanne geziemt. Treffen Sie den Prinzen irgendwo, so sagen Sie ihm etwas Freundliches und Verbindliches in meinem Namen.«

Gräf. Nr. 877.

c) *Von 1811 bis zu Goethes Tod*

Zacharias Werner (1768–1823) an Goethe am 23. April 1811 (Werner war am 19. April zum Katholizismus übergetreten.):

»Sie werden von mir gar nichts mehr hören noch wissen wollen! Warum, das wissen Sie schon jetzt, indem ich dies schreibe:

Keimt ein Glaube neu,
Wird oft Lieb' und Treu'
Wie ein altes Unkraut ausgerauft!

so heißt es in dem Gedicht [*Die Braut von Korinth* V. 12–14], welches, nächst Gott und Ew. Excellenz, niemand so gut versteht als ich! Nicht in mir wird Lieb' und Treue gegen Sie ausgerauft werden, kein Glaube kann und wird meine Liebe, meine Treue, meine Dankbarkeit gegen Sie ausraufen, am wenigsten der christliche, den ich, nachdem ich ihm lange heimlich auf den schändlichsten Irrwegen nachgerannt bin, endlich gefunden und öffentlich bekannt habe. Beides verdanke ich – o zürnen Sie nicht, Huldvollster! – Ihren ›Wahlverwandtschaften‹. ›Nur unter der Bedingung einer völligen Entsagung‹, heißt es darin, ›hatte Ottilie sich verziehen, nur diese Bedingung war für ihre ganze Lebenszeit unerläßlich‹. Diese von Gottes Geist Ihnen in die Feder dictierten, und als ich sie zuerst, vor Ihrer Herrlichkeit erstarrend las, von Gottes Blitz auf der nämlichen Stelle, an der ich jetzt dieses schreibe, illuminierten ewigen Worte, sie sind es und – was auch der deutsche Pöbel über mich lügen mag – sie, diese Worte, (und nicht der Sinnentand, die Phantasterei, die Gaukelei, womit man alles Heilige und auch die Kirche, die ewig heilige überkleistert hat) sind es, die mich katholisch gemacht haben und mich zwingen, es, mag auch über mich ergehen, mag auch dabei von mir zu Grunde gehen, was da wolle, es lebenslang und ewiglich zu bleiben!«

HA VI,646 f.

Dem Brief waren neben anderen Gedichten folgendes Sonett beigefügt:

Die Wahlverwandtschaften.

Vorbei an Gräbern und an Leichensteinen
Die schön vermummt die sichre Beut' erwarten
Hin schlängelt sich der Weg nach Edens Garten
Wo Jordan sich und Acheron vereinen.

Erbaut auf Triebsand will getürmt erscheinen
Jerusalem; allein die gräßlich zarten
Meernixen, die sechstausend Jahr schon harrten
Lechzen im See, durch Opfer sich zu reinen.

Da kommt ein heilig freches Kind gegangen,
Des Heiles Engel trägts, den Sohn der Sünden,
Der See schlingt alles! Weh uns! – Es war Scherz!

Will Helios die Erde denn entzünden?
Er glüht ja nur sie liebend zu umfangen!
Du darfst den Halbgott lieben, zitternd Herz!

HA VI,647.

Wieland an eine Unbekannte (1811):

»Mit lebhaftem Interesse habe ich Ihr Urtheil über Goethes ›Wahlverwandtschaften‹ gelesen und wie so oft den Scharfsinn Ihres Verstandes bewundert, der immer dem

Herzen die Wagschale hält und wo Sie wollen dominirt. Diess scheint mir der Fall mit Goethens genialischem Geistesproduct gewesen zu sein. Da Ihnen die moralische Tendenz so wenig als mir gefallen konnte, wollten Sie sich auch durch [›nichts‹ scheint hier ausgefallen] mehr rühren lassen, und Ihr feiner Witz behielt die Oberhand. – Gerne gebe ich Ihnen zu, dass die Stellen, welche Sie vorzüglich choquirt haben, auch mein Gefühl beleidigten, allein ich bin toleranter im Puncte der Liebe, als meine strenge Freundin. Was ich nicht selbst erfahren, kann ich mir dennoch als möglich denken – und ich finde die Nuancen der Entstehung dieser im Anfang so unschuldigen Neigung so zart und fein, dass sie, wie mich dünkt, die zartesten Saiten des menschlichen Herzens berühren. – Mir schauderte innerlich davor, dass ein so reines unschuldiges Kind als diese Ottilie so verstrickt werden konnte, und ich finde den Gang ihrer Empfindung nicht [verschrieben für ›recht‹?] natürlich. Auch die Liebe, welche sie dem neuen Ankömmling beweist, alles bürgt für die Reinheit ihrer Gefühle für Eduard. Dieser Eduard aber wäre mein Mann auch nicht, er zeigt am unrechten Ort Kraft und Festigkeit, doch scheint es mir, Goethe wollte auch keinen Helden aus ihm machen. Er schildert ihn wie alle übrigen Personen mit allen ihren Mängeln und Gebrechen und liebenswürdigen Eigenschaften. Das Leben und Weben dieser Person [›Personen‹?] geht so natürlich an uns vorüber. Wir glauben sie spielend auftreten zu sehen, und ich gestehe Ihnen, meine Freundin, dass ich dieses wirklich schauerliche Werk nicht ohne warmen Antheil zu nehmen gelesen habe.«

Gräf. S. 422 ff.,2.

Friedrich Schlegel (1772–1829): Über Liebe und Ehe in Beziehung auf Goethes *Wahlverwandtschaften* (1811):

»Der *Roman,* wenn mit der Kunst der Darstellung auch Welterfahrung und Kenntnis der Gefühle verbunden ist, zieht alle Leser besonders an, weil er sie mit dem beschäftigt, was jedem für sich das Wichtigste und Liebste ist. Das lebhafte Gefühl der Jugend ahndet in der sinnvollen Welt des Dichters alle Rätsel, alle noch unbekannten Freuden und Schmerzen der wirklichen. Wer diese schon erkannt hat, versinkt von neuem mit dem Dichter gern noch einmal in den Traum der Jugend zurück. Die häuslichen und geselligen Verhältnisse, Freundschaft, Liebe, und die Ehe, die bald von dem einen, bald von dem andern Gefühl ausgeht, auch wohl beide umfassen möchte, das ist der Inhalt jedes guten und schönen, jedes gedankenvollen Romans. In *Goethes* ›Wahlverwandtschaften‹, über die schon so vieles hin und wieder geschwatzt worden, ist der Hauptgedanke sehr einfach. Der sinnreiche Künstler stellt uns die *Ehe* dar, als begründet durch die Anziehung des Ungleichartigen; die *Liebe* durch Anziehung des Gleichartigen. Das ist das Geheimnis seines chemisch-moralischen Rätsels! Sehr wahr ist das alles nach dem gemeinen Lauf der Welt.«

Kritische Friedrich-Schlegel-Ausgabe. Hrsg. von Ernst Behler [u. a.]. Abt. 1. Bd. 3: Charakteristiken und Kritiken II. Hrsg. von Hans Eichner. München [u. a.]: Schöning / Zürich: Thomas, 1975. S. 176.

WIELAND an Karl August Böttiger am 13. Januar 1812:

»Sagen Sie mir doch *sub rosa*, was für eine Wirkung haben [...] Goethes ›Wahlverwandtschaften‹ in Dresden, Wien, Leipzig und überhaupt im Publicum gemacht, und was urtheilen die *sani* von ›Aus meinem Leben Wahrheit und Dichtung‹? Das erstemal verkümmerte mir alles, was mir missfiel, den Genuss dessen, was mir gefiel; doch hielt das Eine dem Andern ziemlich das Gleichgewicht; das zweitemal gab ich mir alle Mühe, mich selbst zu täuschen und mir *alles gefallen zu lassen*. Das drittemal legte ich die ›Wahlverwandtschaften‹ in die eine Wagschale und mein

Ideal eines guten Romans in die andere, und siehe da, von dem ersten Augenblicke an, da die junge Heldin des Stücks erscheint, fing die Schale des Goethischen Romans an zu steigen, und stieg, mit wenigen Abwechselungen, immer höher, bis sie endlich an den Wagebalken anstiess und dort wie an einem künstlichen Magnet hängen blieb. – Dafür habe ich hingegen den ersten Theil seiner sogenannten Biographie mit grossem Vergnügen gelesen.«

Gräf. S. 422ff.,2.

GOETHE im Gespräch mit Sulpiz Boisserée auf der Fahrt von Karlsruhe nach Heidelberg am 5. Oktober 1815:

»Unterwegs kamen wir dann auf die ›Wahlverwandtschaften‹ zu sprechen. Er legte Gewicht darauf, wie rasch und unaufhaltsam er die Katastrophe herbeigeführt. Die Sterne waren aufgegangen; er sprach von seinem Verhältniss zur Ottilie, wie er sie lieb gehabt, und wie sie ihn unglücklich gemacht. Er wurde zuletzt fast räthselhaft ahndungsvoll in seinen Reden.«

Gräf. Nr. 883.

Das *Conversations-Lexicon* von Brockhaus zu den *Wahlverwandtschaften* im Artikel »Roman« (1817):

»Um nun aber nach der Ilias auch noch eine Odyssee zu geben, gefiel es dem Dichter, seine Wahlverwandtschaften hervortreten zu lassen, ein blankpolirtes Meisterstück! und wenn wir im Meister die lieblichste Frühlings- und Sommerblume erhalten haben, so sind jene eine Herbstblume, in ihrer Weise nicht weniger schön als dieser. Die den Wahlverwandtschaften so oft vorgerückte Unsittlichkeit wird, unsers Erachtens, dadurch widerlegt, daß es kaum eine größere und durchgreifendere Vertheidigung der *Ehe* geben kann, als gerade dies Buch und sein ganzer Inhalt. Denn die Heiligkeit der Ehe kann ja selbst die Bande der Natur überwältigen, und ihr werden alle Helden und Heldinnen des Stücks zum Opfer gebracht.«

Zit. nach: Hartmut Steinecke: Romantheorie und Romankritik in Deutschland. Bd. 2: Quellen. Stuttgart: Metzler, 1976. S. 13.

ARTHUR SCHOPENHAUER (1788–1860) im 2. Band von *Die Welt als Wille und Vorstellung* (1819):

»Auch den ›*Wahlverwandtschaften*‹ von *Goethe* liegt, wie schon der Titel andeutet, wenn gleich ihm unbewußt, der Gedanke zum Grunde, daß der *Wille*, der die Basis unsers eigenen Wesens ausmacht, der selbe ist, welcher sich schon in den niedrigsten, unorganischen Erscheinungen kund giebt, weshalb die Gesetzmäßigkeit beider Erscheinungen vollkommene Analogie zeigt.«

Arthur Schopenhauer: Sämtliche Werke. Bd. 3. Nach der 1. von Julius Frauenstädt besorgten Gesamtausg. neu bearb. und hrsg. von Arthur Hübscher. Wiesbaden: Brockhaus, 1961. S. 336.

GOETHE an Joseph Stanislaus Zauper am 7. September 1821:

»Der sehr einfache Text dieses weitläufigen Büchleins sind die Worte Christi: *Wer ein Weib ansieht, ihr zu begehren* etc. Ich weiss nicht, ob irgend jemand sie in dieser Paraphrase wieder erkannt hat. Dem eigentlichen Sinne des Dichters gemäss war folgende Erfahrung. Eine sehr schöne, liebenswürdige, junge Frau gestand ihm: sie habe die ›Wahlverwandtschaften‹ gelesen und nicht verstanden; sie habe sie nicht wieder gelesen, und verstehe sie jetzt. Mehr sagte sie nicht; aber wahrscheinlich hatte sie der innere Beichtvater, bei ähnlichen überraschenden Regungen, auf jene Erfahrungen und Folgen hingewiesen und heilsame Warnungen angedeutet.«[10]

Gräf. Nr. 889.

10 Siehe hierzu Rösch, S. 21.

GOETHE im Gespräch mit Eckermann am 30. März 1824:

»Abends bei Goethe. Ich [Eckermann] war allein mit ihm. [...] Wir kamen [...] auf die ›Wahlverwandtschaften‹ zu reden, und Goethe erzählte mir von einem durchreisenden Engländer, der sich scheiden lassen wolle, wenn er nach England zurückkäme. Er lachte über solche Thorheit und erwähnte mehrere Beispiele von Geschiedenen, die nachher doch nicht hätten voneinander lassen können.
›Der selige Reinhard in Dresden‹, sagte er, ›wunderte sich oft über mich, dass ich in Bezug auf die Ehe so strenge Grundsätze habe, während ich doch in allen übrigen Dingen so lässlich denke.‹
Diese Aeusserung Goethes war mir aus dem Grunde merkwürdig, weil sie ganz entschieden an den Tag legt, wie er es mit jenem so oft gemissdeuteten Romane eigentlich gemeint hat.«

Gräf. Nr. 893.

HEINRICH HEINE (1797–1856) nach Ludwig von Diepenbrock-Grüters Tagebuch:

»Lüneburg, 20. Nov. 1826
Goethe sei der Verderber der Religion! Seine Wahlverwandtschaften stürzten alles Heilige, seien ein Protest gegen alle Religion, Sitte und Formen. Goethe und sämtliche Goethianer achteten nur den äußeren Anstand. Er, Heine, brenne, sich gegen ihn zu erklären, indes halte ihn seine Stellung in der schriftstellerischen Welt davon ab.«

Begegnungen mit Heine. Berichte der Zeitgenossen. Hrsg. von Michael Werner. Hamburg: Hoffmann & Campe, 1973. S. 145 f.

HEINRICH HEINE in den *Reisebildern*, 2. Teil: »Die Nordsee« (1826–31):

»[...] wenn die armen Insulanerinnen, in ihrer Schwangerschaft, allerlei süßgebackene Gelüste bekommen und am

Ende sogar Kinder zur Welt bringen, die den Badegästen ähnlich sehen, so ist das leicht zu erklären. Ich will hier durchaus auf kein unsittliches Verhältnis anspielen. Die Tugend der Insulanerinnen wird durch ihre Häßlichkeit, und gar besonders durch ihren Fischgeruch, der mir wenigstens unerträglich war, vor der Hand geschützt. Ich würde, wenn ihre Kinder mit badegästlichen Gesichtern zur Welt kommen, vielmehr ein psychologisches Phänomen erkennen, und mir solches durch jene materialistisch-mystischen Gesetze erklären, die Goethe in den ›Wahlverwandtschaften‹ so schön entwickelt.«

Heinrich Heine: Sämtliche Werke in zwölf Teilen. Hrsg. von Paul Beyer [u. a.]. Tl. 6. Leipzig: Hesse & Becker, [1921]. S. 82.

Karl Wilhelm Ferdinand Solger (1780–1819): »Über die Wahlverwandtschaften« (undatierter und unadressierter Brief aus dem Jahre 1809, veröffentlicht 1826 in Solgers nachgelassenen Schriften):

»Wenn ich meine vorläufige Meinung über die ›Wahlverwandtschaften‹ sagen soll, so muss ich schon diessmal nach Art der Recensenten, die freilich nicht meine Lieblingsart ist, mit etwas allgemeiner Theorie anfangen. Doch bitte ich recht sehr, diess nur als ein vorläufiges Wort anzusehen. Es ist hier wieder ein unerschöpfliches Kunstwerk, ein *immensum infinitumque,* und ich kann noch bloss vom ersten Eindruck sprechen.

[...] Ich möchte die Hoffnung fassen, dass aus diesem Werke, dergleichen ich lange eins gewünscht habe, den Menschen einmal ein Licht aufgehen werde über das Schicksal überhaupt, und besonders in der antiken Kunst, worüber alle neueren Kunstrichter unaufhörlich sprechen, und das keiner so verstanden hat, wie ich. Was ich aber darüber denke, ziehe ich nicht bloss aus der Gestalt der Kunstwerke ab, sondern ich sehe es in seinen innersten Gründen ein, welche ich hier nicht entwickeln kann. [...]

Gräf. S. 474,1.

GOETHE im Gespräch mit Eckermann am 21. Januar 1827:

»Ich [Eckermann] ging diesen Abend halb Acht zu Goethe und blieb ein Stündchen bei ihm.
[...] ›Da will ich Ihnen doch etwas zeigen‹, sagte Goethe, ›das für Sie Interesse haben wird. Reichen Sie mir doch einen der Bände, die vor Ihnen liegen. Solger ist Ihnen bekannt?‹ – Allerdings, sagte ich, ich habe ihn sogar lieb. [...] ›Sie wissen, er ist vor mehrern Jahren gestorben‹, sagte Goethe, ›und man hat jetzt eine Sammlung seiner nachgelassenen Schriften und Briefe herausgegeben [...] seine Briefe sind vortrefflich. In einem derselben schreibt er an Tieck[11] über die „Wahlverwandtschaften", und diesen muss ich Ihnen vorlesen, denn es ist nicht leicht etwas Besseres über jenen Roman gesagt worden.‹
Goethe las mir die treffliche Abhandlung vor, und wir besprachen sie punctweise, indem wir die von einem grossen Charakter zeugenden Ansichten und die Consequenz seiner Ableitungen und Folgerungen bewunderten. Obgleich Solger zugestand, dass das Factum in den ›Wahlverwandtschaften‹ aus der Natur aller Charaktere hervorgehe, so tadelte er doch den Charakter des Eduard.
›Ich kann ihm nicht verdenken‹, sagte Goethe, ›dass er den Eduard nicht leiden mag, ich mag ihn selber nicht leiden, aber ich musste ihn so machen, um das Factum hervorzubringen. Er hat übrigens viele Wahrheit, denn man findet in den höhern Ständen Leute genug, bei denen ganz wie bei ihm der Eigensinn an die Stelle des Charakters tritt.‹
Hoch vor allen stellte Solger den Architekten, denn wenn

11 Der Brief war nicht, wie Goethe annimmt, an Tieck gerichtet, da Solger erst 1810 dessen Bekanntschaft machte. Man weiß nicht, an wen er adressiert ist.

alle übrigen Personen des Romans sich liebend und schwach zeigten, so sei er der einzige, der sich stark und frei erhalte. Und eben das Schöne an seiner Natur sei nicht sowohl dieses, dass er in die Verirrungen der übrigen Charaktere nicht hineingerathe, sondern dass der Dichter ihn so gross gemacht, dass er nicht hineingerathen *könne.*
Wir freuten uns über dieses Wort. ›Das ist freilich sehr schön‹, sagte Goethe. – Ich habe, sagte ich, den Charakter des Architekten auch immer sehr bedeutend und liebenswürdig gefunden, allein dass er eben desswegen so vortrefflich sei, dass er vermöge seiner Natur in jene Verwikkelungen der Liebe nicht hineingerathen *könne,* daran habe ich freilich nicht gedacht. – ›Wundern Sie sich darüber nicht‹, sagte Goethe, ›denn ich habe selber nicht daran gedacht, als ich ihn machte. Aber Solger hat recht, es liegt allerdings in ihm.‹
›Dieser Aufsatz‹, fuhr Goethe fort, ›ist schon im Jahre 1809 geschrieben, und es hätte mich damals freuen können, ein so gutes Wort über die „Wahlverwandtschaften" zu hören, während man in jener Zeit und später mir eben nicht viel Angenehmes über jenen Roman erzeigte.‹«

Gräf. Nr. 902.

Goethe im Gespräch mit Eckermann am 6. Mai 1827:

»›Es war im ganzen‹, fuhr Goethe fort, ›nicht meine Art, als Poet nach Verkörperung von etwas *Abstractem* zu streben. [...]
Wollte ich jedoch einmal als Poet irgendeine Idee darstellen, so that ich es in *kleinen* Gedichten, wo eine entschiedene Einheit herrschen konnte und welches zu übersehen war, wie zum Beispiel die „Metamorphose der Thiere", die „der Pflanzen", das Gedicht „Vermächtniss", und viele andere.
Das einzige Product von *grösserm* Umfang, wo ich mir bewusst bin nach Darstellung einer durchgreifenden Idee gearbeitet zu haben, wären etwa meine „Wahlverwandt-

schaften". Der Roman ist dadurch für den Verstand fasslich geworden; aber ich will nicht sagen, dass er dadurch besser geworden wäre! Vielmehr bin ich der Meinung: *je incommensurabler und für den Verstand unfasslicher eine poetische Production, desto besser.*«

Gräf. Nr. 903.

GOETHE im Gespräch mit Eckermann am 21. Juli 1827:

»Sie wissen, Aristoteles sagt vom Trauerspiele, es müsse *Furcht* erregen, wenn es gut sein solle. Es gilt dieses jedoch nicht bloss von der Tragödie, sondern auch von mancher andern Dichtung. [...] Diese Furcht nun kann doppelter Art sein: sie kann bestehen in Angst, oder sie kann auch bestehen in Bangigkeit. Diese letztere Empfindung wird in uns rege, wenn wir ein moralisches Uebel auf die handelnden Personen heranrücken und sich über sie verbreiten sehen, wie zum Beispiel in den ›Wahlverwandtschaften‹. Die Angst aber entsteht im Leser oder Zuschauer, wenn die handelnden Personen von einer physischen Gefahr bedroht werden [...].«

Gräf. Nr. 904.

GOETHE an Zelter am 21. November 1827:

»Die Kunden [das Publikum] erlauben wohl dem Schneider, hier oder dort ein gewisses Tuch auszunehmen, den Rock aber wollen sie auf den Leib gepasst haben, und sie beschweren sich höchlich, wenn er ihnen zu eng oder zu weit ist; am besten befinden sie sich in den polnischen Schlafröcken des Tags und der Stunden, worin sie ihrer vollkommensten Bequemlichkeit pflegen können, da sie, wie Du Dich wohl erinnern wirst, sich gegen meine ›Wahlverwandtschaften‹ wie gegen das Kleid des Nessus geberdet haben.*«

Gräf. Nr. 905.

* »Das heisst eigentlich: rasend, wild schreiend vor Schmerz, mit dem ungestümen Bestreben, sich davon zu befreien; wie Herakles that, als das Gewand,

GOETHE im Gespräch mit Eckermann am 9. Februar 1829:

»Goethe sprach viel über die ›Wahlverwandtschaften‹, besonders dass jemand sich in der Person des Mittler getroffen gefunden, den er früher im Leben nie gekannt und gesehen. ›Der Charakter‹, sagte er, ›muss also wohl einige Wahrheit haben und in der Welt mehr als einmal existiren. Es ist in den „Wahlverwandtschaften" überall keine Zeile, die ich nicht selber erlebt hätte, und es steckt darin mehr, als irgend jemand bei einmaligem Lesen aufzunehmen im Stande wäre.‹«

Gräf. Nr. 906.

GOETHE an Zelter im Januar 1830:

»Zum Scherz und Ueberfluss lass mich in Gefolg des Vorigen erwähnen: dass ich in meinen ›Wahlverwandtschaften‹ die innige, wahre Katharsis so rein und vollkommen als möglich abzuschliessen bemüht war; desshalb bild' ich mir aber nicht ein, irgend ein hübscher Mann könne dadurch von dem Gelüst, nach eines Andern Weib zu blikken, gereinigt werden. Das sechste Gebot, welches schon in der Wüste dem Elohim-Jehova so nöthig schien, dass er es, mit eigenen Fingern, in Granittafeln einschnitt, wird in unsern löschpapiernen Katechismen immerfort aufrecht zu halten nöthig sein.
Verzeihung dieses! denn die Sache ist von so grosser Bedeutung, dass Freunde sich immer darüber berathen sollten; ja ich füge Folgendes hinzu: es ist ein gränzenloses Verdienst unsres alten *Kant* um die Welt, und ich darf auch sagen, um mich, dass er, in seiner ›Kritik der Urtheilskraft‹, *Kunst* und *Natur* neben einander stellt und beiden das Recht zugesteht: aus grossen Principien zwecklos zu han-

welches Deianeira, seine Gattin, mit dem vergifteten Blute des Kentauren Nessos bestrichen hatte, seine unaufhaltsam zerstörende Wirkung ausübte. Der hier von Goethe gewählte Vergleich fällt auf durch seine ausserordentliche Stärke.« [Gräf, S. 484,1] deln. So hatte mich *Spinoza* früher schon in dem Hass gegen die absurden Endursachen geglaubiget. Natur und Kunst sind zu gross, um auf Zwecke auszugehen und haben's auch nicht nöthig, denn Bezüge gibt's überall und Bezüge sind das Leben.«

Gräf. Nr. 907.

GOETHE an Zelter am 31. Oktober 1831:

»Die Frömmler habe ich von jeher verwünscht, die Berliner, so wie ich sie kenne, durchaus verflucht, und daher ist es billig, dass sie mich in ihrem Sprengel in den Bann thun.*«

Gräf. Nr. 909.

d) *Nach 1832*

LUDOLF WIENBARG (1802–1872) in den *Ästhetischen Feldzügen* (1834):

»Man mag sagen, Goethe hat die moderne Poesie entadelt, weil er ihr den Gehalt der Begeisterung entzog, sie zu ministeriell, zu vornehm, zu behaglich behandelte und das Götterroß vor den Wagen der gemeinen Alltäglichkeit, ja vor den Leichenwagen der gesellschaftlichen Entartung spannte – dieses sind nicht allein neueste Vorwürfe der Bewegungsmänner wie Menzels und Börnes, sondern bereits alte Vorwürfe der Romantiker, durch Novalis-Har-

* »Zelter hatte am 27. October gemeldet: ›Unser theologischer Eiferer *Hengstenberg* soll eine bleischwere Kritik über die ›Wahlverwandtschaften‹ entlassen haben. Ich kenn' ihn nicht, und wenn er Dich nicht versteht, wirst Du ihn auch nicht kennen‹ […].
Die von dem streng orthodoxen Theologen Hengstenberg in Berlin herausgegebene ›Allgemeine evangelisch-lutherische Kirchen-Zeitung‹ hatte 1831 in den Nummern 57–61, vom 16., 20., 23., 27. und 30. Juli (Spalte 449–488) einen anonymen Aufsatz über Goethes Roman gebracht. In dem Exemplar der Königlichen Bibliothek zu Berlin ist (nach freundlicher Mittheilung Ludwig Geigers) der Name Göschel mit Bleistift beigeschrieben.« [Gräf, S. 487f.,3].

denberg gegen ihn ausgesprochen. Das Wahre davon ist, daß er nur zu treu seiner Neigung und seinem Grundsatze Folge leistete, wonach ihm *die Muse nur als Begleiterin, nicht als Leiterin des Lebens* erschien.

Man muß bedauern, und wohl niemand hat dieses schmerzlicher empfunden als er selbst, daß die höchste Potenz des Lebens, das nationale Leben, zur Zeit seiner Jugend- und Mannesjahre völlig erloschen war in deutschen Landen; man muß bedauern, daß das gesellschaftliche ästhetisch-sittliche Leben seiner Zeitgenossen unwürdig war seines großen dichterischen Genius; man kann sogar in diesem Betracht die Poesielosigkeit eines ›Wilhelm Meister‹, der ›Wahlverwandtschaften‹ usw. ebenso tatsächlich nennen, als die Poesielosigkeit jener sozialen Zustände, denen diese Dichtungen entkeimten – aber den Grundsatz muß man stehenlassen, und seine Neigung darf man nicht schelten. Dieser Grundsatz ist der Stern in der Nacht der Poesie, Goethes Werke sind Magnetnadeln, die nach diesem Polarstern hindeuten. Poesie und Leben sind Inseparabeln [...]. Wer die Poesie vom Leben trennt, trennt das Leben von der Poesie. Diesen Goetheschen Grundsatz nennen wir das große Goethesche Samenkorn, ausgestreut in die Literaturen des neunzehnten Jahrhunderts, so lange kritisch-polemisch wuchernd, in liebender Sehnsucht keimend, in zürnender Ungeduld drängend, bis es herausschlägt an den hellen Tag und die Welt mit ungeahnter Schönheit überrascht.«

Ludolf Wienbarg: Ästhetische Feldzüge. Berlin/Weimar: Aufbau-Verlag, 1964. S. 200 f.

Georg Wilhelm Friedrich Hegel (1770–1831) in den *Vorlesungen über die Ästhetik*, Bd. 1 (1835):

»Ein ähnliches Anfügen von einzelnen Zügen, die aus dem Inhalte nicht hervorgehn, finden wir selbst noch in den Wahlverwandtschaften wieder: die Parkanlagen, die lebenden Bilder und Pendelschwingungen, das Metallfühlen, die Kopfschmerzen, das ganze aus der Chemie entlehnte Bild der chemischen Verwandtschaften sind von dieser Art. Im Roman, der in einer bestimmten prosaischen Zeit spielt, ist dergleichen freilich eher zu gestatten, besonders wenn es wie bei Göthe so geschickt und anmuthig benutzt wird, und außerdem kann sich ein Kunstwerk nicht von der Bildung seiner Zeit durchweg frei machen, aber ein Anderes ist es diese Bildung selber abspiegeln, ein Anderes die Materialien unabhängig vom eigentlichen Inhalt der Darstellung äußerlich aufsuchen und zusammenbringen.«

Georg Wilhelm Friedrich Hegel: Sämtliche Werke. Hrsg. von Hermann Glockner. Bd. 12. Repr. Nachdr. Stuttgart-Bad Cannstatt: Frommann, 1971. S. 399f.

Ferdinand Gustav Kühne (1806–1888) in seiner Rede »Wie die Kunst bei den Deutschen nach Brot geht!« (1835):

»In den Wahlverwandtschaften ist von vorn herein verzichtet auf alle Bewegung in der Mitte des Volkes, auf allen Zusammenhang mit dem Strom des ganzen Lebens. Es ist ein aristokratisch abgefeimtes Quälerleben, höchst subtil, mit höchst spinnefeiner Dialektik der menschlichen Neigungen, ein Kabinetsstück des vornehm abgepferchten Salonlebens, an dessen glatten Felsenwänden der Hülferuf der duldenden Menschenseele wie ein sterbendes Echo schwach verhallt. Hätte Goethe nur den Meister und nicht auch die Wahlverwandtschaften geschrieben, so hätte man noch über die Möglichkeit träumen können, aus seiner Poesie einen Nationalroman hervorgehen zu sehen, in welchem das ganze volle deutsche Herz zu seinem Rechte gekommen.
Mit diesem Werke brach Goethe förmlich mit seinem Volke. Er hatte nie recht an eine Gesammtheit geglaubt, es nie

so zuversichtlich wie Schiller sich imaginirt, daß im Deutschen etwas Nationelles, das sich als ein Ganzes ideell fortbildet, schlummere. Dieser Glaube ist aber eine Religion für den deutschen Schriftsteller, diese Religion darf nicht aufgegeben werden.«

Zit. nach Hartmut Steinecke: Romantheorie und Romankritik in Deutschland. Bd. 2: Quellen. Stuttgart: Metzler, 1976. S. 120.

Theodor Mundt (1808–1861) in *Die Kunst der deutschen Prosa* (1837):

»Der gewöhnlichen Wirklichkeit ferner stehend, auf idealen Sonnenhöhen, wandelt die sanftgezügelte Sprache des Tasso und der Iphigenia dahin, während feinausgebildet, mit allen Rücksichten der Gesellschaft, die Wirklichkeit ihren angemessenen Stil im Wilhelm Meister und den Wahlverwandtschaften sich erschafft. Der Roman ist diejenige Kunstform, in welcher die Einheit von Poesie und Prosa schon durch die Idee des Kunstwerkes selbst geboten wird, indem die realen und gegebenen Lebensverhältnisse sich darin mit den höheren und allgemeinen Anforderungen der Weltansicht durchdringen. Die dichterische Prosa des Werther setzte sich aber in den beiden andern Romanen Goethe's auf ein geklärteres und ruhigeres Maaß der Diction zurück und fesselte die poetischen Ausschweifungen durch den geselligen Ton und Anstand der Darstellung, der eine bedeutsame Heranbildung auch des deutschen Privatlebens bezeichnet. Das radicale Element im Werther, das auch im Stil allen frei umherschwärmenden Natur- und Frühlingstrieben der Subjectivität folgt, ordnet sich im Wilhelm Meister und den Wahlverwandtschaften mit Grazie den Bedingungen der Gesellschaft unter, die mit aristokratischen Einflüssen die feingeschliffene Schreibart behaucht. Doch nimmt die Prosa auch hier nach Maßgabe des Inhalts einen größeren oder geringeren

Schwung, und versagt sich bei einer Erhebung ihres Gegenstandes keine Blüthen und Farben der Sprache, obwohl stets innerhalb einer leisen Nüancirung gehalten.«

Theodor Mundt: Die Kunst der deutschen Prosa. Repr. Nachdr. Göttingen: Vandenhoeck & Ruprecht, 1969. S. 350f.

Franz Grillparzer (1791–1872) in seinem Tagebuch (1841):

»Was in diesen ›Wahlverwandtschaften‹ am meisten stört, ist gleich von vornherein die widerliche Wichtigkeit, die den Parkanlagen, kleinlichen Baulichkeiten und dergleichen Zeug, fast parallel mit der Haupthandlung, gegeben wird. Es ist als ob man ein Stück aus Goethes Leben läse, der auch seine unvergleichlichen Gaben dadurch zum Teil paralysiert hat, daß er fast gleichen Anteil an derlei Zeitvertreib wie an den wichtigsten Angelegenheiten seines eigentlichsten Berufes nahm. Es soll aber eine Abstufung des Interesses geben, und was man an Nebensachen verschwendet, wird immer der Hauptsache entzogen. Durch dieses Ausspinnen der Nebensachen hat er sich zugleich zweitens den Raum genommen, den Chemismus seiner Wahlverwandtschaften gehörig ins Psychologische oder vielmehr Moralische zu übertragen. Die Charlotten springen nicht so leicht mit ihrer Neigung ab und es braucht eine große Stufenleiter von Ereignissen und Empfindungen bis die Ottilien der Verirrung, ja dem Vergehen auch nur im Gedanken Raum geben. Angedeutet ist manches: z. B. daß Charlotte früher selbst ein Verhältnis zwischen Eduard und Ottilien habe einleiten wollen, aber die abgeschmackten Parkgeschichten nahmen allen Raum zur genauern Entwicklung fort. Abscheulich ist, wie sie jetzt dasteht, die Geschichte jener ehelichen Nacht, gleich in Verbindung mit der Gelegenheitmacherei zwischen dem Grafen und der Baronesse.

Aber all das zugegeben, welch ein unendliches Meisterstück ist dieses Werk: An Menschenkenntnis, Weisheit und Empfindung, Darstellungsgabe, Charakterzeichnung und dichterischer Veredlung des scheinbar Gewöhnlichen hat es in keiner Literatur seinesgleichen. Vor dem fünfzigsten Jahre kann man es kaum völlig würdigen, aber es gehört ebensowohl zum Fluch als zum Segen des Gereiftseins, daß man es kann.«

Franz Grillparzer: Sämtliche Werke. Ausgewählte Briefe, Gespräche, Berichte. Hrsg. von Peter Frank und Karl Pörnbacher, Bd. 3. München: Hanser, 1964. S. 772 f.

Georg Gottfried Gervinus (1805–1871) in *Neuere Geschichte der poetischen National-Literatur der Deutschen*, 2. Teil (1842):

»In den ›Wahlverwandtschaften‹ (*1809*) und in den kleinen Erzählungen, die vereinzelt in dem Taschenbuch für Damen (seit *1809*) erschienen, und durch einen romantischen Faden unter dem Titel der Wanderjahre Meisters zusammengeschlungen werden und ein wunderlich anziehendes Ganze bilden sollten, huldigte Göthe theils dem Mährchengeschmack des Tags, theils anticipirte er den Uebergang zu der eigentlichen Novelle. Diese Gattung [...] vertrug sich vortrefflich mit jener neuen Neigung, dem Unbedeutenden Gewicht zu leihen: ›ganz einfache Lebensmomente werden darin aus herkömmlicher Gleichgültigkeit heraus und auf *ihre* bedeutende Höhe hervorgehoben.‹ Die Wahlverwandtschaften waren Anfangs auch nur auf eine kleine Erzählung berechnet, wie die übrigen, in denen das formale Prinzip der Romantiker vorwaltet und die wenig anderes Verdienst, als das der Erzählung haben; allein noch drängte sich hier ein Herzensantheil hinzu, der diesen Stoff ausdehnte, und dieses Werk zu dem Meisterstück der neuern Novellistik machte. Die

Wahlverwandtschaften sind übrigens darum nicht mehr mit jenem frischen pathologischen Antheil geschrieben; wie einst Werther; sie vergleichen sich vielmehr mit den Novellen des Cervantes grade dadurch, daß sie jene durchsichtige Helle, jene Plan- und Regelmäßigkeit im Entwurf und Ausführung, jene Quadratur der Anlage, jene gradlinige Richtung der Empfindungen und Leidenschaften, und die letzte Vollendung einer berechneten und mit künstlerischem Bewußtsein durchgeführten Darstellung an sich tragen. Die Entfaltung des Satzes: wie die Menschen nicht wissen, dem Dämon in sich selbst, der ursprünglichen Stimme der Natur zu folgen, und ihr mit Warnungen und Hemmungen sich offenbarendes Schicksal zu verstehen, wie sie ihm vielmehr oft entgegen treten und mit freier menschlicher Willkühr, wohl auch aus Pflichtgefühl zuwider arbeiten, und wie sie dieß ins Verderben zieht, die Verkörperung dieses Gedankens, sagen wir, ist so leicht durchgeführt und in so trefflichen Gegensätzen gehalten (wie z. B. Charlotte erst der Pflicht folgt, dann, durch ein *erlittenes* Unglück gemahnt, dem ersten und natürlichen Gefühle; Ottilie dagegen erst dem Gefühle, und dann, durch das *verursachte* Unglück geschreckt, der Pflicht), daß wir auch im Cervantes nur Einzelnes entfernter zu vergleichen wüßten; und dieß um so mehr, als ein Vorzug hinzukommt, den der ältere Meister nicht wohl haben konnte. Göthe schlingt wohlthuend durch die spannenden inneren Verhältnisse der Menschen die Geschichte des Parks hindurch und läßt angenehm in der Natur ausruhen, besänftigt hier für die Unruhe, die das leidenschaftliche Getriebe der Menschen aufregt, und hält den Leser mehr in einer harmonischen Stimmung, als es in den alten Novellen durch die Isolirung der moralischen Welt der Fall ist. In der ganzen legendarischen Wendung am Ende dagegen und manchen Einzelnheiten verfällt Göthe auch hier den romantischen Wunderlichkeiten des Tags. Bei der Aufnahme dieses Werks hatte Göthe von dem Materialismus der modernen Welt von neuem zu leiden. Was jene physikalischen Beziehungen angeht, die dem naturforschenden Dichter ein willkommenes Bild boten, so kritisirte man die Statthaftigkeit eines wissenschaftlichen Satzes, wo nur der Phantasie ein Symbol gegeben war, vor welcher alles statthaft ist, was sich als möglich fesseln läßt. Und was den moralischen Klagepunkt angeht, so hat sich Göthe mit Recht beschwert, daß das Publikum trotz der geübten poetischen Gerechtigkeit sich nicht zufrieden gab, das sich sonst immer über deren Vernachlässigung beschwert.«

Georg Gottfried Gervinus: Historische Schriften. Bd. 6. Leipzig: Engelmann, 1842. S. 710 ff.

Karl August Varnhagen von Ense (1785–1858) in seinem Tagebuch am 28. Juni 1843:

»General von Rühle erzählte mir [Varnhagen von Ense], Goethe selbst habe ihm einmal gesagt, er habe die erste Anregung zu den ›Wahlverwandtschaften‹ durch Schelling erhalten, wie Kapp in seinem Buche richtig bemerkt. In der Charlotte wollte man die Herzogin Luise erkennen, in dem Hauptmann den Freiherrn von Müffling, jetzigen Gouverneur von Berlin, in Luciane einige Züge des Fräulein von Reitzenstein, und so noch andre, – in dem Maler einen jungen Künstler aus Cassel. – Goethe sagte einmal zu Rühle: ›Ich heidnisch? Nun, ich habe doch Gretchen hinrichten und Ottilien verhungern lassen, ist denn das den Leuten nicht christlich genug? Was wollen sie noch Christlicheres?‹ – Das erinnert an die empörte Antwort, die er Knebeln wegen der sittlichen Bedenken desselben gegen die ›Wahlverwandtschaften‹ gab: ›Ich hab's auch nicht für Euch, ich hab's für die jungen Mädchen geschrieben!‹«

Gräf. Nr. 864.

Karl Gutzkow (1811–1878) in *Vom deutschen Parnaß* (1854):

»Die Schopenhauer, die Huber, die Hanke, die Tarnow[12] variirten mehr oder weniger in jedem ihrer Werke das Thema der Goethe'schen Wahlverwandtschaften, *die Liebe, die sich geirrt hat, die Ehe, die etwas Anderes besitzt, als was sie besitzen möchte.* Das Thema wurde später leidenschaftlicher und hitziger erörtert. Immer stärker erhoben sich die Anklagen gegen die vielen Veranlassungen, welche die moderne Welt darbietet, sich in der Liebe zu irren und vorzugsweise gegen die größte der bekannten Vexiranstalten nicht bei dem Rechten oder bei der Rechten angekommen zu sein, gegen die Ehe. Die originellste Erscheinung auf diesem Gebiete blieb wol die Gräfin Hahn-Hahn. Sie besaß dichterisch-lyrischen Fonds und Kenntniß der Welt genug, um das Thema der verfehlten Wahl nach allen Seiten hin zu variiren, bis sie, da ihr etwa Balzac's Witz und Humor nicht zu Gebote standen, mit dem herbstlichen Welken ihrer Gefühle auch dieser Lebensanschauungen überdrüssig wurde und vor dem Spiegel einer großen Selbstzufriedenheit die bekannte geistliche Toilette machte.«

Zit. nach: Hartmut Steinecke: Romantheorie und Romankritik in Deutschland. Bd. 2: Quellen. Stuttgart: Metzler, 1976. S. 242.

Joseph von Eichendorff (1788–1857) in seiner *Geschichte der poetischen Literatur Deutschlands*, Tl. 1 (1857):

»Sein ›Werther‹ läßt spielend und kämpfend seine natürlichen Gefühle in der ungebundensten Freiheit sich entwikkeln, und ›Wilhelm Meister‹ geht bei der Welt in die Lehre, die ihm alle seine Anlagen zu Fähigkeiten ausbilden soll;

12 Gutzkow bezieht sich hier auf die folgenden Schriftstellerinnen: Johanna Schopenhauer (1766–1838), Therese Huber (1764–1829), Henriette Hanke (1785–1862) und Fanny Tarnow (1779–1862).

während die humanistische Selbsterziehung in den ›Wanderjahren‹ zu einer förmlichen Universität des Menschengeschlechts erhoben ist, zu einer allgemeinen Weltbürgerei mit dem Wahlspruch: ›Wo ich nütze, ist mein Vaterland.‹ Hier wird anstatt der Hausfrömmigkeit eine Weltfrömmigkeit und demnach zu beliebiger Wahl gleichzeitig eine ethnische und eine philosophische Religion gelehrt, die christliche Religion dagegen, ›jene Verehrung des Widerwärtigen, Verhaßten, Fliehenswerten‹, dem Abiturienten zuletzt nur ausstattungsweise noch mitgegeben, damit er wisse, ›wo er dergleichen zu finden habe, wenn ein solches Bedürfnis sich in ihm regen sollte‹. – Allein die Zöglinge machen dieser Allerweltsschule keine sonderliche Ehre; sie führt den Werther zum Selbstmord, den Wilheim Meister zur ökonomischen Philisterei und die Helden der ›Wahlverwandtschaften‹ zum geistigen Ehebruch.
[...] seine unmittelbar aus der Gegenwart gegriffenen Romane: Werther, Wilhelm Meister und die Wahlverwandtschaften, sind ein fortlaufendes Epos der Bildung des Jahrhunderts, ihrer Leiden und Freuden, ihrer Irrtümer und Laster. Was seinen Helden fehlt, fehlt seiner Zeit, und kann nicht dem Dichter, sondern uns zum Vorwurf gereichen; und jedenfalls wird man aus jenem historischen Romanzyklus für alle Zukunft diese Zeit besser als aus den Geschichtsbüchern studieren und verstehen können.«

Joseph von Eichendorff: Werke. Bd. 3: Schriften zur Literatur. München: Winkler, 1976. S. 746ff.

FRIEDRICH HEBBEL[13] (1813–1863) an Emil Kuh am 16. Juli 1859:

»Zunächst habe ich Goethes Wahlverwandtschaften vorgenommen und es ist mir mit der Lectüre wunderlich gegangen. Der Roman scheint mir ungefähr aufgebaut, wie

13 Hebbels erste Stellungnahme zu den *Wahlverwandtschaften* ist dem Vorwort seines Dramas *Maria Magdalena* (1844) zu entnehmen.

Charlottens Mooshütte, die der Hauptmann mit so vielem Grunde tadelt; überall Stifte und Drähte, deren Zweckmäßigkeit einleuchtet, deren Schönheit aber äußerst zweifelhaft ist. Dieser Mittler, und der Gebrauch, den der Dichter von ihm macht; diese eingeschobene Novelle u.s.w. Die letzte Parthie kann ihre pathologische Wirkung auf das menschliche Gemüth freilich nicht verfehlen, aber das Ganze bezeichnet doch auf frappante Weise den Uebergang aus dem organischen Gebiet in das der Mosaik!«

Friedrich Hebbel: Sämtliche Werke. Hist.-krit. Ausg. Hrsg. von Richard Maria Werner. Bd. 6: Briefe. Berlin: Behr, 1906. S. 265.

THEODOR FONTANE (1819–1898): »Goethe, Die Wahlverwandtschaften« (1870):

»Über den Charakter Ottiliens

Ich weiß doch nicht, ob Ottiliens energische Ablehnung [...] psychologisch richtig ist. Sie liebt Eduarden mit einer Art von Unbefangenheit, die teils aus der Liebe selbst, namentlich aber daraus erwächst, daß sämtliche Personen über den Ehepunkt sehr *aufgeklärt*, in einem schönen Sinne *frei* denken. Diese wohlmotivierte, auch der Zeitanschauung völlig entsprechende Unbefangenheit läßt es durch Monate hin zu keiner Reue kommen, nun stirbt das Kind, und ›Gott hat ihr plötzlich auf eine schreckliche Weise die Augen geöffnet‹. Die Möglichkeit solcher Wandlung – wer wollte sie bestreiten. Aber ein göttliches Gesetz, ein unerbittliches, heiliges Gesetz, ist entweder da oder nicht da. *Ist* es da, d. h. für mich da, so muß ich schon im Beginn meines Fehltritts das schmerzliche Gefühl der Sünde haben, ist es aber für mich *nicht* da, stehe ich, samt meiner ganzen Umgebung, in einer sittlichen Anschauung, die sich dem Gesetz entzieht, so ist doch solche Wandlung sehr schwer. Wenn unser Schuldmaß nicht *sehr* schwer in die Waage fällt, so sind wir in sittlichen Dingen doch meist von den Anschauungen unserer Umgebung, von der Atmosphäre abhängig, in der wir leben.

Vielleicht muß man es so fassen. Sie (Ottilie) trägt das geoffenbarte Gesetz in sich, ihre sittliche [...] und das göttliche Gesetz decken einander. Ein rätselvoller Zug der Natur aber zwingt ihr einen Ehebruch, in wie feiner Gestalt auch, beinah auf, und die sittliche Anschauung des Hauses wie der Zeit ist derart, daß die immer vorhandene Gewissensstimme eingelullt wird. Erst der Tod des Kindes, das Mißbilligungs-, das Zorneszeichen, das Gott gibt, macht das bis dahin eingelullte Gewissen – eingelullt ebensosehr durch eine gewisse Vorstellung von dem *Recht* des Herzens wie durch die Anschauungen der Umgebung – plötzlich wach. Nun ist alles Kommende natürliche Folge.

Aber es will mir scheinen, daß dies nur eingeschläferte, aber von Anfang an *vorhandene* Gewissen, dies Stehen in der heiligen Überlieferung, dies sich eins Wissen damit, in der ersten Hälfte des Romans mehr betont werden müßte. So ist das erwachte Gewissen plötzlich da, ohne daß wir vorher empfunden haben: es schläft nur.

Eine schöne Menschlichkeit, ein feiner Individualismus, dem das *natürliche* Gesetz zur Seite steht, tritt in Konflikt mit dem geoffenbarten, *göttlichen* Gesetz und unterliegt ihm wie immer. Nicht die Natur, das Darüberstehende bleibt Sieger.«

Theodor Fontane: Aufzeichnungen zur Literatur. Ungedrucktes und Unbekanntes. Berlin/Weimar: Aufbau-Verlag, 1969. S. 17f.

Heinrich Kurz (1805–1873) in seiner *Geschichte der deutschen Literatur* (1876):

»Wir wenden uns endlich zu den Romanendichtern, welche seit den Freiheitskriegen und besonders in den zwanziger Jahren bis zu Ende des Zeitraums aufgetreten sind. Im Allgemeinen waren die Zeitverhältnisse, wie für das

Drama, so auch für den Roman, höchst ungünstig; es wurde durch sie, wie wir schon früher ausführlicher entwikkelt, die Gleichgültigkeit in den Lebensanschauungen und mit ihr die Frivolität mächtig befördert. Es ist daher auch erklärlich, daß *Göthe's* ›Wahlverwandtschaften‹, obgleich schon mehrere Jahre vorher erschienen, jetzt erst einen größeren Einfluß ausübten, und zwar leider nur in Bezug auf den Inhalt, die Wahl und die Durchführung der Stoffe, nicht aber auch in Bezug auf die künstlerische Behandlung und die Sprache, die immer schwächlicher, süßlicher, unwahrer wurde.«

Heinrich Kurz: Geschichte der deutschen Literatur. Bd. 3. Leipzig: Teubner, [7]1876. S. 515.

Wilhelm Scherer (1841–1886) in seiner *Geschichte der deutschen Litteratur* (1883):

»Ottilie, die Hauptfigur des Romanes, erscheint mit vielen individuellen Eigenschaften porträtartig ausgestattet, worunter jedoch die typisch bezeichnenden sich herrschend hervorheben. Sie wird nach zwei Seiten hin contrastirt: einmal mit Charlotte, und dann mit Luciane, Charlottens Tochter aus erster Ehe. Dort unterscheidet sich das Mädchen von der Frau, hier ein Mädchen vom andern. Charlotte ist ein abgeschlossener Character, Ottilie noch in der Entwickelung begriffen; jene ist bewußt, diese instinctiv; jene handelt mit überlegener Einsicht nach dem allgemeinen Gesetz, diese ganz aus persönlichem, aber reinem Gefühl; jene kennt das Leben und sieht die Welt mit selbständigem Blicke, während diese wie blind dahin wandelt und sich von anderen, besonders von dem Geliebten leiten läßt, bis es ihr schrecklich tagt und ihr unter bitteren Leiden die Wahrheit über Leben, Liebe und Pflicht aufgeht. Luciane ihrerseits besitzt alle Eigenschaften, mit denen man unter den Menschen gut fortkommt; Ottilie alle Eigenschaften, um andere zu beglücken. Luciane weiß sich Alles dienstbar zu machen; Ottilie bemüht sich, Allen zu dienen. Jene ist glänzend, diese bescheiden; jene egoistisch, diese hingebend. Luciane tritt erst im zweiten Theil auf. Da lernen wir auch zwei Bewerber Ottiliens näher kennen, und beide stehen wieder im Contrast zu einander: der Architect und der pädagogische Gehilfe aus der Anstalt, in welcher Ottilie und Luciane erzogen wurden. Jener ist Künstler, dieser Practiker; jener Romantiker, dieser Rationalist; jener vertritt die Poesie, dieser die Prosa. Jener versetzt die Geliebte als Engel in den Himmel seiner gothischen Kapelle und überredet sie, als heilige Maria im lebenden Bilde zu figuriren; dieser glaubt ihr einen angemessenen Wirkungskreis zu eröffnen, wenn er sie zur Pensionatsvorsteherin erhebt.«

Wilhelm Scherer: Geschichte der deutschen Litteratur. Berlin: Weidmann, [7]1894. S. 683.

Hermann Hesse (1877–1962) an seine Eltern am 14. Juni 1896:

»Allmählich lese ich die schon gelesenen Werke Goethes wieder mehrmals durch und bin gerade an den Wahlverwandtschaften, einem seltsamen Buch, das als Ganzes mir sehr imponiert und dessen Details mich doch selten anziehen – das Gegenteil vom Wilhelm Meister und Faust II!«

Kindheit und Jugend vor Neunzehnhundert. Hermann Hesse in Briefen und Lebenszeugnissen. Bd. 2. Frankfurt a. M.: Suhrkamp, 1978, S. 115. –

2. 20. Jahrhundert

Oskar Walzel (1864–1944): »Goethes *Wahlverwandtschaften* im Rahmen ihrer Zeit« (1906):

»Der Roman setzt sich [...] zur kantischen Sittlichkeit in Gegensatz, wenn er der Wahlverwandtschaft Eduards und

Ottiliens eine naturphilosophisch gedachte Gesetzmäßigkeit leiht, sie durch eine chemische Analogie aus der Welt der Willkür und des Zufälligen zu einer Höhe emporhebt, in der eine Notwendigkeit herrscht. Allein Goethe bleibt hier nicht stehen; daß auch diese Naturnotwendigkeit durch den Willen überwunden werden kann, zeigt er an Ottilien. Dem Schicksal, das (im Sinne Abekens und Solgers) in dieser Naturnotwendigkeit ihr bezwingend entgegentritt, weiß sie erfolgreichen Widerstand zu leisten. So wird sie dem kategorischen Imperativ gerecht, den Schiller ja auch – mag er im einzelnen mannigfach von Kant abweichen – nie aufgegeben hat. Ganz im Sinne Schillers wird Ottilie in dem Augenblick vom Schicksal erhoben, als das Schicksal sie zermalmt. Und eben durch diese Wendung kommt die ›Idee‹ der ›Wahlverwandtschaften‹ zu ihrer reinsten Entwicklung.

Nicht bloß eine Rettung der von den Romantikern bedrohten Ehe, sondern eine Korrektur der ganzen romantischen Ethik liegt in dem Roman. Groß gedacht war die romantische Anschauung einer organischen Ethik. Allein die Forderung, daß der Mensch seine Persönlichkeit im Sinne des natürlichen Gesetzes ausbilde, das in seiner Brust schlummert, ist im Leben sehr schwer zu erfüllen. Wie soll er das Gesetz richtig erkennen? Wie soll er nicht Falsches mit Echtem verwechseln, nicht lockend irreführende Wünsche des Herzens für Ansprüche des ihm innewohnenden Gesetzes halten? Ebendarum liegt ja Leben und Dichtung der Romantik so weit ab von den großen Gedanken ihrer Theorie.

Um solchen Irrwegen zu entgehen, bleibt immer noch der beste Rat, Kants ethisches Gebot festzuhalten. Und anders meint Goethe es nicht.«

Oskar Walzel: Vom Geistesleben alter und neuer Zeit. Leipzig: Insel-Verlag, 1922. S. 428f. –

Hugo von Hofmannsthal (1874–1929) in seinem Essay *Balzac* (1908):

»Goethe ist in gewissem Sinne leichter zu lesen, und wer liest ihn nicht? Obwohl er eine seiner tiefen und subtilen Einsichten aussprach, als er sagte, seine Schriften seien nicht geschaffen, populär zu werden, und ihr wahrer Gehalt werde immer nur einzelnen aufgehen, die ähnliches in sich durchgemacht hätten, so scheinen dieser einzelnen heute so viele zu sein, daß die Wahrheit seines Wortes beinahe wieder aufgehoben ist. Aber wer sich eines seiner Werke aufs neue aneignen, wer ›Hermann und Dorothea‹, den ›Wilhelm Meister‹, die ›Wahlverwandtschaften‹ genießen will, muß sich mit schon gereinigten Sinnen dem Buche nähern. Er muß viel von sich, von der Atmosphäre seines Lebens draußen lassen. Er muß die Großstadt vergessen. Er muß zehntausend Fäden seines augenblicklichen Fühlens, Denkens und Wollens durchschneiden. [...] Er muß der ewigen Sterne gedenken und sich durch sie heiligen. Dann freilich ist es beinahe gleichgültig, welches von Goethes Werken er aufschlägt: überall umfängt ihn die gleiche gesteigerte und verklärte Wirklichkeit. Ihn umgibt in Wahrheit eine Welt, ein Geist, der eine Welt ist. Die Sentenzen und die Gestalten, eine Idee oder die Beschreibung einer Naturerscheinung, ein Vers oder Mignon oder Ottilie, alles ist die gleiche göttliche, strahlende Materie. Hinter jeder Zeile fühlt er den Bezug auf ein Ganzes, auf eine erhabene Ordnung. Die ungeheure Ruhe eines ungeheuren Reichtums legt sich beinahe bedrückend auf seine Seele, um diese Seele dann grenzenlos beglückend emporzuheben. – Aber dieser Arm, der zu den Sternen heben kann, umschlingt nicht jeden. Auch der lebendige Goethe gab sich nur wenigen und diesen nicht zu jeder Stunde. Wer mit unruhiger Hand danach greift, dem verschließt sich ein Gebilde wie die ›Wahlverwandtschaften‹, wie eine Muschel sich zuklappt. Solchen erscheint Goethe kühl, fremd, sonderbar. Er imponiert mehr, als er einnimmt. Sie verschieben es, ihn zu lesen – auf ruhigere Tage, oder auf eine Reise. Oder er macht, daß sie sich nach ihrer Jugend sehnen, nach einer höheren Empfänglichkeit. Er scheint ihnen künstlich, er, der die Natur selbst war, und kalt, er, dessen Liebesblick noch das starre Urgestein mit Wärme durchdrang. Sie suchen nach einer Vorbereitung, ihn zu genießen. Sie greifen nach einem Erklärer oder nach den wunderbaren Briefen und Gesprächen, in denen er sich selbst kommentiert, und erst auf diesem Umweg kommen sie wieder zu seinen Werken zurück.«

Hugo von Hofmannsthal: Prosa II. Frankfurt a. M.: S. Fischer, 1951. S. 380 f.

André François-Poncet (1887–1978): »Der sittliche Gehalt der *Wahlverwandtschaften*. Das Schicksalhafte« (1909):

»Goethe hat sich in den ›Wahlverwandtschaften‹ ganz offenbar die Darstellung eines moralischen Problems zur Aufgabe gestellt. Er bezeichnet selbst den Roman in einer der Veröffentlichung vorausgehenden Anzeige, die Cotta ins ›Morgenblatt‹ setzte, als ›einen sittlichen Fall‹. Wie wir feststellen konnten, war das Problem bereits in den ersten Kapiteln des Romans klar und deutlich formuliert. Die Parallele der Reden Mittlers und des Grafen erscheint lediglich als Hinweis auf seine allgemein menschliche Bedeutung. Das den ›Wahlverwandtschaften‹ zugrunde gelegte Thema, die psychologische Krisis, erschöpft sich in jener anfänglich gestellten Frage: Wird die Liebe aus dem heraufbeschworenen Konflikt mit der Ehe als Siegerin hervorgehen? Die Fragestellung läßt an Deutlichkeit nichts zu wünschen übrig – dennoch wird man nicht behaupten können, daß sie in eine eindeutige Lösung münde.«

André François-Poncet: Goethes Wahlverwandtschaften. Mainz: Kupferberg, 1951. S. 206.

»Bei den Zeitgenossen wie bei späteren Kritikern – allen Nuancen persönlicher Auffassungen und der scheinbaren babylonischen Begriffsverwirrung zum Trotz – behaupten sich grundsätzlich zwei Deutungen. Die erste sieht in den ›Wahlverwandtschaften‹ einen Schicksalsroman; die Helden sind der Spielball von Ereignissen und Gefühlen, die sie weder vorauszusehen noch aufzuhalten vermögen und die sie mit sich reißen in den Abgrund. Der zweite Deutungsversuch zeigt die menschliche Willensfreiheit als eine dem heftigsten Verlangen und Bedürfnis der Natur überlegene Macht, die alle zusammenwirkenden niederdrükkendsten Umstände triumphierend zu überwinden vermag. Die Frage nach dem sittlichen Gehalt der ›Wahlverwandtschaften‹ scheint uns mit diesen beiden Hypothesen unlösbar verbunden. Wer den Roman als dichterische Gestaltung des unausweichlich Schicksalhaften auffaßt, sieht ihn als unmoralisch an. Wer ihn als eine Verherrlichung der sittlichen Freiheit des Menschen empfindet, bezeichnet ihn damit als moralisch.«

Ebd. S. 210.

Jakob Wassermann (1873–1934): Vorrede zu Goethes *Wahlverwandtschaften* (1913):

»Es scheint ein Gesetz zu sein, daß die großen Kunstwerke unmittelbar nach ihrem Entstehen den Zeitgenossen ein verzerrtes Bild darbieten; es scheint, als blendeten sie mehr, statt zu leuchten, und als ob sie erst in der Zeitenferne in ihrer wahren und unvergänglichen Gestalt erkennbar seien. Desungeachtet waren die Stimmen vieler Freunde von ehrfürchtiger Bewunderung erfüllt, und das Urteil derer, die in Goethes Atmosphäre lebten und aus ihr die geistige Nahrung zogen, hat dem Werk schon damals jenen Platz eingeräumt, auf welchem es unnahbar seit einem Jahrhundert thront.«

Jakob Wassermann: Bekenntnisse und Begegnungen. Hrsg. von Paul Stöcklein. Bamberg: Verlag Bamberger Reiter, 1950. S. 66.

WALTER BENJAMIN (1892–1940): »Goethes *Wahlverwandtschaften*« (1924):

»Das Verständnis der Wahlverwandtschaften aus des Dichters eigenen Worten darüber erschließen zu wollen, ist vergebene Mühe. Gerade sie sind ja dazu bestimmt, der Kritik den Zugang zu verlegen. Dafür aber ist der letzte Grund nicht die Neigung, Torheit abzuwehren. Vielmehr liegt er eben in dem Streben, alles jenes unvermerkt zu lassen, was des Dichters eigene Erklärung verleugnet. Der Technik des Romanes einerseits, dem Kreise der Motive andererseits war ihr Geheimnis zu wahren. Der Bereich poetischer Technik bildet die Grenze zwischen einer oberen, freiliegenden und einer tieferen, verborgenen Schichtung der Werke. Was der Dichter als seine Technik bewußt hat, was auch schon der zeitgenössischen Kritik grundsätzlich erkennbar als solche, berührt zwar die Realien im Sachgehalt, bildet aber die Grenze gegen ihren Wahrheitsgehalt, der weder dem Dichter noch der Kritik seiner Tage restlos bewußt sein kann. In der Technik, welche – zum Unterschied von der Form – nicht durch den Wahrheitsgehalt, sondern durch die Sachgehalte allein entscheidend bestimmt wird, sind diese notwendig bemerkbar. Denn dem Dichter ist die Darstellung der Sachgehalte das Rätsel, dessen Lösung er in der Technik zu suchen hat. So konnte Goethe sich durch die Technik der Betonung der mythischen Mächte in seinem Werke versichern. Welche letzte Bedeutung sie haben, mußte ihm wie dem Zeitgeist entgehn. Diese Technik aber suchte der Dichter als sein Kunstgeheimnis zu hüten. Hierauf scheint er anzuspielen, wenn er sagt, er habe den Roman nach einer Idee gearbeitet. Diese darf als technische begriffen werden.«

Walter Benjamin: Gesammelte Schriften. Hrsg. von Rolf Tiedemann und Hermann Schweppenhäuser. Bd. 1,1. Frankfurt a. M.: Suhrkamp, 1974. S. 145 f. –

Thomas Mann (1875–1955): »Zu Goethe's *Wahlverwandtschaften*« (1925):

»Und was denn also 1809, nach zweijähriger Arbeit, nachdem der Sechzigjährige ›was er vermochte, daran gewendet‹, bei Cotta in Tübingen ans Licht kam, war ein Kapitalwerk des Dichters, ein wohlausgewachsener Roman in zwei Teilen und Bänden, – der größte nicht, aber der höchste der Deutschen.
Er ist unser höchster, darum haben wir ihn gewählt: ein Gebild, so mondän wie deutsch, ein Wunderding an Geglücktheit und Reinheit der Komposition, an Reichtum der Beziehungen, Verknüpftheit, Geschlossenheit. Denn Rochlitz hatte recht, als er an Goethe schrieb: ›So sehr die Ausbeugungen, betrachtet man sie einzeln für sich, diesem zu widersprechen scheinen, so sehr bestätigen sie es, siehet man sie im Ganzen und aus dem Ganzen an.‹ Es ist ein Werk von so zarter und unerbittlicher Kenntnis des Menschenherzens, so ausgeglichen in Güte und Strenge, Klarheit und Geheimnis, Klugheit und Ergriffenheit, Form und Gefühl, daß wir es nur mit Staunen das unsere nennen.«

Thomas Mann: Gesammelte Werke. Bd. 9: Reden und Aufsätze. Frankfurt a. M.: S. Fischer, 1960. S. 175. –

Carl Sieber (1897–1945): »Rilkes äußerer Weg zu Goethe« (1936):

»Die Reihenfolge, in der Rilke Goethe las, ist sehr merkwürdig: es ist keinerlei Plan erkennbar, Rilke las ja auch ohne irgendwelche Anleitung. Ob Rilke je den Faust gelesen hat, ist aus seinen Briefen bisher nicht zu sehen, und ob Rilke eine Goethe-Biographie gelesen hat, ist gleichfalls nirgends festzustellen. Die Veranlassung, zu lesen, wurde meist erst von außen an ihn herangetragen, im üb-

rigen las er, was gerade bei irgendeinem Ereignis in seinem Lebenskreise ihm passend schien.
Schon als er Ende Juni 1892 die Handelsakademie Linz wegen eines Liebesabenteuers verließ, suchte er ein gleiches Erlebnis in seinem Goethe, der, als er von dort nach Prag abreiste, ›den besten Platz im Koffer‹ bekam. Er findet die Analogie in den Wahlverwandtschaften, bezeichnenderweise nicht im Werther, und gesteht: ›dieses Buch hat mich aber derart angegriffen, daß ich den ganzen Abend geweint habe‹.[14] Ist es die sittliche Strenge des Romans, die den auch gesundheitlich erschütterten René Rilke bis zu Tränen rührte, oder sah er sich in Eduard gespiegelt, dem ›Lebensdilettanten‹ (Walzel)? Wir wissen es nicht, weil das den Linzer Hintergrund bildende Abenteuer unserer Kenntnis entzogen bleibt. Rilke schreibt nur an die Mutter am gleichen Tage: ›es ist so wundervoll, so natürlich aufgefaßt – es ist halt – Goethe‹.«

Dichtung und Volkstum 37 (1936) S. 51.

Peter Suhrkamp (1891–1959): »Goethes *Wahlverwandtschaften*« (1944):

»Als etwas Funkelndes, Geschliffenes, Zaubervolles steht die Novelle ›Die wunderlichen Nachbarskinder‹ in dem Massiv des Romans, wie ein Edelstein in gewöhnlichem Felsgestein steckt. In der Konzentration durch die Novellenform ist diese Wirkung zunächst angelegt, dann wird sie erhöht durch eine Steigerung im Gang der Ereignisse zum Schauspielhaften und in den Chören der Mütter, der Väter, des glücklichen jungen Paares am Schluß ins Opernhafte. Das derart völlig Herausgehobene über unsere Seinswelt bewirkt das Verzauberte; die Novelle bekommt etwas von der Endgültigkeit eines Märchens. Wir davor sind Schauende, suchen nicht nach der Kausalität in

14 Rilke an seine Mutter, 1892.

dem Geschehen oder überhaupt nach Motiven, sondern durchschauen alles. Das Gesetz allen Geschehens wird in wunderbarer Einfachheit und Vollständigkeit dem Geist gegenwärtig. Das Geschehen ist in den Spiegel des durchaus Geistigen gebannt, ohne darin abstrakt zu erscheinen. Diese Novelle allein würde schon die Bedeutung der Romanpartie, in der sie steht, innerhalb der Komposition hervorheben.

Gegenstand der Novelle ist Leidenschaft, Leidenschaft von echter Natur. Der Rahmen, in dem sie gezeigt wird, ist wieder die gute Gesellschaft. Leidenschaft ist auch der Geist, der die Vorgänge des Romans in Bewegung hält: sie schafft Verwirrungen, wirft aus der Bahn, bringt den Tod, auch Charlotte und der Hauptmann sind von ihrem Atem innerlich versengt, so daß sie nur als Erstarrte, als Schatten noch weiter leben können. Ein Gleichnis, denkt man zunächst, wäre die Novelle, und es ließen sich parallele Züge finden, vor allem im Hinblick auf das richtige Maß, mit dem im Roman gemessen werden soll. Aber in der Novelle ist alles völlig anders. Nur ein Zug ist da, der auch bei den Menschen des Romans auffiel: die Unverläßlichkeit. Hier wird sie an dem Nachbarmädchen deutlich; weder ist sie ihrer selbst sicher, noch können die Eltern, die Nachbarn und Freunde sich auf sie verlassen. Das Zerstörerische der Leidenschaft, das in dem Roman zur vollen Herrschaft kommt, deutet sich in der Novelle als Gefahr an. Das Mädchen verstrickt sich wiederholt in seltsamen Wahn; das Bedrohliche der Leidenschaft scheint da auch ein Element dämonischer Art. Die Vereinigung des wunderlichen Nachbarkinderpaares am Schluß, das zueinander gehört und durch die Eltern von Anfang an für einander bestimmt war, geschieht durch einen Zauber wie in einem Märchen. In jedem Märchen waltet der böse Zauber und der gute Zauber; am Schluß der Novelle steht der gute Zauber, die Entzauberung: das Paar erscheint vor seinen Eltern als vollendetes ländlich-bäuerliches Brautpaar, und die Eltern erkennen im Augenblick ihr Eigenstes nicht, weder in den Gestalten noch in dem Verlöbnis. Die Novelle könnte schließen: ›Und danach lebten sie lange und glücklich miteinander, und wenn sie nicht gestorben sind‹ – mit jenem Schluß, der die Endgültigkeit jedes Märchens bestätigt und dem kein Zauber mehr folgt.«

Peter Suhrkamp: Ausgewählte Schriften zur Zeit- und Geistesgeschichte. Frankfurt a. M.: Suhrkamp, 1951. S. 276f. – © 1951 Suhrkamp Verlag, Frankfurt am Main.

Henry Hatfield (geb. 1912): »Zur Interpretation der *Wahlverwandtschaften*« (1948):

»Von seinem Erscheinen an hat der Roman [...] die verschiedensten Meinungen hervorgerufen, Meinungen, die oft in sehr starken Worten Ausdruck fanden. In der Tat behandeln wenige Werke Fragen, die mit so großer Wahrscheinlichkeit die tiefsten Überzeugungen und Gefühle des Lesers berühren: Liebe, Ehe, das Wesen der Sittlichkeit, die Macht des Willens gegenüber der Leidenschaft. Eben diese Tatsache, daß die behandelten Probleme so fundamental sind, erklärt zum Teil das weite Auseinanderklaffen der Interpretationen; wenn des Lesers sittliche und religiöse Überzeugungen betroffen sind, dann fällt ihm ein objektives Urteil schwer.

Auch unter hochintelligenten Kritikern gibt es keine Annäherung in Richtung auf eine einheitliche Meinung. Die Ansicht, daß die ›Wahlverwandtschaften‹ ein unmoralisches oder zumindest ein amoralisches Werk sind, eine Ansicht, die im 19. Jahrhundert weit verbreitet war, wird heute allgemein abgelehnt [...].«

Goethes Roman »Die Wahlverwandtschaften«. Hrsg. von Ewald Rösch. Darmstadt: Wissenschaftliche Buchgesellschaft, 1975. S. 175. [Zit. als: Rösch.]

Hans Heinrich Borcherdt (1887–1964): »Spätklassisches und spätromantisches Schicksalsbewußtsein. Goethes *Wahlverwandtschaften*« (1949):

»Man muß sich aber darüber klar sein, daß kein Geringerer als Goethe dem spätromantischen Schicksalsgedanken mit den *Wahlverwandtschaften* den Weg bereitet hat, und zwar zu demselben Zeitpunkt, an dem er Zacharias Werner auf die Motivwelt des *24. Februar*, dieser ersten Schicksalstragödie, hinwies. Freilich handelt es sich bei Goethe nicht um den Glauben an irrationale Schicksalsmächte voll dämonischer Tücke, sondern um die ehrfurchtsvolle Anerkennung geheimnisvoller Naturgesetze, die in ihrer bindenden Gewalt gegenüber den ethischen Postulaten erst dem alten Goethe nach dem Tode Schillers zum Bewußtsein gekommen waren. Diese Erkenntnis höchster Gesetzlichkeit bestimmt auch den kompositionellen Aufbau des ganzen Werkes. Innere und äußere Form erleben also gegenüber der hochklassischen Zeit einen völligen Wandel, der sich in seiner ganzen Tragweite erst erschließt, wenn man sich zunächst das Zusammenwirken von Motiven, Idee und kunstvoller Gliederung vor Augen führt.«

Hans Heinrich Borcherdt: Der Roman der Goethezeit. Urach/ Stuttgart: Port, 1949. S. 476.

Paul Stöcklein (1909–1992): »Stil und Geist der *Wahlverwandtschaften*« (1951/52):

»Goethe hat nie verschlossener, lakonischer, verschwiegener erzählt als hier; manchmal ist es, als scheue er sich, heilige Bilder preiszugeben. Der Sinn muß erraten werden.
Der Roman, über den Goethe einen damals modernen Fachausdruck der Chemie (ein ›Kunstwort‹, wie es heißt) gesetzt hat, befremdet den (vielleicht Stimmung suchenden) modernen Leser durch eine analytische, fast wissenschaftlich lehrhafte, kühl antiromantische Erzählweise.

Der Erzähler hat sich seine Form in einer gewagten Verbindung der psychologischen Novelle (auch der Anekdote) mit der goetheschen ›Wissenschaft‹ von den Naturgesetzen des menschlichen Herzens und der Gesellschaft konstruiert. Hatte Goethe schon den ›Meister‹ ein Pseudoepos genannt, so gilt dies auch verändert für diesen Roman; auch er ist nicht frei von den Spuren der Arbeit; in ihm hat sich der psychologische Roman seine erste, noch nicht vollkommene, aber höchst zukunftsreiche Form geschaffen.
Was bedeutet in diesem Roman ›Wissenschaft‹? Nicht nur den kleinen Kursus Chemie oder die pädagogischen Vorträge des ›Gehülfen‹! Jedes Wort, jedes Tun und Gebaren, ja alles, was ›passiert‹, wird von einem ausdruckswissenschaftlichen Geiste notiert und gewissermaßen als graphologisches Zeugnis ausgewertet (nicht zufällig spielen sogar graphologische Einzelheiten eine Rolle).
Alles muß der Leser mit Wachheit, mit durchschauendem Sinn und verknüpfendem Weltverstand aufnehmen und darf nie einer Erwartung von Lyrischem Raum geben. [...]
Der Erzählende kann uns allmählich deutlich werden aus Tonfall und Gebärde, deutlich bis zur Erscheinung seines Gesichtes. Goethe erzählt hier jedenfalls ganz anders als in dem unmittelbar darnach begonnenen farbigen Erzählwerk ›Dichtung und Wahrheit‹. Hinter diesem einfachen klaren Tonfall, der niemals schwankt, auch wenn das Erregendste zu erzählen ist, hinter diesem weltkundigen ›hohen Konversationston‹, der in seiner Gesellschaftlichkeit die Äußerung persönlicher Gefühle oder behagliches Malen ausschließt, hinter dieser lakonischen Erzählweise, die gelassen Tatsachen an Tatsachen scharfäugig und vieldeutig knüpft, hinter dieser (zu klassischer Einfachheit stilisierten) Hofsprache des 18. Jahrhunderts, zu der kein lebenswarmer Hauch aus den Gründen der Volkssprache gedrungen zu sein scheint, hinter all dem taucht allmählich immer deutlicher ein faszinierendes Gesicht auf, das

Gesicht des Erzählers: ein grauhaariges, gepflegtes, vornehmes, faltengeprägtes Gesicht, fraglos noch aus dem echten 18. Jahrhundert, dem eleganten und rationalen, vergleichbar dem des Abbé aus den ›Unterhaltungen‹, doch weltläufiger, härter und geheimnisvoller. Dieser Erzähler im Empiresessel scheint für einen Club erfahrenster Weltleute zu erzählen, für die ein Wink genügt.«

Zeitschrift für deutsche Philologie 71 (1951) S. 47 ff.

Emil Staiger (1908–1987): »Die Wahlverwandtschaften« (1956):

»Goethe hat keine Vermessenheit und keinen Selbstbetrug zu büßen. Wir meinen aber zu sehen, daß auch ihm sich der Verführer naht und Trost in himmlischen Räumen verspricht. Je folgerichtiger er das Schicksal Eduards und Ottiliens durchführt, desto dringender wird das Bedürfnis, auszubrechen und sich unsichtbaren Armen anzuvertrauen. Er prüft die Möglichkeit; er verwirft sie; er schließt sie wenigstens nicht ganz aus. Dann aber bleibt er in der Schwebe: Er läßt das Unbekannte offen und hält an der Würde des Menschen fest. So steht er zur Romantik ähnlich wie seinerzeit zum Sturm und Drang. Damals fühlte er sich zu einer titanischen Selbstherrlichkeit versucht und widerstand ihr; schon in Frankfurt besann er sich auf die Grenzen der Menschheit. Jetzt, da die Selbstpreisgabe lockt, versichert er sich der freien Vernunft. Ihre Herrschaft ist bedroht. Sie ist vielleicht sogar ein Wahn. Doch kein nach menschlichem Vermögen erforschtes Schicksal widerlegt sie unumstößlich, und kein Wunder hat uns jemals der Verpflichtung, ihr zu folgen, überhoben. So gilt es, in Geheimnis und in Klarheit auszuharren […].«

Emil Staiger: Goethe. Bd. 2. Zürich: Atlantis, [3]1962. S. 514 f. – Mit Genehmigung von Hans-Rudolf Staiger, Zürich.

Kurt May (1892–1959): »Goethes *Wahlverwandtschaften* als tragischer Roman« (1957):

»Für ein sozialgeschichtliches Interesse ist die Welt, in der in den ›Wahlverwandtschaften‹ gelebt wird, überwiegend verkörpert von Vertretern einer müde und passiv gewordenen Aristokratie, die noch ganz unberührt ist von den revolutionären Erschütterungen. Die ethischen, religiösen, auch die kunstschöpferischen Substanzen sind in diesem Lebenskreis schwach geworden. Man erinnert sich der bitteren Anklage Fichtes, des Redners an die deutsche Nation vom Winter 1807 gegen die Selbstsucht der einzelnen und der Stände in Deutschland als Wurzel aller anderen Verderbtheit. Im Goetheschen Roman verkörpert die Figur der Luciane eine ins Spielerische entartete Rokokogesellschaft. Die wenigen bürgerlichen Personen des Romans bleiben im Hintergrund mit selbstgefällig nutzlosem Salbadern oder mit lehrhaft wohlmeinenden Reden über das Wahre, Gute und Schöne. Auch die Besseren, wie der Gehilfe, stehen hilflos auf der Szene, wo die tragischen Opfer fallen müssen. Aus solcher Welt werden Ottilie und Eduard hinausgedrängt. Hier können sie nicht atmen, weil sie hier nicht lieben dürfen, und als Liebende können sie das Gesetz der sittlichen Ordnung nicht erfüllen, das den Bruch der heiligen Ehe verbietet. Die gesellschaftliche Welt, die zurückbleibt hinter den beiden Abgeschiedenen, liegt in tiefem Schatten, wie reif zu ihrem eigenen Untergang. Nur die Natur dauert fort in ewiger Gesetzlichkeit und Schönheit.«

Kurt May: Form und Bedeutung. Interpretationen deutscher Dichtung des 18. und 19. Jahrhunderts. Stuttgart: Klett-Cotta, 1957. S. 108f. –

Keith A. Dickson: »Raumverdichtung in den *Wahlverwandtschaften*« (1965):

»Die einmalige Eigenart von Goethes realistisch-symbolischer Szenerie in den ›Wahlverwandtschaften‹ liegt in ihrer Fähigkeit, dem Leser das Zusammenspiel von Charakterzügen und Wechselbeziehungen zu vermitteln, das bis zur Entwicklung der *stream-of-consciousness*-Technik im Roman kaum durch irgendein anderes Mittel hätte übertragen werden können. Und man kann sicher von einer klassischen Sparsamkeit in Goethes Romankunst sprechen, neben der die sprachliche Feuerwerkskunst eines James Joyce oder das monumentale ›Themengewebe‹ eines Thomas Mann äußerst barock erscheinen.«

Rösch. S. 349.

Gonthier-Louis Fink (geb. 1928): »Goethes *Wahlverwandtschaften*. Romanstruktur und Zeitaspekte« (1971):

»Durch die Komplexität der Romanstruktur, die anscheinend überraschenden Wendepunkte, die nuancierte Verwendung der verschiedenen Zeitaspekte, durch die Haltung des Erzählers gegenüber der Wirklichkeit und seine begrenzte Optik, durch die Vielschichtigkeit der Symbolik ist dieser Roman zweifelsohne modern. Durch die extreme Vereinfachung der Handlung und die tiefe Einheit des Werkes, die hinter der scheinbaren Vielfältigkeit der Themen und der Gestalten durchleuchtet, verriet Goethe aber auch klassischen Stilwillen, denn nicht zuletzt war er bemüht, das Problem der Kontinuität, das ihn schon während der klassischen Zeit beschäftigt hatte, in den Vordergrund zu stellen. Wie in den ›Lehrjahren‹ erinnerte er an die Werte, die das Individuum gegen den Ansturm der feindlichen Kräfte beschützen können, aber in dem Bewußtsein, daß die moralisch-soziale Krise die Gesellschaft selbst und ihre Kultur mitfortzureißen drohte, stellte er seiner Zeit gleichsam als Warnung die Ethik der Entsagung entgegen, die er dann in den ›Wanderjahren‹ weiter ausbauen sollte, und das zu einer Zeit, wo sie unter der idyllischeren Form der Resignation von der Biedermeierzeit gepflegt wurde.«

Rösch. S. 483. – Mit Genehmigung von Gouthier-Louis Fink, Straßburg.

Friedrich Nemec (geb. 1935): »Ökonomische Bedingungen des Tragischen. ›Entschiedene Natur‹ und ›Zweck‹« 1973):

»Erst als Ottilie nach dem Mißgeschick in II,13 vernimmt, wie Charlotte dem Major ihre Einwilligung in die Scheidung mitteilt, versteht sie ihre Entwicklung als Entfernung von ihrem ursprünglichen Zweck. Die Wendung, mit der sie dies ausspricht: ›ich bin aus meiner Bahn geschritten‹ [462], und der Vergleich, den sie gebraucht, als sie Charlotte die Lage erklärt, in der sie deren Gespräch zuhörte: ›wie aus einer fremden Welt‹, zeigen als Chiffren ihres Wesens den Grad ihrer Selbsterkenntnis: sie ist ein Stern (Bild der Idee), der, seine Bahn am Himmel verlassend zur Erde fiel, und sich nun seiner ursprünglichen Bestimmung erinnert, aus deren Sicht ihm die ›kleine Welt‹ als ›fremde Welt‹ erscheint. Diese Vorstellung macht uns zugleich die tragische Ironie der Stelle in II,13 verständlich, die Eduards und Ottilies trügerische Hoffnung auf eine künftige Vereinigung berichtet:

> Die Hoffnung fuhr wie ein Stern, der vom Himmel fällt, über ihre Häupter weg. Sie wähnten, sie glaubten einander anzugehören. [465]

Wenn Ottilie selbst der Stern ist, der Hoffnung gibt, indem er vom Himmel fällt, dann kann beider Vereinigung nur im Gleichnis, nicht in Wirklichkeit möglich sein.

Benjamin* macht auf diese Stelle besonders aufmerksam. Er deutet sie im Zusammenhang mit dem Bericht Boisserées von seiner Fahrt mit Goethe von Karlsruhe nach Heidelberg am 5. Okt. 1815 [s. im vorliegenden Band S. 154, wo das Gespräch angeführt ist].

Nehmen wir an, was der Text nahelegt, daß die Sterne Goethe nicht so sehr an das Werk überhaupt als an Ottilie denken lassen, dann ist zu sagen: im Licht der Erinnerung an das Schicksal Ottilies erscheint ihm nun die kurz vorhergegangene Trennung von Marianne von Willemer. Gerade diese Erinnerung verwehrt ihm die Hoffnung auf die Vereinigung im Leben, nicht aber die ideelle in der Dichtung, wie er sie im Gedicht ›Wiederfinden‹ (›Ist es möglich! Stern der Sterne‹) einige Tage vorher dargestellt hatte, wo dem Schmerz der Trennung die Hoffnung auf eine zweite Vereinigung in der Dichtung (d. h. die des Dichters mit dem Idealbild Suleika) gegenübergestellt ist, die nicht mehr getrennt werden kann; nicht auf der Erde wird er sie wiederfinden, sondern im Sternenhimmel, wo beide, der Zeit enthoben, für immer vereint sind. Dies kann allein die Hoffnung sein, die der Erzähler nach Benjamin ›für die Liebenden fassen mußte‹,** denen selbst die wirkliche Vereinigung noch möglich scheint (Benjamin meint, Hoffnung fasse nur der Dichter, nicht auch Eduard und Ottilie), weil sie sie im Gleichnis (›wie der Stern‹) entsprechend dem Erzähler noch nicht fassen können.

Erst der Satz: ›ich bin aus meiner Bahn geschritten‹, gibt zu verstehen, daß sie nun in der Lage ist, ihre ›entschiedene Natur‹ im Gleichnis zu erkennen. Der Schluß, den sie zunächst aus ihrer Erkenntnis zieht und als Entschluß Charlotte mitteilt, sie habe sich nun ihre ›neue Bahn vorgezeichnet‹ [463], sowie ihre Meinung, in die Pension zu-

* »Goethes *Wahlverwandtschaften*«, in: Walter Benjamin, *Illuminationen*, Frankfurt a. M. 1961, S. 146.

** Ebd.

rückkehren zu können, zeigt freilich, daß ihr die volle Einsicht in die Unauflöslichkeit des Konflikts im Leben und ihre Bestimmung noch fehlt.«

Friedrich Nemec: Die Ökonomie der »Wahlverwandtschaften«. München: Fink, 1973. S. 282f. – Mit Genehmigung von Friedrich Nemec, München.

STEFAN BLESSIN (geb. 1943): *»Die Wahlverwandtschaften.* ›sociale Verhältnisse und die Conflicte derselben symbolisch gefaßt‹« (1979):

»Äußerst verhalten kreist der Roman in scheinbar abseitigen Einzelthemen die Kernfrage ein: Ist denn der Adelsstand wirklich noch in der Lage, seine hergebrachten Lebensformen wieder so an die natürlichen Grundlagen der modernen gesellschaftlichen Entwicklung heranzuführen, daß er sich erneuern und überleben kann. Begriff und Funktion der Natur werden dabei in die widersprüchlichen Elemente ihres zeitgenössischen Verständnisses zerlegt. Denn einerseits ist mit dieser Wiederannäherung an den natürlichen Ursprung die Restauration eines ›vorigen Zustands‹ gemeint. Kunst fällt dabei die uneigennützige Aufgabe zu, ein der Zeit und dem Vergessen Anheimgefallenes wieder deutlich sichtbar hervortreten zu lassen. Andererseits ist der Begriff der Natur aber selber ein historischer. Was heute als Natur wiederentdeckt oder freigelegt wird, muß nicht mit der Wiederbelebung eines ursprünglichen Zustands identisch sein, sondern kann – wie bei den Ausbesserungsarbeiten des Architekten – im Lichte der Gegenwart und aktueller Bedürfnisse etwas Neues und von der Überlieferung Abweichendes hervorbringen. Entsprechend ändert sich auch der Begriff der restaurierenden Kunst – heute würden wir sagen: der Reform – qualitativ. Denn was vorher eine aufopferungsvolle und selbstvergessene Beschäftigung war, verwandelt sich in eine gegenwartsbezogene, innovatorische Tätigkeit. Die Erneuerung wird tendenziell zu einem umwälzenden Akt.«

Stefan Blessin: Die Romane Goethes. Königstein i.T.: Athenäum Verlag, 1979. S. 67.

Hans Rudolf Vaget (geb. 1938): »Ein reicher Baron. Zum sozialgeschichtlichen Gehalt der *Wahlverwandtschaften*« (1980):

»Die folgenden Analysen machen den Versuch, die ›socialen Verhältnisse‹ des Romans einer erneuten Prüfung zu unterziehen mit dem Ziel, die von Geerdts gelieferte Deutung zu widerlegen und die von Schlaffer geäußerten Bedenken gegen den Mangel an sozialgeschichtlichem Gehalt zu entkräften. Nicht zuletzt aber soll der irrationalen, mit dem Archaischen und Chthonischen kokettierenden Deutung Benjamins eine Interpretation entgegengestellt werden, die das poetische Bild der Welt Eduards nicht als dunkel und mythisch begreift, sondern als sehr viel nüchterner, wissender und moderner. Dazu ist es notwendig, von dem attraktiven Modell des ›mythischen Schattenspiels‹ Abschied zu nehmen und den Roman in stärkerem Maße als bisher geschehen als Gesellschaftsroman ernstzunehmen. Abschied zu nehmen ist überhaupt von allen raunenden Beschwörungen des Dämonischen und des Schicksals, des Heiligen und des Mythischen, die nicht wenigen Interpreten zum Sprungbrett gedient haben für einen salto mortale in den Irrationalismus oder den heute besonders geschätzten kritischen Agnostizismus. Die Auffassung des Romans als Gesellschaftsroman ist natürlich alles andere als neu; sie war in einem älteren Stadium der Deutungsgeschichte, als man der sozialgeschichtlichen Betrachtung der Literatur noch unbefangener gegenüberstand, die dominierende.*

* Vgl. dazu Hermann Hettner, *Literaturgeschichte der Goethezeit*, hrsg. von Johannes Anderegg, München 1970, S. 675: »›Die Wahlverwandtschaften‹ sind der Anfang und das zielzeigende Vorbild aller Sozialromane.« [...]

Der Begriff des Gesellschaftsromans wird hier jedoch insofern differenziert, als ich die *Wahlverwandtschaften* als eine Art Adelsroman betrachten möchte [...]. Die Bezeichnung ›Adelsroman‹ ist in einem poetologischen Sinne anspruchslos; sie meint aber mehr als die offenkundige Tatsache, daß der Roman im Adelsmilieu angesiedelt ist. Das allein wäre wenig erkenntnisfördernd. Größeren Aufschluß hingegen verspricht die Hypothese, daß die *Wahlverwandtschaften* in einem engen, bisher noch kaum erkannten Antwortverhältnis stehen zu der historischen Krise des deutschen Adels zwischen der Französischen Revolution und den preußischen Reformen. Allerdings ist sogleich der Verdacht abzuwehren, daß hier dem Roman die Intention zu einer Abbildung der sozialen Wirklichkeit unterstellt wird. In Goethes Spätwerk, als ihm die eigene Produktion längst historisch geworden war, konstituiert sich der spezifisch sozialgeschichtliche Gehalt kaum noch aus der eigenen Lebensgeschichte, wie man lange meinte,* sondern aus dem Zusammenspiel von Zeitgeschichte und Wirkungsgeschichte.«

Jahrbuch der Deutschen Schillergesellschaft 24 (1980). S. 126f. – Mit Genehmigung von Hans Rudolf Vaget, Northampton (Mass.).

»[...] Napoleons Sieg über Preußen nötigte Goethe endgültig zu dem Schluß, ›daß man nach und nach seine ganze Vorstellung verändern, die Hoffnung auf die Rückkehr des Alten völlig aufgeben‹ müsse.** Diese Äußerung, die aus der Zeit stammt, als er die *Wahlverwandtschaften* schrieb, scheint mir die politische Gestimmtheit des Romans aufs treffendste zu charakterisieren. Es ist in der Tat ein Abschiednehmen von der Hoffnung auf die Restauration des Alten im Geiste des Alten, der Hoffnung auf eine

* Das konsequenteste Beispiel solcher Deutungsversuche lieferte Hans M. Wolff, *Goethe in der Periode der »Wahlverwandtschaften«*, Bern 1952.

** Brief an Friedrich Zelter, 3. V. 1808; WA IV, Bd. 20, S. 58.

Ständegesellschaft, in der der Adel verantwortungsbewußt und tüchtig genug wäre, seine gesamtgesellschaftliche Aufgabe wahrzunehmen.

Somit aber setzt sich in Goethes Werk, verspätet und gegen tiefsitzende innere Vorbehalte, ein Erkenntnisprozeß durch, der nicht anders denn als indirekte Anerkennung der gesellschaftlichen und politischen Konsequenzen der bürgerlichen Revolution zu deuten ist. Diese Anerkennung kann sich nur indirekt manifestieren, weil sich Goethe weigerte, die Revolution und ihre Auswirkungen als die sieghafte Sache des Bürgertums zu begreifen. In diesem Sinne liefert der Roman auch keine Gestaltung bürgerlicher oder gar bäuerlicher Zielvorstellungen, wie Geerdts glaubte. Das aber ist keineswegs überraschend und darf dem Roman nicht als Defizit an sozialgeschichtlichem Gehalt angelastet werden. Die enge und fast exklusive Perspektive auf den Adel ist Ausdruck von Goethes eigentümlichem Verständnis von Geschichte. Goethe neigte dazu, gesellschaftliche Entwicklungen gleichsam als eigengesetzliche Vorgänge innerhalb eines Standes zu deuten, also standesimmanent und eigentlich nicht dialektisch.* Am bündigsten ist dieses Geschichtsmodell in der bekannten Äußerung über die Entstehung der Französischen Revolution ausgedrückt: ›Auch war ich vollkommen überzeugt, daß irgend eine große Revolution nie Schuld des Volkes ist, sondern der Regierung‹.** Zwar geht es in den *Wahlverwandtschaften* nicht um die Antezedentien einer Revolution, aber es entspricht der für Goethe charakteristischen standesimmanenten Geschichtsbetrachtung, daß er die Reflexion auf die Folgen der Revolution in diesem Roman – und weitgehend auch in den *Wanderjahren* – auf den Adel beschränkt.

* Vgl. dazu R. H. Stephenson »The Coherence of Goethe's Political Outlook«, in: *Tradition and Creation. Essays in Honour of Elizabeth Mary Wilkinson*, ed. by C. P. Magill et al., Leeds 1978, S. 67–78.

** Johann Peter Eckermann, *Gespräche mit Goethe*, hrsg. von H. H. Houben, Wiesbaden [25]1959, S. 416 (4. I. 1824).

In dieser prinzipiell beschränkten Perspektive dokumentiert der Roman aber durchaus ein sehr waches und tiefblickendes Bewußtsein der durch die Französische Revolution endgültig veränderten gesellschaftlichen Situation. Dieses Bewußtsein hat relativ spät in Goethes Werk Eingang gefunden, nämlich erst während der napoleonischen Kriege. In den *Wahlverwandtschaften* ist dieses Bewußtsein in äußerst konzentrierter Form gestaltet: in der aller anklägerischen Gesellschaftskritik fernstehenden, letztlich aber unbestechlichen Decouvrierung eines Adels, der der Zeit entfremdet gegenübersteht und sich gegen die Konsequenzen bürgerlichen Denkens abzukapseln versucht, – eines Adels also, der sich den Forderungen des geschichtlichen Wandels nicht gewachsen zeigt. Somit darf zuletzt gefolgert werden, daß die Beweggründe des erschütternden Geschehens in diesem Roman nicht in der zeitlosen Schattenwelt des Mythos zu suchen sind, sondern durchaus in der geschichtlichen Welt des Goetheschen Zeitalters.«

Ebd. S. 159ff.

NORBERT W. BOLZ (geb. 1953): »Einleitung. Goethes *Wahlverwandtschaften* – Analysen zum Mythos Literatur« (1981):

»Goethes Wahlverwandtschaften markieren den historischen Augenblick, in dem die Konstruktion an die Stelle der Darstellung, der Funktionskreis an die Stelle des stimmigen Sinnzusammenhanges tritt. Die Kunst ist nicht länger der Hauptschauplatz der ästhetischen Kräfte, sondern ihr Exerzierfeld. Von nun an sagen die Texte nichts mehr, sondern sie üben ein. Es ist Zeit, sich vom Mythos der redenden Kunst zu befreien. Das Kunstwerk, auch das sprachliche, spricht nicht. Die Sirenen schweigen. Man kann Texte nicht zum Sprechen bringen, lediglich ihrer sich bemächtigen. Die Interpretation eines Bildes ist seine

Beschriftung. Doch bleibt sie frei von Willkür, denn sie fordert das Lesenkönnen, wie der Schlachtplan die genaue Kenntnis der Lage.

Den Wahlverwandtschaften unmittelbare Aktualität zuzuschreiben, wird sich nur kulturbeflissenes Gerede unterfangen. Vielmehr stellen sie ein Exerzitium dar, in dem sich ein analytischer Blick auf die eigene Gegenwart schulen läßt. Dabei ist der Wunsch ein besserer Führer als das literarhistorische Erkenntnisinteresse, denn was dem unvermittelten Blick auf die Gegenwart deren Topographie verzerrt, ist die Intention des Betrachtenden. Die sanfte Disziplin der Lektüre führt über einen spezifischen Umweg, auf dem die Wünschbarkeiten exhaustiert zurückbleiben, zu jener scharfen Optik, die Goethe perhorreszierte. Texte des 18. und 19. Jahrhunderts können uns optische Apparaturen sein, nicht aber Propheten oder Dialogpartner der Gegenwart. Die Theorien, die der Interpret beistellt, schleifen die Texte zu Gläsern.

Seit langem gibt es die Vermutung, daß die moderne Kunst auf technischem Weg Räume eröffnet hat, deren politische Eroberung noch aussteht. Verstellt ist der Zutritt durch unmittelbare Erfahrung und gegenstandslos jede Annäherung in der ästhetischen Theorie. Das begründet ex negativo die Hoffnung, daß durch historische Textarbeit der freie Blick auf jene Räume gewonnen werden kann. Die Werke des späten Goethe bilden eine Mauer, die durchschlagen werden muß, um die Produktionsräume des 20. Jahrhunderts zu sichten: vielleicht Räume ohne Individuen, gott- und seelenlos.«

Norbert W. Bolz (Hrsg.): Goethes »Wahlverwandtschaften«. Kritische Modelle und Diskursanalysen zum Mythos Literatur. Hildesheim: Gerstenberg, 1981. S. 16f. – Mit Genehmigung von Norbert Bolz, Berlin.

Werner Schwan (geb. 1935): »*Die Wahlverwandtschaften* als Roman der Zeitkrise von 1806« (1983):

»Wenn aber das symbolisch gefaßte Thema dieses Romans die sozialen Verhältnisse und deren Konflikte sind, dann liegt es nah, in dem Besonderen der Romanhandlung, der Art und Weise des Zusammenlebens der vier Freunde, ein umfassenderes, größeres Allgemeine aufscheinen zu sehen: die Merkmale und Strukturen einer sozialen Lebens- und Verhaltensweise schlechthin. In dem Maße, wie Goethe die Verwicklungen der wahlverwandtschaftlich Verbundenen als die Problematik sozialer Verhältnisse begriffen wissen will, ist als Thematik des Romans auch ein politischer Gehalt mitgemeint. Und zwar nicht der politische Gehalt aller Zeiten – das wäre wieder eine Abstraktion – sondern der der Epoche von 1806.

Nachhaltig lassen sich derartige allgemeine Annahmen durch eine Analyse des Romangeschehens bestätigen: Die sozialen Verhältnisse der fiktiven Handlung stellen sich als konflikthafte dar. Eine Regelung, eine Vermittlung der Gegensätze gelingt jedoch nicht. Wir haben ausdrücklich die Gründe dargestellt, die für das Scheitern der quasi zu einem Experimentierkollektiv zusammengeschlossenen Gruppe verantwortlich sind: Nicht unverrückbare Gegensätze oder absolute Gebote sind es, sondern es ist die Unfähigkeit jener vier Menschen, sich wahrhaft kommunikativ zu verhalten, d. h. den entstandenen Konflikt auszutragen und gemeinsam nach Möglichkeiten der Vermittlung zu suchen. Befangenheit in eigenen Vorstellungen und Wünschen, Konfliktscheu und Ausweichtendenzen stehen hindernd im Wege. Undurchschaute Abhängigkeiten von Personen und fraglos übernommenen Moralgeboten machen die Schwierigkeiten größer. Wille zu Schonung und Dezenz wirken in der sich zuspitzenden Lage nicht hilfreich, ›schöne und liebenswürdige Tugenden‹, wie Ottilie sie bewahrt, vermögen sich nicht mehr durchzusetzen.

Charlottes Neigung, sich in trügerische Illusionen einzuspinnen, daneben Eduards Wirklichkeitsblindheit, Schicksalsgläubigkeit und sein schließlich hemmungsloser Durchsetzungswille führten Schritt für Schritt die Katastrophe im Unfalltod des Kindes herbei. Da dieses Ereignis aber nur unzureichend verstanden wird, bringt es die vier Personen nicht wahrhaft einander näher. Dabei vermag es der Erzähler meisterhaft, die diversen Versagenshaltungen in ihren jeweiligen Mischungsverhältnissen im Rahmen des menschlich Begreiflichen, Einsehbaren, Nachvollziehbaren zu halten. So liegt schon bei der ›unbefangenen‹ Lektüre der Eindruck nicht fern, die Romanpersonen seien vollgültige Repräsentanten ihrer Zeit und deren führender Gesellschaftsschicht. Daß Eduard und Charlotte vormals ›das schönste Paar bei Hof‹ (S. 86) waren, bestätigt diesen Eindruck und ebenso Charlottes Reflexion, man führe, indem man Tätigkeiten und Vergnügungen wähle, im Grunde nur ›die Pläne, die Neigungen der Zeit aus‹ (S. 214). Aus der Summierung individueller Fehlleistungen ergibt sich aber schließlich das Scheitern eines kommunikativen Ganzen. Entscheidungsschwäche und Ichbefangenheit, Halbheit des Bewußtseins sowie die mangelnde Bereitschaft, ein alle angehendes Problem so gewichtig zu nehmen, wie es ist – das sind die analysierbaren Ursachen der allgemeinen Misere.

So lebt im Grunde jeder in der entscheidenden Situation der unmittelbaren Angewiesenheit aufeinander inselhaft für sich, niemand versteht in zureichender Weise, daß sich Leben und Glück jedes Einzelnen aus dem Zusammenwirken aller Betroffenen ergeben könnte und müßte. Im Moment der Bedrohung der Gruppe durch eine auseinanderstrebende Entwicklung, im ›ungeheuren Fall‹ also, ›wo alles auf dem Spiele steht‹, glaubt man ›noch immer‹ so fortleben zu können, ›als wenn von nichts die Rede wäre‹ (S. 110). In Situationen der offensichtlichen Not dagegen, ›eben da, wo es scheinen sollte, der Mensch bedürfe frem-

den Beistandes, fremder Bestätigung am allermeisten‹, folgen die Romanpersonen der menschlichen Neigung, sich ›auf sich selbst‹ zurückzuziehen, lediglich ›für sich selbst zu handeln‹, nur ›auf seine Weise zu wirken‹. (S. 269 f.)
Liest man den Roman auf diese Art als eine höchst eindringliche und differenzierte Darstellung scheiternder Interaktionen, als die Geschichte eines sich sukzessive selbst zerstörenden Kommunikationssystems, so werden Verbindungen zu den früher genannten Werken deutlich, was in den *Wahlverwandtschaften* scheitert, ist die Einordnung des Privaten, Individuellen in ein Soziales. Und indem dieses Soziale, so engumrissen es auch in der Kleingruppe der vier wahlverwandtschaftlich Verbundenen ist, nicht gelingt, kann auch das individuelle Leben sich nicht verwirklichen.«

Werner Schwan: Goethes »Wahlverwandtschaften«. Das nicht erreichte Soziale. München: Fink, 1983. S. 248 f.[15] – Mit Genehmigung von Werner Schwan, Denzlingen.

DAVID E. WELLBERY (geb. 1947): »Die *Wahlverwandtschaften*. Desorganisation symbolischer Ordnungen« (1985):

»Meine Überlegungen zu diesem Roman [...] nehmen ihren Ausgang von einem Begriff des Symbolischen, der zu dem im germanistischen Schrifttum üblichen quer steht. Symbolisch möchte hier bedeuten: alles was einen Platz, eine systematische Position hat und also seiner Stelle entrückt werden kann. Das Symbolische ist kein bloß ästhetisches, sondern ein allgemein kulturelles Phänomen und ist somit immer auf eine Ordnung bezogen, die Gesetzescharakter hat. Symbolische Ordnungen regeln die Trennungen und Verbindungen in der Gesellschaft, grenzen gesellschaftliche Positionen und Rollen voneinander ab. Die steuernde, regulierende Funktion des Symbolischen er-

15 In diesem Auszug beziehen sich die Seitenzahlen in Klammern auf Bd. 21 der Jubiläumsausgabe (s. Kap. IV, S. 235).

streckt sich auch auf das Gebiet der Ökonomie, ja sowohl Ökonomisches als auch Symbolisches entsteht in den elementaren Formen des Tausches. Übergänge wie Geburt und Tod, mit denen eine Gesellschaft fertig werden muß, um sich zu erhalten, werden symbolisch erfaßt und sinnvoll gemacht; das zeigen Rituale jeglicher Art. Schließlich bestimmt das Symbolische auch die in einer Gesellschaft akzeptablen Pfade des Begehrens.
Geht man von diesem, in den heutigen Sozialwissenschaften gängigen Begriff des Symbolischen aus, dann schrumpft Goethes Bemerkung, er wolle in den *Wahlverwandtschaften* ›sociale Verhältnisse symbolisch darstellen‹ [Gräf, Nr. 687; Kap. II, S. 89], zu einer Platitüde. Es geht in dem Roman um Trennungen und Verbindungen, um Ökonomie, Geburt, Tod, Ritual und natürlich auch um die Ausrichtung des Begehrens; es geht also um Themen, die von vornherein in symbolischen Ordnungen artikuliert sind. Das Symbolische in diesem Roman ist also keine nachträglich hinzugefügte Bedeutungsschicht, keine semantische ›Tiefe‹, die der geniale Autor hinter der Handlungswelt seiner Figuren entdeckt, sondern schlicht das Material, das der Roman zu behandeln unternimmt. Die Antithese ›mimetisch – symbolisch‹ oder ›Wirklichkeit – versteckter (symbolischer) Sinn‹, die vielen Deutungen der *Wahlverwandtschaften* zugrunde liegt, ist daher aufzugeben; sie führt nur zur Erdichtung von quasi-metaphysischen ›Weltanschauungen‹. Der Interpret hat sich vielmehr mit dem Symbolischen als mit einem durchaus weltlichen Phänomen zu befassen, d. h. mit den Organisationsformen von Erfahrung, die die Handlungswelt des Romans – und den Roman selbst – bestimmen. Und damit komme ich zur These, die ich hier zur Diskussion stellen möchte: Der geschichtlich-kulturelle Vorgang, den die *Wahlverwandtschaften* inszenieren, läßt sich als der Zusammenbruch des Symbolischen, als dessen Desorganisation verstehen. Es handelt sich im Roman um die Auflösung eines verbindli-

chen Allgemeinen, deren Symptomen, Gründen und Konsequenzen in den verschiedensten Lebensbereichen nachgespürt wird.«

Goethes Erzählwerk. Interpretationen. Hrsg. von Paul Michael Lützeler und James E. McLeod. Stuttgart: Reclam, 1985.[16]. S. 291 f.

»[Die] Analyse der Faktoren, die im Roman zur Desorganisation des Symbolischen führen, hat folgendes Ergebnis gebracht: Es handelt sich in den *Wahlverwandtschaften* um einen konkret gedachten geschichtlichen Wandel: aus einer nach den Symboliken der Religion und der Aristokratie organisierten Erfahrungswelt geht eine neue Welt hervor, die entscheidend von theoretischen Mächten geprägt wird. Diese Transformation, die die Soziologie als den Übergang von einem stratifizierten zu einem funktional differenzierten Gesellschaftssystem denkt, wird im Roman als eine dargestellt, die vor allem die Struktur des Begehrens betrifft. Dieses wird in Bezug gesetzt zu einem unendlichen Gegenstand, der als die Ganzheit der Natur oder als die Idee der Frau erscheinen kann. Aus diesem Grunde werden im Roman die Handlungslinien ›Landschaftsverschönerung‹ und ›Liebesgeschichte‹ enggeführt. Was in beiden Fällen die neue Form des Begehrens auszeichnet, ist die Bindung an ein Bild, in dem sich der Gegenstand zugleich gibt und entzieht. Denn hinter diesem Bilde lauert der Tod, und zwar im doppelten Sinn: einmal als der Tod des Gegenstandes in seinem Bildsein (der Roman nennt dies ›Erstarren‹), und zum zweiten als der Tod, der das eigentliche Ziel des Begehrens ausmacht. Die neue kulturelle Organisationsform, die aus der Dekadenz der hergebrachten symbolischen Ordnung geboren wird, wird für tot erklärt: sie teilt das Schicksal des Kindes Otto, das auf den Leibern der Aristokratie von Bildern gezeugt wird.

16 In diesem Artikel beziehen sich die Seitenzahlen in Klammern auf die Textausgabe in Reclams Universal-Bibliothek Nr. 7835 (s. Kap. IV, S. 236).

Weitere Einsicht in die kulturelle Bedeutsamkeit der Grundkonstellation Bild – Begehren – Tod läßt sich anhand von zwei anderen, eng verflochtenen Tendenzen gewinnen, die den Roman prägen. Diese nenne ich Entgrenzung und Entortung. Unter der ersten verstehe ich die Öffnung der Handlungswelt auf ein Unendliches hin: das Subjekt richtet sich auf einen Gegenstand, der außerhalb jeder um- und einfassenden Ordnung existiert. Diese Struktur kennzeichnet zumal Eduards Leidenschaft, die ›ihn ins Unendliche‹ (92) treibt, die ›grenzenlos‹ ist und ›kein Maß‹ (98) kennt. [...]
Aber das Phänomen ist nicht auf eine einzelne Figur beschränkt. So notiert der Gehülfe, es sei ein Problem bei der Erziehung der ›höheren Stände‹, daß man sie ›leicht ins Grenzenlose‹ (178) treibe. Von ihm stammt auch die Bemerkung, daß bei der Landschaftsverschönerung überhaupt ›Liebhaberei und Aufwand [...] ins Weite und Unendliche‹ (185) gehen. [...]
Der Recodierung des Raumes von einem geschlossenen, der die Macht des Herrschers nach der Opposition Innen/Außen gestaltet, zu einem offenen und unendlichen, der sich in allen Richtungen ausdehnt, entspricht eine Entgrenzung des Wissens, welche sich an einigen Stellen des Romans bemerkbar macht. So meint Eduard: ›Unsere Vorfahren hielten sich an den Unterricht, den sie in ihrer Jugend empfangen; wir aber müssen jetzt alle fünf Jahre umlernen, wenn wir nicht ganz aus der Mode kommen wollen.‹ (32 f.)
[...] Die entgrenzte Welt ist eine des universellen Verkehrs, in der wissenschaftliche Erkenntnisse und Moden immer neu hervorgebracht und ausgetauscht werden.
Entortung meint, daß Gegenstände und Symbole von ihrem Entstehungsort entfernt und transportierbar gemacht werden. Ein Beispiel hierfür sind die ›frisch erhaltenen Pfropfreiser‹ (3), die im ersten Satz des Textes erwähnt werden. An ihnen wird erkennbar, daß die Natur in die-

sem Roman nicht mehr ans Lokale gebunden ist: Pflanzen werden über ›Handelsgärtner‹ (192) bestellt, mit denen der alte Gärtner ebensowenig zurechtkommt wie mit der neuen Botanik. Noch deutlicher kommt diese Tendenz an Charlottes Renovierung des Kirchhofs zum Vorschein. Gegen die Anreihung der Denkmäler entlang der Mauer protestieren einige aus der Gemeinde [...].
[...] Charlotte hingegen, die eigentlich nichts anderes als aus dem Kirchhof ein angenehmes Bild machen wollte, zieht eine beweglichere Form des Andenkens vor [...].
Die Entortung der Denkmäler negiert ihre Funktion als ›Merkzeichen‹ (128), um ihnen statt dessen einen Ausstellungswert zu verleihen. Daß dies ein weitverbreiteter Prozeß ist, zeigt die Sammlung des Architekten. Sie enthält ›verschiedene Nachbildungen und Entwürfe von alten Grabmonumenten, Gefäßen und anderen sich dahin nähernden Dingen‹ sowie ›mancherlei Waffen und Gerätschaften‹, die er Grabhügeln entnommen hat und ›reinlich und tragbar‹ bei sich führt (133). [...]
Diese kurze Skizze der Tendenzen ›Entgrenzung‹ und ›Entortung‹ läßt erkennen, daß die Handlungswelt der *Wahlverwandtschaften* nicht so ›hermetisch‹* ist, wie man allgemein angenommen hat. Im Gegenteil, das Tun der Figuren nimmt teil an Prozessen, die die neue ›unendliche‹ Welt prägen. Diese Welt dringt in die vermeintliche Privatheit ihrer Existenz ein, macht diese gleichsam zu einem Marionettendasein. Das ist nun konkret aufzuzeigen anhand eines Paradigmas, das der Roman entlang seiner Handlungsachse entfaltet. Es geht dabei um eine Reihe von Gegenständen, die der Welt des Verkehrs entstammen und die eine bedeutende Rolle in der erzählten Geschichte spielen. Aus leicht einsehbaren Gründen nenne ich es das K-Paradigma:

* Burkhardt Lindner, »Goethes ›Wahlverwandtschaften‹ und die Kritik der mythischen Verfassung der bürgerlichen Gesellschaft«, [...], S. 28 [s. Kap IV, S. 250].

1. Das ›chemische Kabinett‹ – bestellt aus der ›wissenschaftlichen Welt‹ (32); es ließe (denn das Kabinett kommt nicht an) ›Versuche sehen [...], die sehr unterhaltend sind‹ (35), vor allem natürlich das Experiment mit den wahlverwandten Elementen.
2. Der ›Kahn‹ (86) – ›mit ansehnlichen Kosten aus der Ferne verschrieben‹ (86); er setzt die Menschen dem ›treulosen unzugänglichen Element‹ (226) aus, führt sowohl zur verbotenen Umarmung von Charlotte und dem Hauptmann als auch zum Tod des Kindes.
3. Der ›Koffer‹ (98) – Eduard läßt ihn durch seinen Kammerdiener bestellen, ›der seine Garderobe besorgte und mit Handelsleuten und Modehändlern in beständigem Verhältnis blieb‹; der Koffer ist Eduards Geburtstagsgeschenk an Ottilie, er enthält den Stoff zu ihrem Brautkleid, ist Aufbewahrungsort von Ottiliens Liebesreliquien und findet schließlich einen Platz in der gemeinsamen Grabstätte der zwei Liebenden.
4. ›Kataloge‹ (115) hängen mit der neuen Handelsgärtnerei zusammen; aus ihnen werden die Pfropfreiser bestellt.
5. Das ›Kästchen‹ (133) des Architekten – dem ›Kästchen eines Modehändlers‹ (133) ähnlich; es enthält die Sammlung von Waffen und Gerätschaften, die der Architekt aus alten Grabstätten genommen hat.
6. Das ›Naturalienkabinett‹ (184) – von Ottilien in ihrem Tagebuch als ein Phänomen der wissenschaftlichen Welt erwähnt; es kommt ihr vor ›wie eine ägyptische Grabstätte, wo die verschiedenen Tier- und Pflanzengötzen balsamiert umherstehen‹ (184).
7. Die ›tragbare dunkle Kammer‹ (198) oder *camera obscura* des Engländers; sie trägt der Engländer auf seinen Reisen immer mit; es lassen sich damit Bilder von der Landschaft ›auffangen‹ (198) und zeichnen, sie verwandelt also die Natur in eine Bildersammlung.
8. Das ›Kästchen‹ (212) des Begleiters; es entstammt der (pseudo)wissenschaftlichen Welt, wird immer von dem

Begleiter auf seinen Reisen bei sich geführt und enthält den ›Apparat‹, mit dem dieser Spezialist für innere Konflikte seine Experimente ausführt.

Das K-Paradigma setzt die Gegenstände, die es umfaßt, in einen metaphorischen Bezug zueinander, der mannigfaltige Interpretationspfade aktualisierbar macht. So nimmt, um ein einfaches Beispiel heranzuziehen, die ›dunkle Kammer‹ des Engländers – nicht nur etymologisch der Vorgänger der photographischen Kamera – eine Konnotation des ›Tödlichen‹ an: sie wird gleichsam zur Grabstätte der Natur, die sie in Bildern auffängt und fixiert. Dem ›Portefeuille‹ (198) des Engländers haftet also, wie auch dem Naturalienkabinett, ein Element des Ägyptisch-Starren an. Diese Assoziationsreihe erstreckt sich auch auf die Kunst, wie sie durch jenes ›Portefeuille‹ (133) von Bildern vertreten wird, das der Architekt bei sich trägt. Es ist kein Zufall, daß diese Bilder dann auf den Wänden von Eduards und Ottiliens Grabstätte reproduziert werden: der Übergang der Liebenden in den Tod ist gleichzeitig ihr Übergang ins Bildsein. Von hier aus läßt sich die Konnotation des ›Tödlichen‹ auf den Text selbst übertragen; der Roman erstarrt zur Grabstätte der Figuren, von denen er erzählt. Durch seine Eingliederung in den Verkehr der Bilder ist der Roman [...] vom Tode tangiert.

Weitere Interpretationspfade, die das K-Paradigma offenhält, ließen sich natürlich verfolgen. Eins dürfte jedoch schon bei der kommentarlosen Aufstellung des Paradigmas klar geworden sein: nämlich daß historische Mächte, die das Gesamtleben der Gesellschaft betreffen, im Roman am Werk sind. Es sind dies die Verflüssigung der Verhältnisse durch den Handel und die Mode, die technische Reproduktion von Bildern, die Ersetzung von natürlichen und symbolischen Bindungen durch den Ausstellungswert, die Reifikation und Sensationalisierung der Natur – auch die des Menschen – durch die Wissenschaften. Die Elemente des K-Paradigmas, dessen Konstruiertheit of-

fensichtlich ist, sind Operatoren, die die abstrakte Ebene der gesamtgesellschaftlichen Tendenzen mit der konkreten Ebene der erzählten Handlung verbinden. Diese narrative Strategie ist vor allem an den Elementen ›Kahn‹ und ›Koffer‹ erkennbar, die stärker noch als die anderen die Handlungsführung motivieren. Durch sie knüpft der Roman das Tun seiner Figuren an ein Überindividuelles, das sie entmächtigt und zu bloßen Funktionen herabsetzt. Die schicksalhafte Verstrickung der wahlverwandten Menschen entspringt keiner außergeschichtlichen Macht. Sie wird vielmehr gezeitigt durch die Macht der Geschichte selbst, von der dieser gründlichst durchkonstruierte Roman ein Modell abgibt.
Die aufgezeigten Prozesse der Desymbolisierung, der Entgrenzung und Entortung verdichten sich überall zur Grundkonstellation Bild – Begehren – Tod. Diese ist die Matrix, aus der die ganze Romanhandlung hervorgeht. Anders ausgedrückt: Die Entfaltung der Geschichte entlang dem narrativen Syntagma gehorcht der Logik eines Begehrens, dem nur im Bilde sein Gegenstand präsent wird. Im Bild jedoch ist dieser Gegenstand ein Totes; es ist der Tod selbst, in dem das Begehren seine Erfüllung findet. Diese These zur Semantik der *Wahlverwandtschaften* hat sich, wie jede andere auch, an den Einzelheiten der erzählten Geschichte zu bewähren.«

Ebd. S. 306–313.

Bernhard Buschendorf: »Zur Idee des Romans« (1986):

»Die folgenden Kapitel gehen [...] davon aus, daß Goethe mit dem Hinweis auf die Idee der *Wahlverwandtschaften* nicht allein die Form ihres Verfahrens, sondern vor allem ihre materiale Tiefenschicht bezeichnen wollte. Sollten die oben skizzierten Beispiele zur materialen Bedeutsamkeitsstiftung – der Rekurs auf die Pathosformeln der Nympha oder Mänade – den Eindruck erweckt haben, Goethe habe

sich beim Rückgriff auf das Bedeutsamkeitspotential des europäischen Kollektivgedächtnisses nur von Gesichtspunkten poetischer Prägnanz und ästhetischer Ausdruckskraft leiten lassen, so wird im folgenden deutlich werden, daß ihn keineswegs nur die Eindrucksmächtigkeit und Wirksamkeit der selegierten Elemente, sondern auch ihre Sinnhaftigkeit interessierte.
Obwohl er sich nicht durchgängig an eine einheitliche geistesgeschichtliche Tradition, an eine bestimmte literarische Gattung oder gar an einen einzigen vorgegebenen Mythos band, suchte er die materiale Tiefenschicht seines Romans doch als homogenen Sinnzusammenhang zu etablieren. Dies erreichte er, [...] durch die Auswahl und Verknüpfung solcher bildkünstlerischer, literarischer und geistesgeschichtlicher Vorprägungen, die sowohl untereinander als auch zum Wortsinn des erzählten Geschehens eine entschiedene Affinität haben. [...]
Gedankengut und Bildersprache der europäischen Traditionsgeschichte, die dem Gebildeten des 18. Jahrhunderts noch unmittelbar geläufig waren, sind seit dem Traditionsbruch an der Schwelle zum 19. Jahrhundert mehr und mehr an den Rand des Wissens gewandert und fristen heute, soweit sie das historische Bewußtsein magazinierte, ein schattenhaftes Dasein. Begegnet uns dieses Bedeutungspotential in klassischen Werken der Literatur [...], so ist es zur Rückgewinnung des vollen ästhetischen Glanzes dieser Werke zumeist erforderlich, ihren vom Vergessen bedrohten Gehalt *en détail* zu rekonstruieren.«

Bernhard Buschendorf: Goethes mythische Denkform. Zur Ikonographie der »Wahlverwandtschaften«. Frankfurt a. M.: Suhrkamp, 1986. S. 63–65. –

Christoph Hoffmann (geb. 1963): »Zeitalter der Revolutionen. Goethes *Wahlverwandtschaften* im Fokus des chemischen Paradigmenwechsels« (1993):

»Zu Beginn des 19. Jahrhunderts wurde im chemischen Diskurs nur noch unter Vorbehalten von ›Wahlverwandtschaften‹ gesprochen. Mit einem von den Zeitgenossen als epochal gewerteten Erkenntnissprung gewann das klassische Konzept der ›Affinität‹, in dem der Begriff der ›Wahlverwandtschaft‹ bisher eine zentrale Rolle spielte, ein neues theoretisches Niveau.* Seit Beginn des 18. Jahrhunderts waren chemische Verbindungen als Ergebnis der Wirkung spezifischer Attraktionskräfte zwischen den Stoffen – ihrer Affinität zueinander – aufgefaßt worden. Im Verlauf des Jahrhunderts erwies sich in der Empirie jedoch immer bestimmter, daß auch die quantitativen Verhältnisse der Stoffe einen erheblichen Einfluß auf die Wirkung der Affinitäten haben.

Um so mehr Aufsehen erregte es, als der französische Chemiker Claude Louis Berthollet um die Jahrhundertwende das ganze Konzept der Affinität auf quantitativer Basis neu formulierte. Nicht die spezifische Attraktion, so Berthollet, sondern die ›chemische Masse‹ – das Produkt von Affinität und eingesetzter Quantität – sei das entscheidende Kriterium für die Bindefähigkeit eines Stoffes. Nach dieser These kommt es bei Reaktionen zwischen drei und mehr Stoffen nicht zu einer vollständigen Vereinigung zwischen zwei Stoffen unter Ausschluß der übrigen – der Sachverhalt, den der Begriff ›Wahlverwandtschaft‹ bezeichnet –, sondern die Stoffe teilen ihre Bindekraft gegeneinander nach Maßgabe ihrer chemischen Masse auf. Konsequenterweise wurden Reaktionsprodukte daher nur als relativ konstant aufgefaßt – bei Veränderung der gegebenen Mengenverhältnisse und Reaktionsumstände konnten auch entgegengesetzte Ergebnisse erwartet werden. Die absolute Vorhersagbarkeit des Reaktionsverlaufs nach den Affinitäten der beteiligten Stoffe – ein Kernpunkt des klas-

* Zur Geschichte der ›Affinitätstheorie‹ vgl. Martin Carrier, »Die begriffliche Entwicklung der Affinitätstheorie im 18. Jahrhundert. Newtons Traum – und was daraus wurde«, *Archive for History of Exact Sciences* 36 (1986), 327–389.

sischen Konzepts der Affinität – war damit hinfällig geworden.
Goethe war, wie Jeremy Adler in seiner umfangreichen Studie zum chemischen Kontext der *Wahlverwandtschaften* erforscht hat, diese letzte Wendung der Affinitätstheorie aus verschiedenen Quellen gut vertraut.* Seine Kenntnisse, so möchte ich als These voranstellen, fließen unmittelbar in die Konzeption des Romans ein. Während im ›chemischen Gespräch‹ noch das klassische Konzept der Affinität vertreten wird – wenn auch mit einer gewichtigen Einschränkung, wie sich zeigen wird – artikuliert das Romangeschehen die neuen Grundsätze Berthollets. Diese Differenz eröffnet eine Perspektive auf den Roman, die weit über eine nur strukturelle Funktion für den Text hinausreicht.«

Deutsche Vierteljahrsschrift für Literaturwissenschaft und Geistesgeschichte 67 (1993). S. 418 f. – Mit Genehmigung von Christoph Hoffmann, Berlin.

STEFAN BLESSIN (geb. 1943): »Verewigung im Bild – Verzweiflung in den Geschichten« (1996):

»Besonders der Erzähler der *Wahlverwandtschaften* geht nicht in dem auf, was wir eine Rolle, einen Standpunkt, eine Perspektive nennen. Er ist ein Quidproquo. Er spiegelt nicht vor, er tut nicht als ob, er verstellt sich nicht, um dahinter eine Wahrheit sichtbar hervortreten zu lassen. Weder ist er die Lüge in Person noch ist er irgendeiner Wahrheit verpflichtet. Der Erzähler räumt von Fall zu Fall Meinungen ein. Er legt dem Leser jeweils eine Meinung nahe. Als solcher ist er einer variablen Funktion vergleichbar. Denn die Meinung kann wechseln. Das Erscheinen des Erzählers signalisiert geradezu, daß es sich so, wie er sagt, verhalten kann oder auch anders. Er ist die Meinung

* Vgl. Jeremy Adler […], 73–83. [Siehe Kap. IV, S. 241: Adler (1987).]

in Person und wechselhaft wie diese. Gleich mit dem ersten Satz der *Wanderjahre* [sic] nennt er den Baron Eduard. Später hören wir, daß Eduard eigentlich Otto heißt und sich den klangvolleren Namen Eduard selbst gegeben hat. Der Erzähler erhebt kaum das Wort: ›Eduard – so nennen wir einen reichen Baron im besten Mannesalter (…)‹ (242), und schon schafft er Platz – nicht für eine, sondern für viele und auch konkurrierende Meinungen. Ebenso räumt er im Falle Ottilies durchaus ein, daß ihre apotheotische Erhöhung möglich, ja wahrscheinlich sei. Dieser Erzähler ist der legitime Erbe des alten Rhapsoden, wie wir ihn aus den Homerischen Epen kennen. Von dem Rhapsoden sagt Goethe, daß keiner sprechen darf, dem er nicht das Wort erteilt hat. So gibt es in seinen Romanen keine Meinung, die nicht der Erzähler eingeräumt hätte.«

Stefan Blessin: Goethes Romane. Aufbruch in die Moderne. Paderborn: Schöningh, 1996. S. 223 f. –

Gabrielle Bersier: »Goethes Rätselparodie der Romantik. Eine neue Lesart der *Wahlverwandtschaften*« (1997):

»Außergewöhnlich an der deutschen literarischen Situation ist die Tatsache, daß das innovative Potential der Parodie bereits in der avantgardistischen literarischen Theorie und Praxis der Frühromantik kurzfristig vorweggenommen wurde. Dort zeigt sich der einzigartige Umstand, daß, während die Weimarer Klassik gegen die Auflösung der Regelpoetik des *ancien régime* die Geltungskraft der antiken Gattungsgrenzen weiterverteidigte, die Frühromantik im Namen einer modernen Originalitätsästhetik die parodistische Zersetzung jener klassizistischen Normen förderte. Nun geschah das Unerhörte: es war der altgewordene Klassiker Goethe, der das ästhetische Tauziehen zwischen Jenaer Romantik und Weimarer Klassik mit

einem parodistischen Roman listig entschied. Hinter den *Wahlverwandtschaften* versinkt das Gespenst des ›Alten‹, des alten deutschen Reichs und dessen obsoleter Hofkultur. Angetrieben von der napoleonischen Flutwelle hatte der Dichter den Einbruch als ›neue Epoche‹ begrüßt. Ihm entgegen rollten die Konterwellen einer neuartigen, mittelalterlich-restaurativen Nachahmungsästhetik. Den mannigfaltigen Herausforderungen der Krise- und Wendezeit antwortete Goethe getarnt im metafiktionalen Medium einer Rätselparodie. *Die Wahlverwandtschaften* bekunden ihre Zugehörigkeit zum Zeitalter romantischer Originalitätsästhetik dadurch, daß der parodistische Roman seinen derivativen Charakter kaum zu erkennen gibt. Das fremde Wort wird nicht travestiert, es wird durch das Mittel poetischer Evokation zu einer völlig neuartigen Eigenschöpfung umgewandelt. Die Unvereinbarkeit des äußerst subtilen Verwandlungskunststücks des Autors mit dem aus dem 18. Jahrhundert tradierten Gattungsbegriff der Parodie-Travestie als oft plumper Herabsetzung hoher Stilnormen unter Beibehaltung der äußeren Form mögen Grund für die lange Parodie-Abstinenz der *Wahlverwandtschaften*-Forschung sein. [...]
Nach wie vor stellt der Schluß des Romans die größte interpretatorische Herausforderung für seine Leser und Interpreten dar. Befremdlicher denn je wirkt die legendäre Übertünchung von Tod und Aufbahrung Ottilies, der abrupte *salto mortale* in eine christliche Allegorie spätromantisch-›nazarenischer‹ Prägung. Zur Debatte steht nicht nur die Bewertung der zahlreichen katholisierenden Motive, die in der Kanonisierung der Hauptfigur ihren Gipfel erreichen. Das ganze Verhältnis Goethes zur Romantik nach Schillers Tod wird mit in die Waagschale geworfen. Im Anschluß an Abekens *interpretatio authentica* [s. im vorliegenden Band S. 133 ff.] haben sich Generationen von Germanisten über die Inkongruenz jenes Umschlags des Gesellschaftsromans in die Legende und über die Unver-

träglichkeit des ›nazarenischen‹ Schlusses mit den wohlbekannten spöttischen Äußerungen des Autors über eben solche Tendenzen hinweggesetzt, um Ottilies Märtyrertum und Todesverklärung zum gehaltvollsten Symbol des Werkes zu erheben. In diesem großen Jubelchor lassen sich je nach Akzentuierung dieser oder jener Aspekte mehrere Stimmlagen vernehmen.«

Gabrielle Bersier: Goethes Rätselparodie der Romantik. Tübingen: Niemeyer, 1997. S. 44–47. –

»Dabei war die merkwürdige Atmosphäre, in der die legendären Schlußszenen schweben – Nannys autosuggestive Wunderheilung, die kultische Volksfrömmigkeit in der Kapelle, die ›konzilianten Schnörkel‹ über die Wiederauferstehung der Liebenden – kurz die Ironie der Darstellung den meisten Interpreten nicht entgangen, nur wurde die ständige perspektivische Brechung der Erzählung erst infolge der stilanalytischen und strukturalistischen Interpretationen der letzten Jahrzehnte bewußt in den Vordergrund gerückt und in steigendem Maße mitreflektiert. Es gibt heute kaum noch eine Deutung, die nicht die Ambivalenz und Vieldeutigkeit der Schreibweise, die antinomische Spiegelstruktur des Werkes und die zahlreichen ironischen Signale zur Relativierung der Apotheose miteinbezogen hätte. In dem Maße, wie sich dank eingehender Stilinterpretationen das Gespür für die ironische Perspektivierung der Kanonisierung Ottilies als Produkt der Anschauungsarten der Romanfiguren verfeinert hat und in dem Maße, wie die Skepsis vor allzu linearen symbolischen Deutungen gestiegen ist, wächst paradoxer- oder vielleicht konsequenterweise auch das Staunen über das Rätsel des legendären Schlusses, wobei die Bewunderung vor Ottilies Entsagungstod mehr und mehr der Verwunderung, ja sogar Unmutsbezeugungen gewichen ist.«

Ebd. S. 48 f.

»Die postmodernen Analysen haben sich mit gutem Grund auf die Hauptfigur konzentriert, da sich bei ihr die Diskrepanz von Signifikantem und Signifikat am auffälligsten zeigt. Wer nun von dieser sprachontologischen Problematik und ihren philosophischen Implikationen auf eine rhetorische und wirkungsästhetische Betrachtung der systematischen Absichtlichkeit übergeht, mit der dieses Verhältnis im ganzen Zeichensystem des Romans ständig manipuliert, verschoben und bloßgelegt wird, wird zwangsläufig auf das Phänomen der Parodie stoßen. Das, was die klassizistischen Ästhetiker ›Inkongruenz‹, was Friedrich Schlegel ›Ironisierung‹ und die russischen Formalisten ›Bloßlegung des Verfahrens‹ genannt haben, umschreibt nämlich nichts anderes als den vom Poststrukturalismus thematisierten Vorgang der Öffnung der Relation von *verba* und *res*, einer Öffnung, die sich in der Parodie dank ihrer strukturellen Mehrstimmigkeit paradigmatisch vollzieht.*«

Ebd. S. 51.

»Daß Ottilies Apotheose nicht in der Goethe eigentümlichen, sondern in der entlehnten Fremdstimme der Parodie berichtet wird, wurde erstmalig von der Seitenbühne der italienischen Germanistik aus in Erwägung gezogen. Luciano Zagaris scharfsinniger Hinweis auf ›die Evidenz des ‚parodistischen' Tons der Schlußheiligung‹ ist jedoch lange ohne Nachhall geblieben,** da man sich damals gegen eine Einbeziehung der Hauptfigur in den ironischen Erzählzusammenhang des Romans wehrte. [...]

* Ausführlicher dazu in: Rose, *Parody/Meta-fiction* [London 1979], S. 130, 154–155, 186; Höfele, *Parodie* [Heidelberg 1986], S. 51, 62, 70, 105 und 215: »Parodie ist die Kunstform, die aus der Disparatheit von Literatur und Realität Methode und Gegenstand ableitet.«

** Zum Hinweis auf »l'evidenza del tono ›parodistico‹ della finale santificazione« vgl. Luciano Zagari [...], S. 200. Hervorhebung von Zagari. [Siehe Kap. IV, S. 259: Zagari (1962).]

Die Relevanz der Parodie-Frage erweist sich schon darin, daß der als Einwand gegen die religiöse Deutung vorgebrachte Hinweis Zagaris auf die parodistische Tonlage der Heiligung parallel zu der langen, bis jetzt ununterbrochenen Linie von strukturalistischen und poststrukturalistischen Korrekturen der Heiligungsthese verlief, nur blieb der Zugang zu dieser neu eröffneten Forschungsrichtung vermutlich aus Sprachgründen eingeschränkt. So sieht es aus, als sei die Lesart des Romanschlusses als Parodie bis jetzt das Monopol der italienischen *Wahlverwandtschaften*-Forschung geblieben. [...]
Inzwischen liegt auch von Zagari eine längere Ausarbeitung seiner Deutung des Romanschlusses als Parodie in Aufsatzform vor.* Mit sehr viel Feingefühl zerlegt er die Erzählmittel – von der Inkongruenz der Thematik, der akribischen Aufzählung aller legendären Topoi, bis hin zur betonten Unterstreichung der äußeren ikonographischen Atmosphäre, der ›Materialität‹ der Legende –, wodurch sich das Finale als eine ›Fälschung‹, eine ›im Falsett‹ vorgetragene, ironische Nacherzählung der von den Romantikern neubelebten mittelalterlichen Heiligenlegenden zu erkennen gebe. [...]
[Hier] endet die von Zagari vorgezeichnete Bahn zu dem ›offenbaren Geheimnis‹ einer dem Roman eingeschriebenen Literaturparodie. Daß man sich in diesem Sinne bisher ausschließlich um die große Provokation der Kanonisierung bemüht hat, kommt nicht von ungefähr. Durch ihre mehrmalige perspektivische Brechung und ihren metafiktionalen Zuschnitt gibt sich die Legende deutlich genug als ironischer Kommentar zu der spätromantischen Heiligenmode zu erkennen. Nicht so evident erkenntlich gemacht ist die intertextuelle Bezüglichkeit vieler anderer, zwischen die Zeilen gepfropfter Zitate und Einschübsel, weshalb sich Goethes vielschichtiger Text seinen profes-

* Luciano Zagari [...], S. 46–52. [Siehe Kap IV, S. 259: Zagari (1989).]

sionellen Exegeten immer mehr als ein ›Palimpsest‹ darbietet, in dem sich verschiedene ›Hände‹, verschiedene ›Schriftinkorporationen‹ überlagern,* oder, wie Chiarini sehr richtig bemerkt hat, als eine ›sozusagen mit Geheimtinte beschriebene Kladde.** Wollte man sich auf den buchstäblichen Wortlaut jener vielzitierten Briefäußerung verlassen: ›Ich habe viel hineingelegt, manches hinein versteckt‹ [Goethe an Zelter, 1. Juni 1809], so hätte Goethe selbst das Augenmerk auf die hybride Machart seines Romantextes gelenkt. In den folgenden Ausführungen wird die Parodie-These der italienischen Germanistik nicht nur bestätigt und an Hand der von Goethe parodierten Vorlagen textuell konkretisiert, sie wird auch im Hinblick auf das Vorkommen der Parodie, und deren Spielarten und Funktionen im ganzen Werk, angefangen vom Titel und Anfangssatz, weitergeführt und zu einer neuen Romanlesart ausgearbeitet.«

Ebd. S. 52–55.

Petra Willim (geb. 1957): »Charlotte und Ottilie in den *Wahlverwandtschaften*. Zwei Formen defizienter weiblicher Ich-Konstitutionen« (1997):

»Letztlich läuft die Verwerfung des Subjektbegriffs der feministischen Forschungslogik zuwider. Die Frage nach den Geschlechterdifferenzen in der Literatur ist eine genuin sozialhistorische und immer mit dem gesellschaftlichen Problem verknüpft, daß die Geschichte der Frauen vornehmlich eine Geschichte des Scheiterns war – und noch ist. Vom Subjektbegriff und das heißt: von der Zielvorstellung der Aufklärung Abschied zu nehmen, der zufolge die individuelle Vervollkommnung eines jeden Menschen im Zuwachs an bewußter Erkenntnis und an eigenverantwortli-

* Wiethölter [...], S. 36; Chiarini [...], S. 110. [Siehe Kap. IV, S. 244: Chiarini (1987), und S. 258: Wiethölter.]
** Chiarini, ebd.

chen Handlungsmöglichkeiten liegt, hat weitreichende und letztlich widersinnige Konsequenzen; sobald der Vorstellung von dem sein Denken, Sprechen und Handeln vor sich selbst und andern verantwortenden, sich dadurch seiner selbst versichernden und in die gesellschaftliche Wirklichkeit gezielt eingreifenden Individuum eine endgültige Absage erteilt wird, wird die Idee der Emanzipation selbst hinfällig.
Eine feministische Literaturinterpretation kann sich in meinen Augen deshalb nicht darauf beschränken, die ästhetische Vieldeutigkeit von Texten zu konstatieren, während sich die Interpretin jedes ›subjektiven‹ Urteils enthält. Erst eine Deutung, die sich ihres – freilich stets prekären – subjektiven Moments bewußt ist, wird auch das Interesse an den literarischen Gestalten zu begründen in der Lage sein, mit denen sie sich befaßt.
Mir erscheint deshalb bei der Analyse literarischer Frauengestalten als das sinnvollste Verfahren, ihre individuellen Züge herauszuarbeiten und an ihnen die unterschiedlichen Formen weiblicher Ich-Konstitution transparent zu machen. Selbst wenn sich dabei herausstellt, daß ihre fiktive Subjektwerdung rudimentär bleibt, so scheint doch an einem solchen Mißlingen zumindest noch ex negativo der Anspruch einer Frau auf ihren eigenen Lebensentwurf auf.«

Petra Willim: So frei geboren wie ein Mann? Frauengestalten im Werk Goethes. Königstein i. T.: Helmer, 1997. S. 40f. –

»Vergleicht man die zentralen Frauengestalten dieses Goetheschen Romans mit Iphigenie, mit Natalie oder auch derjenigen, die offensichtlich für die *Wahlverwandtschaften* Modell gestanden hat, mit Julie aus Rousseaus *Nouvelle Héloise*, so wird ein Bruch deutlich: Was sich vormals harmonisch in einer einzigen Figur zum Frauenideal schlechthin zusammenfügen sollte, scheint nunmehr in zwei Teile zerfallen: In jene Form von Weiblichkeit, für die die Vernunft das oberste Lebensprinzip darstellt, und jene andere, die sich vornehmlich an ihren Gefühlen orientiert. Das klassische Frauenbild hat insofern abgedankt, als Vernunft und Gefühl als disparate Qualitäten unwiderruflich auseinanderfallen. Als einseitige Eigenschaften aber verhindern sie den ›erfüllten Augenblick‹. Wie der Roman zeigt, haben beide, Charlotte und Ottilie, Defizite, die einer ungebrochenen Idealisierung im Wege stehen. Die allzu Vernünftige neigt zur Abtötung von Gefühlen, sobald ihre Selbstbeherrschung dadurch in Gefahr zu geraten droht. Und auch ihre Kontrahentin ist, was in der Sekundärliteratur gerne übersehen wurde, eine Gezeichnete. Es mangelt ihr nicht nur an vernünftiger, und das heißt: an kommunizierbarer Ausdrucksfähigkeit, sondern vor allem an einem ihre Person zu einer handlungsfähigen Einheit zusammenhaltenden Ich.«

Ebd. S. 269f.

»Am Beispiel Charlottes schildert der Autor die Dialektik von Angst und Aufklärung, von Fremd- und Selbstbeherrschung, von der Verdrängung alles Bedrohlichen und eingeschränkter Genußfähigkeit. Hundert Jahre, bevor Freud für die Abschiebung unangenehmer, angstauslösender Bewußtseinsinhalte ins Unbewußte den Begriff der Abwehr prägt, führt Goethe seinen Zeitgenossen eine Vielfalt solcher Ab- und Ausgrenzungsoperationen vor Augen, mit deren Hilfe sich das aus dem Vernunftpostulat Stärke beziehende Ich vor Kontrollverlusten zu schützen sucht.

Einen Zusammenhang von Vernunft und Verdrängung legt bereits die Schilderung des ersten Ehekonflikts nahe.«

Ebd. S. 271f.

»Die Abwehr von Emotionen erzeugt notgedrungen eine besondere Art des Sprechens. Was nach außen vernünftig, höflich, taktvoll erscheint, erhält eine zusätzliche, das gesprochene Wort wieder in Frage stellende Bedeutung. Die Darstellung strategischer Lügen oder hinterlistiger Reden dienten der Literatur der Frühaufklärung zur Entlarvung von Bösewichten. Die in ihrer moralischen Integrität unangefochtene, gleichwohl aber nicht mit Wahrhaftigkeit sprechende Frau dagegen taucht erst in der Literatur der Spätaufklärung auf. Sobald das um vernünftige Selbstbeherrschung ringende Individuum die Unterdrückung eigener Empfindungen nicht mehr gewahr wird, Verdrängung also bereits zur zweiten Natur geworden ist, verliert Sprache ihren Wahrheitsanspruch. Der Zweifel an der Vernunft zieht so den Sprachzweifel nach sich. Auf sehr subtile Weise erhebt der Goethesche Roman gegen den Logos, die vernünftige Rede, die Anklage, er ignoriere die Verdrängung *wahrer* Gefühle oder leiste somit der Unwahrhaftigkeit Vorschub.«

Ebd. S. 273.

»Als die arme Verwandte, für die von vornherein keine bedeutende Rolle in der großen Welt vorgesehen ist und die Charlotte folgerichtig mit den Aufgaben einer Haushälterin betraut, werden an Ottilie weitgehend bürgerliche Bewertungsmaßstäbe angelegt. Diesen entspricht sie, indem sie zur Freude Charlottes eine ›anständige Dienstfertigkeit‹ an den Tag legt und bei ihrer Tätigkeit so leise auftritt, daß ihr Gehen nicht zu hören ist. Der Pensionsvorsteherin, die ihre Zöglinge stärker auf zukünftige Repräsentationspflichten vorbereiten möchte, geht Ottilies Altruismus, ›dieses Zurücktreten, diese Dienstbarkeit‹ manches Mal zu weit. Und selbst Charlotte muß der Pflegetochter die von der Schicklichkeit vorgeschriebenen Grenzen für Unterwürfigkeit vor Augen halten.
[...] Daß die Erziehung zur weiblichen Selbstlosigkeit in

tendenzielle Identitätslosigkeit mündet, verdeutlichen Ottilies Tagebucheinträge. Entgegen der Ankündigung des Erzählers, durch alle Bemerkungen, Betrachtungen und Sinnsprüche ziehe sich ›ein Faden der Neigung und Anhänglichkeit‹, jede einzelne Stelle lege Zeugnis vom Denken und Fühlen der Verfasserin ab, bleiben die mit Sentenzen gefüllten Tagebuchseiten zumeist abstrakt und nichtssagend. Mancher Goetheforscher meinte gleichwohl den ›inneren Reichtum‹ dieser Notizen oder den ›feinfühligen, aufnahmefähigen Geist‹, der daraus spreche, rühmen zu müssen.* Andere registrierten hingegen, daß die von einer gewissen intellektuellen Eitelkeit oder auch mitunter von Witz zeugenden Aphorismen zu der von Ernst und Schüchternheit geprägten Figur kaum passen mochten.**
[...] Zweifellos handelt es sich hier nicht um ein Tagebuch, in dem sich die Schreiberin vornehmlich der Introspektion widmet; wer nach der einleitenden Anmerkung des Erzählers glaubt, nun einen Blick in ihre geheimsten Gedanken und Sehnsüchte werfen zu dürfen, wird herb enttäuscht. Im Stile der Aufklärung führt Ottilie ein *Diarium*, in das sie Merksätze oder ihr interessant erscheinende Gesprächssequenzen verzeichnet [...]. Die Stelle, an der ein autonomes Ich über Willen und Wissen verfügt, halten bei Ottilie [...] Charlotte und Eduard besetzt.
Bei Ottilies Ichschwäche handelt es sich gerade um jene Eigenschaft, die gemeinhin mit dem besonderen weiblichen Reiz dieser Figur identifiziert wird.«

Ebd. S. 300–304.

»In dem Entschluß, sowohl die gewohnte Kommunikation als auch – heimlich – jede weitere Nahrungsaufnahme zu verweigern, konstituiert sich [...] erst die Persönlichkeit

* Vgl. Th. Rötscher, *Die »Wahlverwandtschaften« von Goethe in ihrer weltgeschichtlichen Bedeutung* [Berlin 1838], S. 108, sowie H. Hatfield [...], S. 187. [Siehe Kap. IV, S. 239.]

** Vgl. Gonthier-Louis Fink, [...], S. 467, sowie P. Suhrkamp, [...], S. 204. [Siehe Kap. IV, S. 240 und 245 f.]

der weiblichen Hauptfigur. Ganz im Sinne moderner Theorien über Magersucht werden auch in Ottilies Fall Hungern und Schweigen zu Gradmessern der eigenen, plötzlich erst entdeckten Willensstärke.* Daß es sich hierbei um einen tödlichen Zirkel handelt, daß die fortlaufenden Beweise für die persönliche Willenskraft zugleich die körperlichen Ressourcen des um sein Selbstbewußtsein ringenden Subjektes sukzessive erschöpfen und zerstören, durchschauen die im Hungern Euphorisierten zumeist nicht. Auch Ottiliens Tod erscheint entsprechend nicht als das Resultat eines konsequent betriebenen Selbstmordes; wohl verschließt ihr ein Willensakt den Mund, doch leitet die Philippika Mittlers das Sterben selbst erst ein.

Freilich mündet die Ich-Konstitution durch Magersucht nicht in die selbstbewußte erwachsene Persönlichkeit. Im Gegenteil: Der Wille, mit dem sich das Ich setzt, wird nur mit dem Ziel aufgeboten, die erlangte Geschlechtsreife rückgängig zu machen und den Körper wieder kindliche, d. h. vorpubertäre Konturen annehmen zu lassen. Die Vermeidung jeglicher sexuellen Berührung und das Zurückschaudern vor Körperkontakt sind die Symptome, hinter denen sich die Sehnsucht nach der Widerkehr einer frühkindlichen Symbiose verbirgt.

Es liegt daher ganz in der Logik der Magersucht, wenn Ottilie erst als Hungernde die Gegenwart Eduards als Glück empfinden kann [...].

Dieser Augenblick asexuellen Glücks, er währt allerdings nicht lange. Der anorektischen Dialektik von Selbstfindung und Selbstzerstörung setzt Ottilies Tod schließlich ein endgültiges Ende.

Die weiblichen Hauptfiguren in den *Wahlverwandtschaften* sind, [...] mit detailliertem psychologischem Realismus dargestellt. Beide, Charlotte wie Ottilie, erweisen sich als in sich brüchige Persönlichkeiten: Charlotte, die scheinbar

* Die Charakterisierung Ottilies als einer Anorektikerin stammt von Jochen Hörisch, [...], S. 308 ff. [Siehe Kap. IV, S. 247 f.: Hörisch (1981).]

Vernünftige, muß sich fortwährend selbst belügen, um Herrin ihrer Gefühle zu werden und die Einheit ihrer Person zu wahren; Ottilie, die scheinbar allein ihrer natürlichen Emotionalität gehorcht, kämpft in Wahrheit einen – letztlich aussichtslosen – Kampf darum, überhaupt Gefühle als ihre eigenen empfinden zu können. Das Ungenügen beider Figuren an sich selbst wiederum ist untrennbar mit dem sozialen Status von Weiblichkeit verbunden. Ohne daß sich Goethe realistischer oder gar naturalistischer Mittel bediente, gelingt ihm hier eine durchaus wirklichkeitsgetreue Darstellung – nicht der *condition humaine*, sondern spezifischer: der *condition féminine* zu seiner Zeit im Milieu des kleinen Adels. Und indem er die Einschränkungen, denen seine weiblichen Hauptfiguren in ihrer menschlichen Existenz unterworfen sind, offenlegt, ermöglicht er eine die Geschlechterrollen kritisch reflektierende Lektüre.«

Ebd. S. 305 ff.

Eva Horn: »Trauer schreiben. Die Toten im Text der Goethezeit« (1998):

»Eine christliche Lesart Goethes mag angesichts des bekannten antichristlichen Affekts Goethes befremden. Was zu zeigen war, ist die Stringenz dieser Lesbarkeit im Roman. Die Frage stellt sich jedoch, wie ernst dieses Aufgreifen christlicher Denkfiguren zu nehmen ist: zu vermuten wäre, daß das christliche Zitat Goethes sich als zutiefst ironisch erweist. Sind doch die christlichen Überhöhungen der Romanfiguren immer wieder durch pagane, burleske Kontextualisierungen gestört: so etwa Ottiliens Fastentod, der konterkariert wird durch den Hinweis auf die (nur kurzzeitig hungernde) ›Witwe von Ephesus‹. Luciane parodiert Ottilie – damit wirft die *umbra* ihren Schatten ironisch auf die *figura*. Die schlagendste Brechung des Auferstehungsmotivs findet sich zweifellos in der höchst frivolen Reminiszenz Eduards an einen nächtlichen Besuch bei seiner damaligen Geliebten Charlotte. Wären die vor der Tür schlafenden Soldaten, die alttestamentlichen ›Enakskinder‹, geweckt worden, so erinnert sich der Graf, ›welch eine seltsame Auferstehung würden wir gesehen haben‹ (318). Auch die Ambivalenz, die diabolischen Züge des ehemaligen Geistlichen und ›himmlischen Boten‹ Mittler (353) und die Monstrosität des ›Heilands‹ Otto sind Signale für eine Ironisierung des christlichen Musters, die dieses entweder ins Lächerliche oder ins Sündige zieht. Dabei wird der Geltungsanspruch des Christlichen suspendiert in einer Struktur der Unentscheidbarkeit zwischen einander ausschließenden Versionen: Ist Ottilie Heilige oder Verbrecherin? Ist Otto Monstrum oder Heiland? Meint Auferstehung ewiges Leben oder nächtliches Stolpern? In der Ironisierung der solchermaßen aufgerufenen und suspendierten Deutungen liegt gleichwohl ein negatives Potential der Desavouierung, die eine christliche Deutung nicht nur unhaltbar macht, sondern die christlichen Zitate zur ausgemachten Blasphemie werden läßt. Denn daß diese christlichen Modelle im Roman am falschen Platz sind, daß sie aus dem orthodoxen heilsgeschichtlichen Kontext herauszitiert, von äußerst unfrommen Elementen immer wieder konterkariert und auf ein modernes, kaum profaner zu denkendes Romangeschehen (Ehebruch) angewendet werden, wurde früh bemerkt – nicht zufällig von der katholischen Kritik. Jacobi schimpfte das Werk durchaus treffend ›eine Himmelfahrt der bösen Lust‹.* Denn die ›böse Lust‹ aristokratischer Leidenschaften erfährt hier strukturell und zeichenlogisch eine

* Friedrich Jacobi an Köppen, 12. Januar 1810, HA VI, 662 f.: »Dieses Goethesche Werk ist durch und durch materialistisch oder, wie Schelling sich ausdrückt, *rein physiologisch*. Was mich vollends empört, ist die scheinbare Verwandlung am Ende der Fleischlichkeit in Geistigkeit; man dürfte sagen: eine Himmelfahrt der bösen Lust.« Dieser Brief ist zweifellos (neben dem Sonett von Zacharias Werner) der luzideste zeitgenössische Beitrag zum Roman.

›Himmelfahrt‹ ins Reich sakraler und absolut gesetzter Bedeutung. Die Tragweite von Goethes im Grunde blasphemischer Dekonstruktion dieser ›Himmelfahrt‹ läßt sich aber nur in genauer Analyse der Implikationen der christlichen Denkfiguren für die Verknüpfungen von Zeichen und Tod ermessen. Goethe bemüht das Christentum am Schluß des Romans nicht umsonst: die christliche Lesart ist in ihrem Anspruch nicht eine von drei möglichen, gleichrangigen ›Schriftsinnen‹, sondern der christliche Diskurs steht für die Möglichkeit einer letzten, endgültigen Lesbarkeit. Typologie, auf die als Modell hier angespielt wird, hat nicht zufällig historisch dazu gedient, auch antikes und naturphilosophisches Gedankengut gleichsam auf das Konto christlicher Bedeutung zu verbuchen.* Die christliche Lektüre ist damit das Zitat einer umfassenden Meta-Lektüre, die alle Ambiguitäten der Bedeutung in den vielfältigen Bildlogiken ebenso auflösen könnte wie sie die substitutionslogische Crux der ›Wahlverwandtschaften von Sprache und Tod‹ im Erlösertum der Inkarnation und im ›ewigen Leben‹ aufhebt. Damit leistet sie etwas, das bereits Gegenstand der Debatte um den Todesgenius ist und woran die anderen Lesarten scheitern: die diskursive Aufhebung des Todes. Die naturphilosophische Lektüre kann dem Tod des Menschen nur ein zyklisches Modell der sich immer wieder regenerierenden Natur entgegenhalten, das letztendlich, um auf den Menschen angewandt zu werden, christlich umgedeutet werden muß. Im Roman geschieht das im Bilde der abgesichelten Ähre (376),** die in der christlichen Ikonographie wiederum Zeichen für Tod und Auferstehung ist. Die antike Lektüre verweist auf die Verdrängung und Ästhetisierung des Todes, die, wie im Roman und anderswo längst konstatiert, keinen substantiellen Trost bieten können. Das ewige Le-

* Vgl. dazu Ohly, »Typologie als Denkform« [in: *Typologie*, hrsg. von V. Bohn, Frankfurt a. M. 1988], S. 31.

** Vgl. Wiethölter [...], S. 49. [Siehe Kap. IV, S. 258.]

ben des christlichen Heilsversprechens hingegen ist zugleich Anerkennung *und* Überwindung des Todes, die der linearen Zeit des Menschenlebens entspricht. – Daß diese christliche Meta-Lesbarkeit nur Zitat ist, daß sie von dem Schema der Gegenbilder und Verkündigungen, das sie einführt, und von den Figuren selbst, deren Heiligkeit sie konstituiert, desavouiert wird, verschärft in letzter Konsequenz nur das Problem, als dessen Universallösung sie antritt. Die ›Ungläubigkeit‹, die Goethe immer wieder nachgesagt wurde, erweist sich in den *Wahlverwandtschaften* darin, daß er gerade *in* seiner christlichen Apotheose das Christentum nicht in seinem Geltungsanspruch auf Glauben anerkennt, sondern es um der patenten Lösungen instrumentalisiert – und als solches ausweist. Das typologische Schema, das ›Bedeutsamkeit‹ in der Rekurrenz der Motive stiftet, unterläuft darum diese zugleich in den ihm eingeschriebenen Ambivalenzen (Ottilie als Eva *und* Maria, Otto als Monstrum *und* Heiland). So ist auf der Ebene der Romanstruktur die Kritik der Repräsentation und des Lesens auf den Roman selbst angewandt: wie die Heiligkeit der Figuren ist auch die Lesbarkeit des Textes nur um den Preis tödlicher Figuralität zu haben. Tod und Trauer als Crux der Menschen wie der Texte bleiben irreduzibel gerade angesichts ihrer christlichen Überwindung, an die, anders als die Romantiker, Goethe nicht mehr glaubt.«

Eva Horn: Trauer schreiben. München: Fink, 1998. S. 161–163. –

Hermann Beland (geb. 1933): »›Und doch läßt sich die Gegenwart ihr ungeheures Recht nicht rauben‹. Zur Problematik eines zentralen Symbols in Goethes *Wahlverwandtschaften*« (1999):

»Unter den Gegensatzpaaren, die das Leben der Romanpersonen beherrschen und zu zerreißen drohen, scheinen

mir zwei Paare vom Erzähler an die Spitze der Hierarchie der Wichtigkeiten gestellt zu sein, die auch für die Interpretation eines Psychoanalytikers besonders aufschlußreich sind. Ich meine das Verhältnis von Narzißmus und Sozialismus (im Sinne von Sozialfähigkeit, Objektbeziehung) und das Verhältnis von Realismus zu psychotischem Denken. Betrifft das erstere die Frage nach der Qualität der Liebe, die die vier Personen leisten und sich wünschen, die Frage des psychischen Wachstums in der Liebe, so betrifft der zweite Gegensatz die Wahrheitsfrage, die Wirklichkeitsbeziehung als wissenschaftliche Beziehung, wie rudimentär auch immer. Die Qualität der Wirklichkeitsbeziehung beweist sich in der Toleranz für die eigene psychische Wirklichkeit, in der Toleranz dafür, um es mit Beckett zu sagen, ›Wie es ist‹.
Die vier Pole Narzißmus – Objektbeziehung, Realitätstreue – Verleugnung kann man ebenfalls dem Analogietest der chemischen Wahlverwandtschaften aussetzen und wird es nicht erstaunlich finden, daß auch hier eine größere Affinität von gesteigertem Narzißmus zu psychotischem Denken besteht, wie zwischen Eduard und Ottilie, und daß überwiegende Objekttoleranz eher mit größerer Realitätstreue einhergeht. Ganz realistisch jedoch wird das Bild, wenn man sich daran erinnert, daß die vier erwähnten Tendenzen jeden Menschen wie auch jede Gesellschaft betreffen, und ihr Mehr oder Weniger und das Wechselverhältnis beider Gegensatzpaare die Qualität des Lebens ausmachen.
Man bekommt also schon aus dem Titel des Romans einen Wink, daß es sich bei den Wahlverwandtschaften nach chemischer Analogie weder primär um einen Ehe-, noch um einen Ehebruchsroman handelt, wohl aber um einen Roman, der die bewußten und unbewußten Auffassungen von Verbindungstauglichkeit, einschließlich der individuellen wie der kollektiven Beliefs, Ideologien und Überzeugungen und deren enorme Wirksamkeiten, also *das gesamte Wirklichkeitsverhältnis unter den Bedingungen von*

Liebe und Ehegesetz zum Gegenstand hat. Was tatsächlich gewählt wird, sind Wirklichkeitsverhältnisse. [...]
Der Satz vom ungeheuren Recht der Gegenwart ist ein Kommentar des Erzählers, vielleicht ähnlich zu verstehen wie der begleitende Chorgesang der Alten in einer griechischen Tragödie. Er steht mitten in der Geschichte der Zeugung und kommentiert sie. Er ist ein sprachliches Gebilde, wie es wahrscheinlich nur von Goethe erschaffen werden konnte. Die Bedeutung des Satzes ist dabei durchaus nicht sofort evident. Er soll uns im folgenden weiter beschäftigen, weil er die Entstehung des psychotischen Symbols, wie ich es genannt habe, kommentiert, was in einem Roman, der psychische und gesellschaftliche Realität beschreibt, keine Harmlosigkeit sein kann. Die Sache ist im Gegenteil so gravierend, daß man, so denke ich, fragen muß, weshalb Goethe ein verrücktes Symbol in den Roman eingefügt hat, das dann alle Wahlverwandten in die Katastrophe begleitet. Das Symbol muß eine ebenso außerordentliche Funktion haben, wie es selbst außerordentlich ist. Es könnte zu den tiefsten Ebenen der Mentalität der vier Hauptpersonen gehören, es könnte die ablaufenden Wahlverwandtschaften interpretieren, es könnte so etwas wie ein negatives Sakrament von Partnerbeziehungen sein. Sakramentales Denken versucht Symbole auf einer protomentalen Denkebene zu bilden, auf der Denken und Sein gleichgesetzt wird. Das ist bei des Kindes doppelter Ebenbildlichkeit mit den verkehrten Eltern des Kindes der Fall.«

Gisela Greve (Hrsg.): Goethe. Die Wahlverwandtschaften. Tübingen: edition diskord, 1999. S. 71–74, 83f. – © 1999 edition diskord, Tübingen.

»Innere Neigung und Einbildungskraft behaupten während der Zeugung ›ihre Rechte über das Wirkliche‹. Dann muß das ungeheure Recht der Gegenwart mit dem Festhalten an diesem ›Wirklichen‹ zu tun haben, das sie sich nicht rauben läßt, dem Festhalten an dem Nicht-Eingebildeten, dem Festhalten am Urteil der Realitätsprüfung. ›Es wurde nicht mehr vorgestellt, was angenehm, sondern was real war, auch wenn es unangenehm sein sollte‹, hieß Freuds klassische Definition des Realitätsprinzips.* Das ist offenbar jene entscheidende Anerkennung, gegen die Eduard im Bereich seiner zentralen Wünsche rebelliert. Aber wir müssen noch weiter fragen. Merkwürdig ist die Personifizierung der Gegenwart, die wie in einem gnostischen Mythos als göttliche Großmacht in actu beschrieben wird, merkwürdig auch, daß sie beraubt werden kann, wie auch, daß sie es zu verhindern vermag und merkwürdig, daß sie ein Recht hat wie ein souveräner Staat und daß das Recht, das sie sich nicht rauben läßt, ein ungeheures ist. Ungeheuer könnte heißen ungeheuer groß, alles umfassend; oder mit Entscheidungsbefugnissen ausgestattet, wie über Tod oder Leben; ungeheuer könnte auch heißen unheimlich, grauenhaft, schrecklich; oder ungeheuer wichtig, d. h. ontologisch ganz hoch oder tief, etwa die ersten psychischen Prinzipien oder die Anschauungsformen betreffend. Wahrscheinlich gelten alle drei Möglichkeiten, aber man kommt auf diese Weise nicht zur Evidenz. Die inhaltlichen Bestimmungen, auf die sich die Wendung beziehen muß, führen vielleicht weiter. Sie sind für beide Partner teils gleich, teils außerordentlich unterschieden. Gleich ist die Freiheit zu ›allerlei Gesprächen und Scherzen, die um desto freier waren, als das Herz leider keinen Teil daran nahm‹; verschieden jedoch ist die Beurteilung am nächsten Morgen. Während Charlotte sich, seltsam genug, am nächsten Morgen alleine fand, und sich beschämt und sogar reuig gegenüber dem Hauptmann fühlte, – ›denn so ist die Liebe beschaffen‹, kommentiert der Erzähler, ›daß sie allein Recht zu haben glaubt und alle anderen Rechte vor

* Sigmund Freud (1911b), »Formulierungen über die zwei Prinzipien des psychischen Geschehens« [in: S. F., *Gesammelte Werke*, Bd. 8: Werke aus den Jahren 1909–1913. Frankfurt a. M. 1964, S. 213].

ihr verschwinden‹ –, schleicht Eduard sich von Charlottes Seite, weil die Sonne ihm ein Verbrechen zu beleuchten schien. Dies könnte der entscheidende Punkt sein. Eduard ist sonst mit bemerkenswerter Rücksichtslosigkeit anderen gegenüber vorgestellt worden, ohne daß sein Narzißmus je durch ein strenges Überich erschüttert worden wäre. Aber dieses Mal sieht er ein Verbrechen. Ich muß gestehen, daß ich dieses Verbrechen ohne die Kenntnis typischer Zusammenhänge des Psychischen nicht zu deuten wagen würde. Aber die Worte des Erzählers ernstnehmend und die Momente seelischer Zusammenbrüche kennend, komme ich zu dem Schluß, daß Eduard in seiner Imagination Ottilies viel weiter gegangen ist als Charlotte, indem er sich von der Ebene des Tagtraums, auf der Charlotte geblieben ist, losgerissen und eine halluzinative Gleichsetzung der beiden Frauenkörper zustandegebracht hat. Ein derartiger Schritt ist vermutlich nur möglich unter der seelischen Bedingung seiner ebenso rücksichtslosen wie maßlosen Liebe zu Ottilie, die die Entstehungsbedingungen seines enormen Narzißmus wiederholt. Jene Nacht war die Wiederholung seiner ödipalen Raserei und trägt den Stempel einer halluzinativen Abwehr äußerster Ohnmacht und Verlassenheit. Ein Orgasmus unter den Bedingungen einer Halluzination macht Denken und Realität ununterscheidbar. Charlotte ist wirklich beseitigt, damit Eduard real mit Ottilie zusammen sein kann. Das ist das ahnungsvoll gefühlte, erinnerte Verbrechen.

Wir können jetzt, diese Rekonstruktion zugrundelegend, den Zentralsatz von der Gegenwart erneut versuchen zu übersetzen. Das ungeheure Recht der Gegenwart wäre, daß sie alles, was wirklich ist, und alles was Wirklichkeit als wirklich anerkennt, umfaßt und verteidigt. Ohne quasimythologische Rede: nur in der Gegenwart wird der Realitätsbezug, der Objektbezug, der Wahrheitsbezug verteidigt. Jeder Mensch hat mit Recht Angst davor, sich von der schmerzhaften Wirklichkeit loszureißen. Wer sich von der

Wirklichkeit losreißt, bekommt keine bessere, sondern zerstört sein eigenes Denken und das der geliebten Personen. Warum aber Gegenwart, warum nicht die Vergangenheit oder die Zukunft oder eine analoge Raummetapher? Der Grund liegt vermutlich in einer zentralen Bedingung der Entwicklung. Die Kantschen Anschauungsformen der Zeit und des Raumes sind vermutlich nicht einfach angeboren, sondern formieren sich erst unter günstigen sozialen Bedingungen und sind in ihrer Funktion abhängig davon, ob das kleine Kind den Existenzbegriff zu bilden vermag oder nicht. Diese Bildung ist abhängig davon, ob das Kind die Trennung vom Objekt toleriert und einen Begriff vom abwesenden Objekt bilden kann, das existiert, obwohl es nicht da ist. Gegenwart als Anschauungsform ist nur tolerabel, wenn die Abwesenheit des Objekts tolerabel ist. Das ungeheure Recht der Gegenwart, alles Existierende existent zu lassen, ist abhängig davon, ob die Abwesenheit des Objekts toleriert wird. Weder Ottilie noch Eduard sind aber in dieser günstigen Verfassung. Deshalb verwenden sie symbolische Gleichsetzungen,* um sich wahnhaft der Gegenwart der geliebten abwesenden Person zu versichern. Das ist ihr erfolgreicher Angriff auf das ungeheure Recht der Gegenwart.«

Ebd. S. 83 f.

Vivian Liska (geb. 1956): »Die Mortifikation der Kritik. Zum Nachleben von Walter Benjamins ›Wahlverwandtschaften‹« (2000):

»*Die Wahlverwandtschaften* werden immer wieder als ›Goethes modernstes Buch‹ bezeichnet.** Modern ist an der Geschichte der vier überkreuz sich Liebenden, die

* Hanna Segal (1978), On Symbolism; International Journal of Psychoanalysis 59, S. 315–319.

** Vgl. von Wiese, Benno, Nachwort, in: Goethes Werke [HA VI, [12]1981], S. 293–317, hier S. 294; Niedermeier [...], S. 182. [Siehe Kap. IV, S. 252: Niedermeier (1992).]

ohne zwingenden Grund aneinander vorbei leben und zugrunde gehen, weder ihre Lebenswelt noch ihr Handlungsraum, weder der schicksalshafte Verlauf ihrer Fabel noch die Allgegenwart ihrer verheißungsvollen Zeichenwelt. Modern ist an ihr vielmehr die implizite Aufforderung zur unendlichen Deutbarkeit dieser Figuren, dieses Geschehens und dieser Zeichen. Viel habe er hineingelegt, sagte Goethe,* von einer ›Abwesenheit von Sinn‹ sprechen seine heutigen Interpreten.** Ein Leser des Romans, und nicht sein geringster, wollte der Bedeutungsflucht apodiktisch Einhalt gebieten. Gerade das ›Chaos der Symbole‹ und die Entscheidungslosigkeit, aus denen heraus er ›alles bedeutend‹*** fand, machte Walter Benjamin Goethe zum größten Vorwurf. Benjamins *Wahlverwandtschaften*-Essay steht, so Burckhardt Lindner, ›einzig neben Goethes Roman‹.**** Wie die rettenden Elemente, die Benjamin aus dem Roman heraussprengt, bildet er selbst im Fluß von dessen Wirkungsgeschichte eine ›gegenrhythmische Unterbrechung‹.***** Der Strom der Lektüren ist an ihm gestockt, hat ihn aufgenommen, ihn mitgetragen und sich von ihm tragen lassen, er hat ihn verwandelt und schließlich überspült und vielleicht verloren. Das Nachleben von Benjamins Essay zeugt von einem vielfachen Angriff auf die Verbindlichkeit seiner ästhetischen, philosophischen und theologischen Sentenzen, aber ebenso von den Kräften, die – einer Benjaminschen Gedankenfigur entsprechend – aus ihrem Verfall hervorgehen.****** An ihnen

* Goethe an Zelter, 1. Juni 1809; WA IV,20, S. 346. [Siehe Kap. IV, S. 235.]

** Bolz, Norbert: *Ästhetisches Opfer* [...] S. 64. [Siehe Kap. IV, S. 243.]

*** Benjamin, Walter: *Goethes Wahlverwandtschaften*, in: W. B.: *Illuminationen*, Frankfurt 1977, S. 63–135, hier S. 90.

**** Lindner [...], S. 24. [Siehe Kap. IV, S. 250.]

***** Benjamin: *Goethes Wahlverwandtschaften*, a. a. O., S. 117.

****** Im *Wahlverwandtschaften*-Essay spricht Benjamin von den »Kräften [...] welche im Verfall [der Ehe] aus ihr hervorgehen« (ebd., S. 68). Eine ähnliche, positiv gewendete Gedankenfigur beschreibt am Ende des Essays die Hoffnung, die »im Maß, in dem die Sonne verlischt« in der Gestalt des Abendsterns aufgeht (ebd., S. 134).

ist das Recht abzulesen, das die jeweilige Gegenwart für sich beansprucht.«

Bernhard Beutler / Anke Bosse (Hrsg.): Spuren, Signaturen, Spiegelungen. Zur Goethe-Rezeption in Europa. Köln: Böhlau, 2000. S. 581 f. –

»Und Goethe? Aufklärer und Gegenaufklärer und kurz auch Dialektiker der Aufklärung, Dekonstrukteur und Grammatologe, gleichzeitig Kommunikationstheoretiker der unvollendeten Moderne und Medienprophet einer heiteren Postmoderne? Ein Goethe, der alles bedeuten kann? Benjamins programmatischer Aktualisierungsanspruch scheint hier, und vielleicht heute überhaupt, zur Selbstverständlichkeit geworden zu sein, doch hat sich seine Auffassung von Aktualität, zusammen mit jener der Kritik, verflüchtigt. Während Goethes Roman sich mühelos auf den heutigen Stand bringen läßt, gilt dies für Benjamins Essay nur bedingt. Die Bedingungen dafür hat Benjamin in seinem Spätwerk selbst formuliert: Es geht, heißt es in den *Geschichtsphilosophischen Thesen*, nicht darum, Vergangenes zu reproduzieren, sondern sich in ein Verhältnis zu ihm zu setzen, das im Zeichen des Widerstands gegen die Gefahr eines je aufs neue zu bestimmenden Konformismus steht.* Dieser Konformismus hat seit Benjamins Zeiten sein Gesicht geändert. Galt es damals, gegen Gundolfs monumentalisierenden Goethekult anzukämpfen, so besteht heute die Gefahr, nur noch einem Goethe *au goût du jour* oder in der *polycolor* des Tages zu begegnen. Zwar hat auch Benjamin in Goethes Roman durch alle Kritik hindurch letztendlich seine eigenen Verzweiflungen vermittelt und seine eigenen Hoffnungen formuliert und hat gerade dadurch den Heutigen den Weg der Aktualisierung gewiesen, doch geschieht dies in seinem Essay nach einem

* Benjamin, Walter: *Über den Begriff der Geschichte*, in: ebd., S. 251–262, hier S. 253.

schwierigen, zweifelnden, hadernden Kampf mit Goethe. Ob es, wie schon Benjamin andeutet, an Goethe liegt, daß er heute alles bedeuten kann? Ob es am Heute liegt? Vielleicht kann Goethe gerade deshalb so mühelos zu einem Heutigen werden, weil er mit unserer Gegenwart in jenem freischwebenden Einklang ist, in dem die Einstellung, alles bedeutend zu finden, mit der Feststellung der Abwesenheit von Sinn aufeinandertrifft. Wenn Goethe heute so leicht in jedes Programm einzufügen ist, hat Benjamin ›denn auch nicht im entferntesten die Wirkung gehabt, die seinem Genie entsprach.‹*«

Ebd. S. 599.

* Benjamin: *Goethe* [in: W. B., *Gesammelte Schriften*, Bd. II/2, hrsg. von R. Tiedemann (u. a.), Frankfurt a. M. 1991], S. 739.

IV. Literaturhinweise

Verzeichnis der Abkürzungen

AG	Acta Germanica
DVjs	Deutsche Vierteljahrsschrift für Literaturwissenschaft und Geistesgeschichte
EG	Études Germaniques
FMLS	Forum for Modern Language Studies
GJb	Goethe-Jahrbuch
GLL	German Life and Letters
GQ	The Germanic Quarterly
GR	The Germanic Review
GRM	Germanisch-Romanische Monatsschrift
GYb	Goethe Yearbook
JbDSG	Jahrbuch der Deutschen Schillergesellschaft
JbFDH	Jahrbuch des Freien Deutschen Hochstifts
JbGG	Jahrbuch der Goethe-Gesellschaft
JbJPG	Jahrbuch der Jean-Paul-Gesellschaft
JbWGV	Jahrbuch des Wiener Goethe-Vereins
JEGPh	Journal of English and Germanic Philology
LwJb	Literaturwissenschaftliches Jahrbuch der Görres-Gesellschaft
MLN	Modern Language Notes
MLR	The Modern Language Review
NR	Die Neue Rundschau
ÖR	Österreichische Rundschau
OL	Orbis Litterarum
PEGS	Publications of the English Goethe-Society
PMLA	Publications of the Modern Language Association of America
RG	Recherches Germaniques
WB	Weimarer Beiträge
WM	Westermanns Monatshefte
ZfDPh	Zeitschrift für Deutsche Philologie
ZfdU	Zeitschrift für deutschen Unterricht
ZfG	Zeitschrift für Germanistik

1. Ausgaben

a) Erstausgabe, Neudrucke zu Lebzeiten Goethes und Auswahl von Ausgaben im 19. Jahrhundert

Die Wahlverwandtschaften. Ein Roman. Erster Teil. Zweiter Teil. Tübingen: Cotta, 1809.

Werke. Bd. 13. Tübingen: Cotta, 1810. (Ausgabe A.) [Ergänzungsband der zwölfbändigen Ausgabe; auch als selbständiges Buch mit der Bezeichnung »Zweite Auflage« auf der Titelseite.]

Les Affinités Electives. Roman de Goethe. Trad. de l'Allemand par Raymond, Serieys, Godailh, Manget et Depping. Paris: Lhuillier, 1810.

Ottilie, ou le Pouvoir de la Sympathie. Trad. de l'Allemand de Goethe, Auteur de *Werther*, par M. Breton. Paris: Lepetit, 1810.

Werke. Bd. 14. Stuttgart/Tübingen: Cotta, 1817. (Ausgabe B.)

Werke. Vollständige Ausgabe letzter Hand. Bd. 17. Stuttgart/Tübingen: Cotta, 1828.

Sämmtliche Werke. Vollständige Ausgabe letzter Hand. Bd. 17. Stuttgart/Tübingen: Cotta, 1830. (Ausgabe C.)

Werke. Weimarer Ausgabe. Bd. 20. Hrsg. von Max Freiherr von Waldberg und Bernhard Seuffert im Auftrag der Großherzogin Sophie von Sachsen-Weimar. Weimar: Böhlau, 1892. – Reprogr. Nachdr. München 1987. [Zit. als: WA.]

b) Auswahl von Ausgaben im 20. Jahrhundert

Sämtliche Werke. Jubiläums-Ausgabe. Bd. 21. Hrsg. von F. Muncker. Stuttgart/Berlin: Cotta, [1903].

Werke. Fest-Ausgabe. Bd. 13. Krit. durchges. von Julius Wahle, eingel. von Oskar Walzel. Leipzig, 1926.

Werke. Hamburger Ausgabe in 14 Bänden. Textkrit. durchges. von Erich Trunz. Kommentiert von Erich Trunz und Benno von Wiese. Bd. 6. Mit Anm. vers. von Benno von Wiese. Hamburg: Wegner, 1948–64 [u. ö.]. – Ab 1981 München: Beck. [14. überarb. Aufl. 1996. Sonderausg. ebd. zum 250. Geburtstag Goethes 1998. Zit. als: HA.]

Gedenkausgabe der Werke, Briefe und Gespräche. Hrsg. von Ernst Beutler. Bd. 9. Hrsg. von Paul Stöcklein. Zürich: Artemis, 1949.

Gesamtausgabe der Werke und Schriften. Bd. 6. Erzählende Dichtungen. Tl. 1. Stuttgart: Cotta, 1950.
Die Wahlverwandtschaften. Mit einem Nachw. von Ernst Beutler. Stuttgart: Reclam, 1956 [u.ö.]. [Ab 2002 mit einem Nachw. von Benedikt Jeßing.]
Die Wahlverwandtschaften. Hrsg. von Helmut Praschek. Berlin: Akademie Verlag, 1963.
Poetische Werke. Kunsttheoretische Schriften und Übersetzungen. Berliner Ausgabe. Bd. 12. Hrsg. von Regine Otto. Berlin/Weimar: Aufbau Verlag, 1963. [3]1976.
Sämtliche Werke. Frankfurter Ausgabe. Abt. 1, Bd. 8. In Zus.arb. mit Christoph Brecht hrsg. von Waltraud Wiethölter. Frankfurt a. M.: Deutscher Klassiker Verlag, 1984.
Sämtliche Werke nach Epochen seines Schaffens. Münchner Ausgabe. Bd. 9. Hrsg. von Christoph Sigrist. München: Hanser, 1987.

2. Bibliographien

Goedeke, Karl, Grundriß zur Geschichte der deutschen Dichtung. Bd. 4. Abt. 3. Dresden [3]1912. – Bd. 4. Abt. 5. Berlin 1960.
Goethe-Bibliographie. Begr. von Hans Pyritz. Fortgef. von Heinz Nicolai und Gerhard Burkhardt. Bd. 1. Heidelberg 1965. S. 765–768. Bd. 2. Heidelberg 1968. S. 237–240.
Goethe-Bibliographie. Literatur zum dichterischen Werk. Zusammengestellt von Helmuth G. Hermann. Stuttgart 1991. S. 226–237.
Goethe-Bibliographie 1950–1990. Hrsg. von Siegfried Seifert unter Mitarb. von Rosel Gutsell und Hans-Jürgen Malles. 3 Bde. München 2000.

3. Materialien und Sammelbände

Bode, Wilhelm (Hrsg.): Goethe in vertraulichen Briefen seiner Zeitgenossen. 3 Bde. Berlin 1918–23. Bd. 2 Berlin 1921. – Neuausg. mit Quellenverweis von Regine Otto. Berlin/Weimar 1979 und München 1982.
Bolz, Norbert W. (Hrsg.): Goethes *Wahlverwandtschaften.* Kritische Modelle und Diskursanalysen zum Mythos Literatur. Hildesheim 1981. [Zit. als: Bolz 1981.]

Braun, Julius W.: Goethe im Urteil seiner Zeitgenossen. Bd. 3 (1802–1812). Berlin 1885.

Fischer, Paul: Goethe-Wortschatz. Leipzig 1929. [Zit. als: Fischer.]

Gräf, Hans-Gerhard (Hrsg.): Goethe über seine Dichtungen. Versuch einer Sammlung aller Äußerungen des Dichters über seine poetischen Werke. Tl. 1: Die epischen Dichtungen. Frankfurt a. M. 1901. – Bd. 1. Repr. Darmstadt 1968. S. 362–488. [Zit. als: Gräf.]

Greve, Gisela (Hrsg.): Goethe. *Die Wahlverwandtschaften.* Tübingen 1999. [Zit. als: Greve.]

Härtl, Heinz (Hrsg.): *Die Wahlverwandtschaften.* Eine Dokumentation der Wirkung von Goethes Roman 1808–1832. Weinheim 1983. [Zit. als Härtl 1983 a.]

Mandelkow, Karl Robert (Hrsg.): Goethe im Urteil seiner Kritiker. Tl. 1: 1773–1832. München 1975. Tl. 2: 1832–1870. München 1977. Tl. 3: 1870–1918. München 1979. Tl. 4: 1918–1982. München 1984.

Rösch, Ewald (Hrsg.): Goethes Roman *Die Wahlverwandtschaften.* Darmstadt 1975. [Zit. als: Rösch.]

Schlick, Werner: Goethes Roman *Die Wahlverwandtschaften* als Textdatei mit analytisch-interpretatorischen Anwenderprogrammen. Essen 1990. [Buch + 2 Disketten.]

Schuchardt, Christian: Goethes Kunstsammlungen. Bd. 1. Jena 1848.

Schwanke, Martina: Lemmatisierter Index zu Goethes Roman *Die Wahlverwandtschaften.* Stuttgart 1994.

Sommerfeld, Martin: Goethes *Wahlverwandtschaften* im 19. Jahrhundert. In: JbFDH 1926. S. 203–250. – Erw. Fassung in: M. S.: Goethe in Umwelt und Folgezeit. Gesammelte Studien. Leiden 1935. S. 209–257 und 278–281.

4. Forschungsliteratur

a) Auswahl 19. Jahrhundert

Bölsche, Wilhelm: Goethes *Wahlverwandtschaften* im Lichte moderner Naturwissenschaft. In: Die Gesellschaft 9 (1889) S. 1330–40. – Reprogr. Nachdr. Nendeln/Lichtenstein 1970.

Brahm, Otto: Eine Episode in Goethes *Wahlverwandtschaften.* In: Zeitschrift für deutsches Altertum 26 (1882) S. 194–197.

Düntzer, Heinrich: Goethes *Wahlverwandtschaften.* Jena 1857. 2. Aufl. Leipzig [o. J.].

Eckermann, Johann Peter: Bemerkungen über Goethes *Wahlverwandtschaften.* In: J. P. E.: Beyträge zur Poesie mit besonderer Hinweisung auf Goethe. Stuttgart 1824. S. 150–189. – Neudr. Berlin 1911. S. 135–170.

Rötscher, Heinrich Th.: Die *Wahlverwandtschaften* von Goethe in ihrer weltgeschichtlichen Bedeutung, ihrem sittlichen Gehalt und künstlerischem Werthe nach entwickelt. In: H. Th. R.: Abhandlungen zur Philosophie der Kunst. 2. Abt. Berlin 1838.

Schmidt, Erich: *Die Wahlverwandtschaften* in Frankreich. GJb 6 (1885) S. 343–344.

Spielhagen, Friedrich: *Die Wahlverwandtschaften* und *Effi Briest.* Neue Beiträge zur Theorie und Technik der Epik und Dramatik. Leipzig 1898.

Stahr, Adolf: Minna Herzlieb. Goethes Ottilie in den *Wahlverwandtschaften.* In: WM 27 (1870) S. 664–676. – Und in: A. S.: Goethes Frauengestalten. 2 Bde. Berlin 1865 [u.ö]. – München 1994. (Mikrofiche.)

b) Auswahl 20. Jahrhundert

1900 bis 1950

Angelloz, Joseph-François: Goethe. Paris 1949. S. 254–267.

Aulhorn, Edith: Der Aufbau von Goethes *Wahlverwandtschaften.* In: ZfdU 32 (1918) S. 337–355. – Und in: Rösch, S. 97–124.

Benjamin, Walter: Goethes *Wahlverwandtschaften.* In: Neue deutsche Beiträge. Hrsg. von Hugo von Hofmannsthal. 2. Folge H. 1 (1924) S. 83–138 und H. 2 (1925) S. 134–168. – Auch als Einzelveröffentl. Frankfurt a.M. [1964] [u.ö.]. – Und in: W. B.: Gesammelte Schriften. Unter Mitw. von Theodor W. Adorno und Gershom Scholem hrsg. von Rolf Tiedemann [u.a.]. Bd. 1. Frankfurt a.M. 1975 [u.ö.]. S. 123–201.

Borcherdt, Hans-Heinrich: Spätklassisches und spätromantisches Schicksalsbewußtsein. Goethes *Wahlverwandtschaften.* In: H.-H. B.: Der Roman der Goethezeit. Stuttgart 1949. S. 475–503.

Croce, Benedetto: *Die Wahlverwandtschaften.* Wien 1908.

François-Poncet, André: *Les Affinités Electives* de Goethe. Essai de Commentaire Critique. Paris 1909. – Dt.: Goethes *Wahlverwandtschaften.* Versuch eines kritischen Kommentars. Mainz 1951. S. 206–231. – Teilabdr.: Der sittliche Gehalt der *Wahlverwandtschaften.* Das Schicksalhafte. In: Rösch, S. 65–89.

Gundolf, Friedrich: Über die *Wahlverwandtschaften.* In: F. G.: Goethe. Berlin 1916 [u. ö]. [10]1922. S. 548–575.

Hankamer, Paul: Zur Genesis von Goethes *Wahlverwandtschaften.* In: Fs. für Berthold Litzmann. Hrsg. von Carl Enders. Bonn 1920. S. 38–62. – Wiederabgedr. in: Rösch, S. 125–148.

– Ein Kapitel aus Goethes Leben und Goethes Welt. In: P. H.: Spiel der Mächte. Tübingen 1941 [u. ö.] – Teilabdr. in: Interpretationen 3: Deutsche Romane von Grimmelshausen bis Musil. Hrsg. von Jost Schillemeit. Frankfurt a. M. 1966 [u. ö.]. S. 49–81.

Hárnick, J.: Psychoanalytisches aus und über Goethes *Wahlverwandtschaften.* In: Imago 1 (1912) S. 507–518.

Hatfield, Henry C: Towards the Interpretation of *Die Wahlverwandtschaften.* In: GR 23 (1948) S. 104–114. – Dt.: Zur Interpretation der *Wahlverwandtschaften.* Übers. von Ingo Pommerening. In: Rösch, S. 175–191.

Korff, Hermann August: Geist der Goethezeit. Bd. 2. Leipzig 1930. S. 374–392. [7]1964. S. 353–369.

Lockemann, Theodor: Der Tod in Goethes *Wahlverwandtschaften.* In: JbGG 19 (1933) S. 48–61. – Und in: Rösch, S. 161–174.

Mann, Thomas: Zu Goethes *Wahlverwandtschaften.* In: NR 36 (1925) S. 391–401. – Auch in: Th. M.: Gesammelte Werke. Bd. 9: Reden und Aufsätze. Frankfurt a. M. 1960. S. 174–186. – Und in: Rösch, S. 149–160.

May, Kurt: Goethes *Wahlverwandtschaften* als tragischer Roman. In: JbFDH 1936–40. S. 139–158. – Veränd. Fassung in: K. M.: Form und Bedeutung. Stuttgart 1957. [2]1963. S. 107–115. – Und in: Rösch, S. 263–271.

Meesen, Hubert J.: Goethes Polaritätsidee und die *Wahlverwandtschaften.* In: PMLA 54 (1939) S. 1105–23.

Reitz, Gertrud: *Die Wahlverwandtschaften.* Mittler, sein Charakter und seine Bedeutung für den Aufbau des Romans. In: G. R.: Die Gestalt des Mittlers in Goethes Dichtung. Frankfurt a. M. 1932. – Reprogr. Nachdr. Hildesheim 1973.

Riemann, Robert: Goethes Romantechnik. Leipzig 1902.

Schaeder, Grete: Die Idee der *Wahlverwandtschaften.* In: Goethe.

JbGG 6 (1941) S. 182–215. – Veränd. Fassung in: G. Sch.: Gott und Welt. Drei Kapitel Goethescher Weltanschauung. Hameln 1947. S. 276–323.

Spranger, Eduard: Der psychologische Perspektivismus im Roman. In: JbFDH 1930. S. 70–90. – Wiederabgedr. in: E. S.: Goethe. Seine geistige Welt. Tübingen 1967. S. 207–232.

Stahl, Ernest L.: *Die Wahlverwandtschaften.* In: PEGS 15 (1946) S. 71–95.

Stöcklein, Paul: Stil und Sinn der Wahlverwandtschaften. In: Wege zum späten Goethe. Dichtung, Gedanke, Zeichnung. Interpretationen. Hamburg 1949. S. 7–55. [Zugl. Habil. Schr. Frankfurt a.M. 1943.] – Und als 2. neubearb. und erw. Aufl.: Die Gestaltung der Elemente im Leben. In: Wege zum späten Goethe. Dichtung, Gedanke, Zeichnung. Interpretationen um ein Thema. Hamburg 1960. S. 9–80. – Reprogr. Nachdr. Darmstadt 1973.

Suhrkamp, Peter: Goethes *Wahlverwandtschaften.* In: P. S.: Ausgewählte Schriften zur Zeit- und Geistesgeschichte. Zu seinem 60. Geburtstag zusammengest. von seinen Freunden. Privatdr. von 500 Exempl. Frankfurt a.M. 1951. S. 263–296. – Und in: Rösch, S. 192–214.

Viëtor, Karl: Goethe. Dichtung – Wissenschaft – Weltbild. Bern 1949. S. 205–217.

Walzel, Oskar: Goethes *Wahlverwandtschaften* im Rahmen ihrer Zeit. In: GJb 27 (1906) S. 166–206. – Und in: O. W.: Vom Geistesleben des 18. und 19. Jahrhunderts. Leipzig 1911. S. 195–255. – Und in: O. W.: Vom Geistesleben alter und neuer Zeit. Leipzig 1922. S. 390–439. – Und in: Rösch, S. 35–64.

Wassermann Jakob: Vorrede zu Goethes *Wahlverwandtschaften.* In: ÖR 37 (1913) S. 133–138. – Und in: J. W.: Lebensdienst. Gesammelte Studien aus drei Jahrzehnten. Leipzig 1928. S. 279–289. – Und in: J. W.: Bekenntnisse und Begegnungen. Hrsg. von Paul Stöcklein. Bamberg 1950. S. 65–72. – Und in: Rösch, S. 90–96.

Wiese, Benno von: Das Dämonische in Goethes Weltbild und Dichtung. Festvortrag. In: Schriften der Gesellschaft zur Förderung der Westfälischen Landesuniversität zu Münster. H. 24. Münster 1949.

Ab 1951

Adler, Jeremy: Goethe und Newton: Ansätze zu einer Neuorientierung am Beispiel der chemischen Verwandtschaft. In: Goethe im Kontext: Kunst und Humanität, Naturwissenschaft und Politik von der Aufklärung bis zur Restauration. Ein Symposium. Hrsg. von Wolfgang Wittkowski. Tübingen: 1984. S. 300–312.

– »Eine fast magische Anziehungskraft«. Goethes *Wahlverwandtschaften* und die Chemie seiner Zeit. München 1987. [Zugl. Diss. London 1977.]

Allemann, Beda: Zur Funktion der chemischen Gleichnisrede in Goethes *Wahlverwandtschaften.* In: Untersuchungen zur Literatur als Geschichte. Fs. für Benno von Wiese. Hrsg. von Vincent J. Günther [u. a.]. Berlin 1973. S. 199–218.

– Goethes *Wahlverwandtschaften* als Transzendentalroman. In: Studien zur Goethezeit. Hrsg. von Eberhard Mannack. Heidelberg 1981. S. 9–32.

Ammann, Peter: Schicksal und Liebe in Goethes *Wahlverwandtschaften.* Bern 1962. [Zugl. Diss. Basel 1953.]

Anton, Herbert: »Mythische Schönheit« in Goethes *Wahlverwandtschaften* und Fontanes *Effi Briest.* In: Mythos und Mythologie in der Literatur des 19. Jahrhunderts. Hrsg. von Helmut Koopmann. Frankfurt a.M. 1979. S. 277–288.

– Rettende Bilder: Ottiliens Tagebuch und Goethes Dichtungsverständnis. In: Bolz 1981, S. 169–191.

Atkins, Stuart: *Die Wahlverwandtschaften:* Novel of German Classicism. In: GQ 53 (1980) S. 1–45. – Und in: Essays on Goethe. GYb, Special Issue 2 (1995) S. 137–181.

Aytaç, Gürsel: Goethe'nin Klassizmi ve *Die Wahlverwandtschaften.* In: Ankara Universitesi [...] Cilt 2, Sayi 2 den arybasim. Ankara 1971.

Barnes, Harry George: Bildhafte Darstellung in den *Wahlverwandtschaften.* In: DVjs 30 (1956) S. 41–70. – Und in: Rösch, S. 97–124.

– Ambiguity in *Die Wahlverwandtschaften.* In: The Era of Goethe. Essays presented to James Boyd. Oxford 1959. S. 1–16. – Dt.: Ambiguität in den *Wahlverwandtschaften.* Übers. von Marie Luise Gülzow. In: Rösch, S. 307–324.

– Goethe's *Die Wahlverwandtschaften.* A Literary Interpretation. Oxford 1967.

Beckurts, Margarethe: Zur Bedeutung der Novelle in Goethes *Wahlverwandtschaften.* In: ZfdPh 103 (1984) Sonderheft. S. 64–78.
Beddow, Michael: »Da hinten wird immer fortgespielt«: Unended Plots in Goethe's *Die Wahlverwandtschaften.* In: PEGS 53 (1982/83) S. 1–19.
Beland, Hermann: »Und doch läßt sich die Gegenwart ihr ungeheures Recht nicht rauben«. Zur Problematik eines zentralen Symbols in Goethes *Wahlverwandtschaften.* In: Greve, S. 71–96.
Bersier, Gabrielle: Sinnliche Übermacht – übersinnliche Gegenmacht. Die dämonische Verwandlung des klassischen Eros in der Epoche der *Wahlverwandtschaften.* In: Verantwortung und Utopie. Hrsg. von Wolfgang Wittkowski. Tübingen 1988. S. 404–414.
– Ottilies verlorenes Paradies: Zur Funktion der Allegorie in den *Wahlverwandtschaften:* Wieland – Brentano – Goethe. In: GJb 4 (1988) S. 137–160.
– Der Fall der deutschen Bastille. Goethe und die Epochenschwelle von 1806. In: RG 20 (1990) S. 49–78.
– Goethes Rätselparodie der Romantik. Eine neue Lesart der *Wahlverwandtschaften.* Tübingen 1997.
– »Buchstäblich genommen«. Zur parodistischen Machart von Goethes *Wahlverwandtschaften.* In: JbFDH 1998. S. 15–35.
Binder, Wolfgang: Zum Ironie-Problem in den *Wahlverwandtschaften.* In: W. B.: Aufschlüsse. Zürich 1976. S. 131–145. – Und in: W. B.: Esoterik und Exoterik der Philosopie. Basel 1977. S. 237–252.
Blessin, Stefan: Erzählstruktur und Leserhandlung. Zur Theorie der literarischen Kommunikation am Beispiel von Goethes *Wahlverwandtschaften.* Heidelberg 1974. [Zugl. Diss. Hamburg 1973.]
– *Die Wahlverwandtschaften:* »sociale Verhältnisse und die Conflicte derselben symbolisch gefaßt«. In: S. B.: Die Romane Goethes. Königstein 1979. S. 59–109.
– Goethes Romane. Aufbruch in die Moderne. Paderborn 1996. S. 208–238.
Blondeau, Denise: Goethes Naturbegriff in den *Wahlverwandtschaften.* In: GJb 114 (1997) S. 35–48.
– La figure d'Ottilie dans les *Wahlverwandtschaften*: le Discours de l'Inconscient. In: RG 27 (1997) S. 57–73.

Boa, Elisabeth: Die Geschichte der O oder die (Ohn-)Macht der Frauen. *Die Wahlverwandtschaften* im Kontext des Geschlechterdiskurses um 1800. In: GJb 118 (2001) S. 217–233.

Böckmann, Paul: Naturgesetz und Symbolik in Goethes *Wahlverwandtschaften.* In: JbFDH 1968. S. 166–190.

Böhme, Hartmut: »Kein wahrer Prophet«. Die Zeichen und das Nicht-Menschliche in Goethes Roman *Die Wahlverwandtschaften.* In: Greve, S. 97–123.

Bolz, Norbert W.: Ästhetisches Opfer. Die Formen der Wünsche in Goethes *Wahlverwandtschaften.* In: Bolz 1981, S. 64–90.

– Einleitung. In: Bolz 1981, S. 7–20.

Brandstätter, Heike: Ottilies Kopf-weh, Goethes Wahlverwandtschaften: zur Auftrennung sprachlicher Zeichen. In: Katharina Jeorgakopulos (Hrsg.): Margarete, Ottilie, Mignon. Goethe-Lektüren. Hamburg 1999. S. 48–76.

Brandstetter, Gabriele: Poetik der Kontingenz. Zu Goethes *Wahlverwandtschaften.* In: JbDSG 39 (1995) S. 130–145.

Breithaupt, Fritz: Culture of Images. Limitations in Goethe's *Wahlverwandtschaften.* In: Monatshefte 92 (2000) S. 302–320.

Brinkmann, Hennig: Zur Sprache der *Wahlverwandtschaften.* In: Fs. für Jost Trier zum 60. Geburtstag. Meisenheim 1954. S. 254–276. – Und in: H. B.: Studien zur Geschichte der deutschen Sprache und Literatur. Düsseldorf 1966. – Und in: Rösch, S. 236–262.

Brodsky, Claudia: The Coloring of Relations. *Die Wahlverwandtschaften* as *Farbenlehre.* In: MLN 97 (1982) S. 1147–79.

Brosé, Claudia: Park und Garten in Goethes *Wahlverwandtschaften.* In: Park und Garten im 18. Jahrhundert. Hrsg. von Wolfgang Baumgart. Heidelberg 1979. S. 125–129.

Brude-Firnau, Gisela: Lebende Bilder in den *Wahlverwandtschaften:* Goethes Journal intime vom Oktober 1806. In: Euphorion 74 (1980) S. 403–416.

Burgess, Gordon J. A: An Irish *Die Wahlverwandtschaften.* In: GLL 45 (1992) S. 140–148.

– The Book in the Machine: First Report on a Computer-Assisted Analysis of *Die Wahlverwandtschaften.* In: GLL 47 (1994) Special Number (*»Die Wahlverwandtschaften«*) S. 418–431.

– A Computer-Assisted Analysis of Goethe's *Die Wahlverwandtschaften.* The *Enigma of Elective Affinities.* Lewiston, N. Y. 1999.

Buschendorf, Bernhard: Goethes mystische Denkform. Zur Ikonographie der *Wahlverwandtschaften.* Frankfurt a.M. 1986. [Zugl. Diss. Stuttgart 1981.]

Chiarini, Paolo: L'Acqua e l'Inchiostro. In: Nuovi Argomenti 4 (1982) S. 144–149.

– Das Wasser und die Tinte. Symbolische Schreibweise und romantische Allegorie in Goethes *Wahlverwandtschaften.* In: P. Ch. (Hrsg.): Bausteine zu einem neuen Goethe. Frankfurt a.M. 1987. S. 107–117.

Clark, Robert T.: The Metamorphosis of Character in *Die Wahlverwandtschaften.* In: GR 29 (1954) S. 243–253.

Daemmrich, Horst S.: Landschaftsdarstellungen im Werk Goethes. Erzählfunktion – Themenbereiche – Romanstruktur. In: DVjs 67 (1993) S. 607–624.

Dettmering, Peter: Regellose und entfesselte Natur in Goethes *Wahlverwandtschaften.* In: P. D.: Dichtung und Psychoanalyse II. München 1974. S. 33–68. [2]1978.

Dickson, Keith: Spatial Concentration and Themes in *Die Wahlverwandtschaften.* In: K. D.: FMLS 1 (1965) S. 159–174. – Dt.: Raumverdichtung in den *Wahlverwandtschaften.* Übers. von K. D. In: Rösch, S. 325–349.

– The Temporal Structure of *Die Wahlverwandtschaften.* In: GR 41 (1966) S. 170–185.

Dickson, Sheila: Two Sides of an Anorexic Coin in *Die Wahlverwandtschaften* and *Die Verwandlung:* Ottilie as »Heilige«, Gregor as »Mistkäfer«. In: OL 54 (1999) S. 174–184.

Diederichsen, Uwe: Goethes *Wahlverwandtschaften* – auch ein juristischer Roman? In: GJb 118 (2002) S. 142–157.

Drake, Patricia: Ottilie Revisited. In: GQ (1953) S. 248–257.

Drewitz, Ingeborg: Goethes *Wahlverwandtschaften* – ein emanzipatorischer Roman? In: Literatur in der Demokratie. Für Walter Jens zum 60. Geburtstag. Hrsg. von Wilfried Barner [u. a.]. München 1983. S. 294–304.

Dye, Ellis: Goethe's *Die Wahlverwandtschaften:* Romantic Metafiction. In: GYb 8 (1996) S. 66–92.

Egebak, Jørgen: Goethes Experiment mit dem Roman *Die Wahlverwandtschaften* (1809). In: Text und Kontext. Sonderreihe, Bd. 14. Hrsg. von Klaus Bohnen. München 1982. S. 60–89.

Egger, Irmgard: »[…] ihre große Mäßigkeit«: Diätik und Askese in Goethes Roman *Die Wahlverwandtschaften.* In: GJb 114 (1997) S. 253–263.

Egger, Irmgard: »… vorsorgliche Anstalten«. Landschaftspark und Seelendiätik in Goethes *Wahlverwandtschaften.* In: GRM 47 (1997) S. 151–157.

– Diätik und Askese. Zur Dialektik der Aufklärung in Goethes Romanen. München 2001.

Ehrhardt, Gundula: Wahl-»Anziehung« – Herders Spinoza-Schrift und Goethes *Wahlverwandtschaften.* In: GJb 115 (1998) S. 77–95.

Ehrke-Rotermund, Heidrun: Gesellschaft ohne Wirklichkeit: Eine Untersuchung von Goethes Roman *Die Wahlverwandtschaften.* In: JbFDH 1981. S. 131–188.

Elm, Theo: Johann Wolfgang Goethe: *Die Wahlverwandtschaften.* Frankfurt a.M. 1991.

Emmel, Hildegard: Haus und Welt. *Die Wahlverwandtschaften.* In: H. E.: Weltklage und Bild der Welt in der Dichtung Goethes. Weimar 1957. S. 271–328. 2., durchges. Aufl. Bern 1979. S. 162–198.

– Demonstration eines Themas im Roman [*Die Wahlverwandtschaften*]. In: H. E.: Geschichte des deutschen Romans. Bd. 1. Bern 1972. S. 319–329.

Emrich, Wilhelm: Symbolinterpretation und Mythenforschung. In: W. E.: Protest und Verheißung. Frankfurt a.M. ²1963. S. 67–94.

Engel, Manfred: »Weh denen, die Symbole sehen?« Symbolik und Symboldeutung in Goethes *Wahlverwandtschaften.* In: Goethe-Yongu [Goethe-Studien. Jahrbuch der Koreanischen Goethe-Ges.] 7 (1995) S. 231–252.

Faber, Richard: Parkleben: Zur sozialen Idyllik Goethes. In: Bolz 1981, S. 91–168.

Faets, Ann-Theres: »Überall nur eine Natur?« Studien über Natur und Kunst in Goethes *Wahlverwandtschaften.* Frankfurt a.M. 1993.

Fancelli, Maria: Die *Farbenlehre* und die *Wahlverwandtschaften.* In: Goethe und die Natur. Referate des Triestiner Kongresses. Hrsg. von Horst Albert Glaser. Bern 1986. S. 177–187.

Farelly, Dan: Die Gestalt einer Heiligen. Zur Figur der Ottilie in Goethes Roman *Die Wahlverwandtschaften.* In: ZfG 1–2 (1991) S. 364–378.

Feuerlicht, Ignace: Der »Erzähler« und das »Tagebuch« in Goethes *Wahlverwandtschaften.* In: GJb 103 (1986) S. 316–345.

Fink, Gonthier-Louis: Les *Wahlverwandtschaften* de J. W. Goethe:

Structure et Aspects du Temps. In: RG 1 (1971) S. 58–100. – Dt.: Goethes *Wahlverwandtschaften.* Romanstruktur und Zeitaspekte. Übers. von G.-L. F. In: Rösch, S. 438–483.

Finney, Gail: Type and Countertype: The Dialectics of Space in *Die Wahlverwandtschaften.* In: GR 58 (1983). H. 2, S. 67–74.

Fries, Thomas: Die Reflexionen der »Gleichnisrede« in Goethes *Wahlverwandtschaften.* In: Th. F.: Die Wirklichkeit der Literatur. Tübingen 1975. S. 90–130. [Zugl. Diss. Zürich 1972.]

Geerdts, Hans-Jürgen: Eigenarten der sprachlichen Gestaltung in Goethes *Wahlverwandtschaften.* In: WB 3 (1957) S. 487–508.

– Goethes Roman *Die Wahlverwandtschaften.* Analyse seiner künstlerischen Struktur, seiner historischen Bezogenheiten und seines Ideengehaltes. Weimar 1958. [2]1966. [Darin: Die Hauptfiguren und die Nebenfiguren in ihrer Grundkonzeption. S. 39–65.] – Und in: Rösch, S. 272–306.

Geißler-Latussek, Stefanie: Der Landschaftsgarten in Goethes Roman *Die Wahlverwandtschaften.* Erneuter Versuch einer Kartographie. In: GJb 109 (1992) S. 69–76.

Gelley, Alexander: Ottilie and Symbolic Representation in *Die Wahlverwandtschaften.* In: OL 42 (1987) S. 248–261.

Gerndt, Siegmar: Park und Garten in Goethes Roman *Die Wahlverwandtschaften.* In: S. G.: Idealisierte Natur. Die literarische Kontroverse um den Landschaftsgarten des 18. und frühen 19. Jahrhunderts in Deutschland. Stuttgart 1981. S. 145–166.

Görner, Rüdiger: Sich lösen – Sich finden. Entsagung und das Problem der Kunst in Goethes *Wahlverwandtschaften.* In: WB 40 (1994) S. 454–461. – Und in: R. G.: Goethe. Wissen und Entsagung – aus Kunst. München 1995.

Gould, Robert: Goethe's *Die wunderlichen Nachbarskinder.* Narrative Structure and Morphological Theory. In: Neophilologus 59 (1975) S. 405–420.

Graevenitz, Gerhard von: Goethes Symboldefinition in der *Farbenlehre* und ihre Realisierung in den *Wahlverwandtschaften.* In: Mythos. Zur Geschichte einer Denkgewohnheit. Stuttgart 1987. S. 37–42.

Graham, Ilse: Wintermärchen: Goethes Roman *Die Wahlverwandtschaften.* In: GJb 99 (1982) S. 41–77.

Grothe, Wolfgang: Ironie, Präfiguration und Ambiguität im Roman *Die Wahlverwandtschaften.* In: Studia Neophilologica 42 (1970) S. 211–224.

Gruber, Eberhard: Zur Raumgebung in Goethes *Die Wahlverwandtschaften.* In: Natur, Räume, Landschaften. 2. Intern. Kingstoner Symposion. Hrsg. von Burkhard Krause [u.a.]. München 1996. S. 125–137.

Guntermann, Georg: »Wiederholte Spiegelungen« in Goethes *Wahlverwandtschaften.* Noch einmal zum Verhältnis von Roman und Novelle. In: GJb 109 (1992) S. 77–89.

Gutbrodt, Fritz: Wahl:Verwandtschaften. Benjamins Siegel. In: MLN 106 (1991) S. 555–588.

Härtl, Heinz: *Die Wahlverwandtschaften* und ihre zeitgenössischen Leser. In: WB 29 (1983 b) S. 1574–1603.

Hamburger, Käthe: Wahrheit und ästhetische Wahrheit. Stuttgart 1979. S. 14–109.

Harper, Anthony J.: »Mysterium conjunctionis«: On the Attraction of »Chymical Weddings«. In: GLL 47 (1994) Special Number (»*Die Wahlverwandtschaften*«) S. 449–455.

Heinrich, Klaus: »Das Bewußtsein ist keine hinlängliche Waffe«. Zur Faszination der *Wahlverwandtschaften* heute. In: Greve, S. 11–41.

Helbig, Louis F.: Der Einzelne und die Gesellschaft in Goethes *Wahlverwandtschaften.* Bonn 1972.

Henkel, Arthur: Beim Wiederlesen von Goethes *Wahlverwandtschaften.* In: JbFDH 1985. S. 1–20.

Hennebo, Dieter: Goethes Beziehungen zur Gartenkunst seiner Zeit. In: JbFDH 1979. S. 90–119.

Herrmann, Elisabeth: Die Todesproblematik in Goethes Roman *Die Wahlverwandtschaften.* Berlin 1998. [Zugl. Diss. Freiburg i. Br. 1996.]

Hielscher, Monika: Natur und Freiheit in Goethes *Die Wahlverwandtschaften.* Frankfurt a. M. 1985.

Hochheimer, Wolfgang: Zur Psychologie von Goethes *Wahlverwandtschaften.* In: Psyche 7 (1953) S. 32–54.

Hörisch, Jochen: Das Sein der Zeichen und die Zeichen des Seins. Marginalien zu Derridas Ontosemiologie und Goethes bestem Buch. [Vorwort in:] Jacques Derrida: Die Stimme und das Phänomen. Ein Essay über das Problem des Zeichens in der Philosophie Husserls. Aus dem Frz. übers. und hrsg. von J. H. Frankfurt a. M. 1979. S. 1–50. – Und in: J. H.: Die andere Goethezeit. München 1992. S. 117–148.

– »Die Himmelfahrt der bösen Lust« in Goethes *Wahlverwandt-*

schaften. Versuch über Ottiliens Anorexie. In: Bolz 1981, S. 308–322. – Und in: J. H.: Die andere Goethezeit. München 1992. S. 149–160.

Hörisch, Jochen, »Das Leben war ihnen ein Rätsel«. Das Rätselmotiv in Goethes Romanen. In: Euphorion 78 (1984) S. 111–126. – Und in: J. H.: Die andere Goethezeit. München 1992. S. 172–188.

– »Die Begierde zu retten«. Zeit und Bedeutung in Goethes *Die Wahlverwandtschaften*. In: Eingebildete Texte: Affairen zwischen Psychoanalyse und Literaturwissenschaft. Hrsg. von Jochen Hörisch [u.a.]. München 1985. S. 78–90. – Und in: J. H.: Die andere Goethezeit. München 1992. S. 161–171.

– Die Dekonstruktion der Sprache und der Advent neuer Medien in Goethes *Wahlverwandtschaften*. In: Merkur 52 (1998) S. 826–839. – Und in: J. H.: Ende der Vorstellung: Die Poesie der Medien. Frankfurt a.M. 1999. S. 35–56.

Hoffmann, Christoph: »Zeitalter der Revolutionen«. Goethes *Wahlverwandtschaften* im Fokus des chemischen Paradigmenwechsels. In: DVjs 67 (1993) S. 417–450.

Hohlfeld, Klaus: Experimente und Experimentierer. Mozarts *Cosi Fan Tutte* und Goethes *Wahlverwandtschaften*. In: Athenäum 8 (1998) S. 253–260.

Holtermann, Michael: »Thierischer Magnetismus« in Goethes Roman *Die Wahlverwandtschaften*. In: JbDSG 37 (1993) S. 164–197.

Honnefelder, Gottfried: Wirklichkeit und Kunstcharakter des Briefes in J. W. Goethes *Die Wahlverwandtschaften*. In: G. H.: Der Brief im Roman. Bonn 1975. S. 114–125.

Horn, Eva: Chemie der Leidenschaft. Johann Wolfgang Goethe *Die Wahlverwandtschaften*. In: Leidenschaften literarisch. Hrsg. von Reingard M. Nischik. Konstanz 1998. S. 163–182. [Zit. als: Horn 1998a.]

– Trauer schreiben. Die Toten im Text der Goethezeit. München 1998. S. 130–163. [Zugl. Diss. Konstanz 1996.] [Zit. als: Horn 1998b.]

Jacobs, Jürgen: Glück und Entsagung: Zur Bedeutung der Novelle von den *Wunderlichen Nachbarskindern* in Goethes *Wahlverwandtschaften*. In: JbFDH 1979. S. 153–169.

Jeßing, Benedikt: *Die Wahlverwandtschaften*. In: B. J.: Johann Wolfgang Goethe. Stuttgart 1995. S. 139–149.

John, Johannes: Sprechen und Schweigen. Die Aufzeichnungen

aus *Ottiliens Tagebuche* in den *Wahlverwandtschaften.* In: J. J.: Aphoristik und Romankunst: Eine Studie zu Goethes Romankunst. Reinfelden 1987. S. 61–120.

Karalaschwili, Reso: »Was eigentlich singen heisse«: Zum Problem der Menschwerdung in Goethes *Wahlverwandtschaften.* In: GJb 99 (1982) S. 76–88.

Keppler, Stefan: Die Heiligung der »sündigen« Liebe: Goethes *Wahlverwandtschaften* und der *Tristanstoff.* In: Archiv 237 (2000) S. 64–91.

Killy, Walther: Wirklichkeit und Kunstcharakter. Über die *Wahlverwandtschaften* Goethes. In: NR 72 (1961) S. 636–650. – Und in: W. K.: Wirklichkeit und Kunstcharakter. Neun Romane des 19. Jahrhunderts. München 1963. S. 19–35. – Und in: W. K.: Romane des 19. Jahrhunderts. Wirklichkeit und Kunstcharakter. Göttingen 1967. S. 19–35.

Kittler, Friedrich A.: Ottilie Hauptmann. In: Bolz 1981, S. 260–275.

Kittler, Wolf: Goethes *Wahlverwandtschaften:* Sociale Verhältnisse symbolisch dargestellt. In: Bolz 1981, S. 230–259.

Klingenberg, Anneliese: Nachwort zur Ausgabe der *Wahlverwandtschaften* in der Neuen Epikon-Reihe. Leipzig 1976.

Klingmann, Ulrich: Recht der Einbildungskraft und Recht des Wirklichen: Goethes *Wahlverwandtschaften* in poststrukturalistischer Sicht. In: Monatshefte 80 (1988) S. 172–186.

Klotz, Peter: Gesellschaftsdiskurs und Gartenkonstruktion. Zur Spiegelung des Ordnungswandels in Goethes Roman *Die Wahlverwandtschaften.* In: Sozialgeschichtliche Aspekte des Gartens. Hrsg. von Walter Gebhard. Frankfurt a.M. 2002. S. 113–132.

Knapp, Bettina L.: Goethe's *Die Wahlverwandtschaften:* An Alchemical Process from Fixatio to Dissolutio. In: Symposium 35 (1981) S. 235–250.

Köhnke, Klaus: Untersuchungen zur Deutung der Welt in Goethes *Wahlverwandtschaften.* In: AG 3 (1968) S. 111–136. – Und in: Rösch, S. 350–381.

Kolbe, Jürgen: Goethes *Wahlverwandtschaften* und der Roman des 19. Jahrhunderts. Stuttgart 1968. – Teilabdr. in: Rösch, S. 382–415.

Konrad, Susanne: Goethes *Wahlverwandtschaften* und das Dilemma des Logozentrismus. Heidelberg 1995. [Zugl. Diss. Frankfurt a.M. 1994.]

Kreutzer, Leo: Attractio electiva oder der gewissenlose Verlauf. In: Merkur 3 (1980) S. 248–259. – Und in: L. K.: Mein Gott, Goethe. Hamburg 1980. S. 48–65.

Kuhn, Isabella: Goethes *Wahlverwandtschaften* oder das sogenannte Böse. Im besonderen Hinblick auf Walter Benjamin. Frankfurt a. M. 1990. [Zugl. Diss. Freiburg i. Br. 1987.]

Kunz, Josef: Ottilie in Goethes *Wahlverwandtschaften* als tragische Gestalt. In: Deutsch-französische Germanistik. Fs. für G. Zink. Hrsg. von Sieglinde Hartmann. Göppingen 1984. S. 227–247.

Lämmert, Eberhard: Die Chemie der *Wahlverwandtschaften.* In: Leviathan 14 (1986) S. 19–36.

Lange, Victor: Goethe's Craft of Fiction. In: PEGS 22 (1953) S. 31–63.

– Zur Entstehungsgeschichte von Goethes *Wahlverwandtschaften.* In: GLL 23 (1969) S. 47–54.

Leimbach, Carsten: Die Gegenbilder von Ehe und Leidenschaften in Goethes *Wahlverwandtschaften.* In: WB 45 (1999) S. 35–52.

Lillyman, William J.: Affinity, Innocence and Tragedy: The Narrator and Ottilie in Goethe's *Die Wahlverwandtschaften.* In: GQ 53 (1980) S. 46–66.

– Monasticism, *Tableau Vivant,* and Romanticism: Ottilie in Goethe's *Wahlverwandtschaften.* JEGPh 81 (1982) S. 347–366.

– Analogies for Love: Goethe's *Die Wahlverwandtschaften* and Plato's *Symposion.* In: W. J. L. (Hrsg.): Goethe's Narrative Fiction. The Irvine Goethe-Symposium. Berlin 1983. S. 128–144.

Lindner, Burkhardt: Goethes *Wahlverwandtschaften* und die Kritik der mythischen Verfassung der bürgerlichen Gesellschaft. In: Bolz 1981, S. 23–44.

Lippert-Adelberger, Eberhard: Die Platanen in Goethes *Wahlverwandtschaften.* Versuch einer mariologischen Deutung. In: GJb 114 (1997) S. 265–275.

– Das Fenster vor Eduards Brust. Über ein Lukian-Zitat in Goethes *Wahlverwandtschaften.* In: Euphorion 92 (1998) S. 103–114.

Liska, Vivian: Die Mortifikation der Kritik. Zum Nachleben von Walter Benjamins *Wahlverwandtschaften*-Essay. In: Spuren, Signaturen, Spiegelungen. Zur Goethe-Rezeption in Europa. Hrsg. von Bernhard Beutler [u. a.]. Köln 2000. S. 581–599.

Loeb, Ernst: Liebe und Ehe in Goethes *Wahlverwandtschaften.* In: WB 16 (1970) S. 163–180. – Und in: Rösch, S. 416–437.

Lüdke, W. Martin: Als ob von nichts die Rede wäre: Notizen zur »Wahlverwandtschaft« einer »linkshändigen Frau«. In: Bolz 1981, S. 52–63.

Maierhofer, Waltraud: Vier Bilder und vielfaltige Bezüge. Die sogenannte *Väterliche Ermahnung* und die Figuren in den *Wahlverwandtschaften.* In: Ethik und Ästhetik. Werke und Werte in der Literatur vom 18. bis zum 20. Jahrhundert. Fs. für Wolfgang Wittkowski. Hrsg. von Richard Fischer. Frankfurt a.M. 1995. S. 363–382.

Mandelartz, Michael: Bauen, Erhalten, Zerstören, Versiegeln. Architektur als Kunst in Goethes *Wahlverwandtschaften.* In: ZfDPh 118 (1999) S. 500–517.

Marahrens, Gerwin: Narrator and Narrative in Goethe's *Die Wahlverwandtschaften.* In: Essays on German Literature in Honour of G. Joyce Hallamore. Ed. by Michael S. Batts [u. a.]. Toronto 1968. S. 94–127.

– Der »Welt«-Begriff in Goethes *Wahlverwandtschaften.* In: Sinn und Form. Fs. für J. Strelka. Hrsg. von Karl Kurt Polheim. Bern 1987. S. 113–128.

Martínez, Matíaz: Empirische Vorderwelt und mythische Hinterwelt. Johann Wolfgang von Goethe *Die Wahlverwandtschaften.* In: M. M.: Doppelte Welten. Struktur und Sinn zweideutigen Erzählens. Göttingen 1996. S. 37–89. [Zugl. Diss. Göttingen 1993.]

Mazzucchetti, Lavinia: *Le Affinità elettive* e il *Werther.* In: L. M. Novecento in Germania. Verona 1959. S. 5–18.

McIsaac, Peter M.: Exhibiting Ottilie. Collecting as a Disciplinary Regime in Goethe's *Wahlverwandtschaften.* In: GQ 70 (1997) S. 347–357.

Menninghaus, Winfried: Walter Benjamins romantische Idee des Kunstwerks. In: Poetica 12 (1980) S. 421–442.

Michel, Willy: Interpersonelle Wahrnehmungen als immanenter Verstehensprozeß in Goethes *Wahlverwandtschaften:* Mit einer Einleitung zu Goethes hermeneutischen Anschauungen. In: Bolz 1981, S. 192–207.

Michelsen, Peter: Wie frei ist der Mensch? Über Notwendigkeit und Freiheit in Goethes *Wahlverwandtschaften.* In: GJb 113 (1996) S. 139–160.

Milch, Werner: Ottilie. In: W. M.: Kleine Schriften zur Literatur- und Geistesgeschichte. Hrsg. von G. Burkhardt. Heidelberg 1957. S. 138–144.

Milfull, John: The Function of the Novelle *Die wunderlichen Nachbarskinder* in Goethe's *Wahlverwandtschaften.* In: GLL 25 (1971/72) S. 1–5.
– The »Idea« of Goethe's *Wahlverwandtschaften.* In: GR 47 (1972) S. 83–94.
Miller, J. Hillis: A »buchstäbliches« Reading of *The Elective Affinities.* In: Glyph 6 (1979) S. 1–23.
– Interlude as Anastomosis in *Die Wahlverwandtschaften.* In: GYb 6 (1992) S. 115–122.
Müller, Joachim: Goethes Roman *Die Wahlverwandtschaften.* Ehekonflikt und Liebestragik – Naturgesetz und Gesellschaftsmoral. In: JbWGV 80 (1976) S. 19–41.
Murphy, Harriet: The Rhetoric of the Spoken Word *in Die Wahlverwandtschaften.* Communication and Personality in the Novel. Bern 1990.
Nemec, Friedrich: Die Ökonomie der *Wahlverwandtschaften.* München 1973. [Zugl. Diss. München 1970.]
Neumann, Gerhard: Aphorismus und Roman. Die Aphorismengruppe in den *Wahlverwandtschaften.* In: G. N.: Ideenparadiese. Untersuchungen zur Aphoristik bei Lichtenberg, Novalis, Friedrich Schlegel und Goethe. München 1976. S. 683–727.
– Bild und Schrift. Zur Inszenierung von Fiktionalität in Goethes *Wahlverwandtschaften.* In: Freiburger Universitätsblätter 103 (1989) S. 119–128.
Niedermeier, Michael: Goethes Roman *Die Wahlverwandtschaften.* »Es wandelt niemand ungestraft unter Palmen …«. In: WB 34 (1988) S. 723–745.
– Das Ende der Idylle: Symbolik, Zeitbezug, »Gartenrevolution« in Goethes Roman *Die Wahlverwandtschaften.* Frankfurt a. M. 1992. [Zugl. Diss. Berlin 1983.]
Nisbet, Hugh Barr: *Die Wahlverwandtschaften*: Explanation and Its Limits. In: DVjs 43 (1969) S. 458–486.
– Das Dämonische: On the Logic of Goethe's Demonology. In: FMLS 7 (1971) S. 259–281.
Nolan, Erika: Das wahre Kind der Natur? Zur Gestalt der Ottilie in Goethes Roman *Die Wahlverwandtschaften.* In: JbFDH 1982. S. 82–96.
Nonnenmacher, Kai: Trübung und Betrübnis. Sinne und Medien der *Wahlverwandtschaften.* In: Athenäum 10 (2000) S. 55–76.
Noyes, John: Die blinde Wahl: Symbol, Wahl und Verwandtschaft

in Goethes *Die Wahlverwandtschaften.* In: DVjs 65 (1991) S. 132–151.

Nygaard, Loisa: »Bild« and »Sinnbild«. The Problem of the Symbol in Goethe's *Wahlverwandtschaften.* In: GR 63 (1988) S. 58–76.

Oellers, Norbert: Warum eigentlich Eduard? Zur Namen-Wahl in Goethes *Wahlverwandtschaften.* In: Genio Huius Loci [Dem Geist dieses Ortes]. Dank an Leiva Petersen. Hrsg. von Dorothea Kuhn [u. a.]. Köln 1982. S. 215–234.

Olschner, Leonhard M.: Zur frühen amerikanischen Rezeption von Goethes *Wahlverwandtschaften.* In: Archiv 212 (1975) S. 30–48.

Pascal, Roy: Free Indirect Speech (»erlebte Rede«) as a Narrative Mode in *Die Wahlverwandtschaften.* In: Tradition and Creation. Essays in Honour of Elizabeth M. Wilkinson. Ed. by Charles P. Magill [u. a.]. Leeds 1978. S. 146–161.

Petuchowski, Elizabeth: Mittler as Comment: An Observation on Goethe's *Die Wahlverwandtschaften.* In: FMLS 18 (1982) S. 1–22.

Peucker, Brigitte: The Material Image in Goethe's *Wahlverwandtschaften.* In: GR 74 (1999) S. 195–213.

Pörksen, Uwe: Goethes Kritik naturwissenschaftlicher Metaphorik und der Roman *Die Wahlverwandtschaften.* In: JbDSG 25 (1981) S. 285–315.

Ponzi, Mauro: Natur und Daimon in Goethes *Wahlverwandtschaften.* In: Studi Germanici 21–22 (1983/84) S. 87–121.

Promies, Wolfgang: Goethes *Wahlverwandtschaften* im Verständnis der Gegenwart. In: Johann Wolfgang Goethe. Versuch einer Annäherung. Hrsg. von Helmut Böhme. Darmstadt 1984. S. 155–180.

Puszkar, Norbert: Dämonisches und Dämon. Zur Rolle des Schreibens in Goethes *Wahlverwandtschaften.* In: GQ 59 (1986) S. 414–430.

– Verwandtschaft und Wahlverwandtschaft. In: GYb 4 (1988) S. 161–183.

– Frauen und Bilder: Luciane und Ottilie. In: Neophilologus 73 (1989) S. 397–410.

Reahard, Julie A.: »Aus einem unbekannten Zentrum, zu einer nicht erkennbaren Grenze«: Chaos Theory, Hermeneutics and Goethe's *Die Wahlverwandtschaften.* Amsterdam 1997.

Reiss, Hans: Goethes Romane. Bern 1963. S. 143–205, 304–310.

Reiss, Hans: Mehrdeutigkeit in Goethes *Wahlverwandtschaften.* In: JbDSG 14 (1970) S. 366–396.

Reschke, Nils: »Die Wirklichkeit als Bild«. Lebende Bilder in Goethes *Wahlverwandtschaften.* In: Medien der Präsenz. Museum, Bildung und Wissenschaft im 19. Jahrhundert. Hrsg. von Jürgen Fohrmann. Köln 2001. S. 42–69.

Ribbat, Ernst: Sprechen, Schreiben, Lesen, Schweigen. Zu Goethes Roman *Die Wahlverwandtschaften.* In: Critica Poeticae: Lesarten zur deutschen Literatur. Hrsg. von Andreas Gössling [u. a.]. Würzburg 1992. S. 171–185.

Ritzenhoff, Ursula: *Die Wahlverwandtschaften:* Ein neuer Ansatz zum Verständnis Eduards. Zur Kritik der Goethe-Kritik. In: Sprache und Kulturvermittlung. Fs. für Maria Schmidt-Ihms. Durban 1977. S. 101–107.

Rösch, Emil: Einleitung. In: E. R. (Hrsg.): Goethes Roman *Die Wahlverwandtschaften.* Darmstadt 1975. S. 1–34.

Rüffer, Ulrich: Zur Physiognomie des Erzählers in Benjamins *Wahlverwandtschaften*-Essay. In: Bolz 1981, S. 45–51.

Rumpf, Michael: Walter Benjamins Nachleben. In: DVjs 52 (1978) S. 137–156.

Ryan, Judith: *Elective Affinities:* Goethe and Henry James. In: GYb 1 (1982) S. 153–171.

– Views from the Summerhouse: Goethe's *Wahlverwandtschaften* and Its Literary Successors. In: Goethe's Narrative Fiction: The Irvine Goethe-Symposium. Hrsg. von William J. Lillyman. Berlin 1983. S. 145–160.

– Kunst und Ehebruch: Zum Nachleben von Goethes *Wahlverwandtschaften.* In: GYb 3 (1986) S. 179–196.

Sagnol, Marc: *Les Affinités Electives,* Roman non tragique. In: Global Benjamin. Internationaler Walter-Benjamin-Kongreß 1992. Hrsg. von Klaus Garber [u. a.]. Bd. 1. München 1999. S. 670–680.

Sampaolo, Giovanni: Critica del Moderno, linguaggi dell'Antico. Goethe e *Le Affinità Elettive.* Rom 1999.

– Proserpinens Park. Goethes *Wahlverwandtschaften* als »mythologische« Kritik der Moderne. In: Aurora 61 (2001) S. 9–32.

Scharloth, Joachim: Evidenz und Wahrscheinlichkeit.: *Wahlverwandtschaften* zwischen Romanpoetik und Historik in der Spätaufklärung. In: Daniel Fulda (Hrsg.): Literatur und Geschichte: ein Kompendium zu ihrem Verhältnis von der Aufklärung bis zur Gegenwart. Berlin 2002. S. 247–275.

Schelling-Schär, Esther: Die Gestalt der Ottilie. Zu Goethes *Wahlverwandtschaften*. Zürich 1969.

Schings, Hans-Jürgen: Willkür und Notwendigkeit. Goethes *Wahlverwandtschaften* als Kritik an der Romantik. In: Jahrbuch 1989 der Berliner Wissenschaftlichen Gesellschaft. Berlin 1990. S. 165–181.

Schlaffer, Heinz: Namen und Buchstaben in Goethes *Wahlverwandtschaften*. In: JbJPG 7 (1972) S. 84–102. – Erw. in: Bolz 1981, S. 211–229.

– Nachwort. In: Johann Wolfgang Goethe: Die Wahlverwandtschaften. München 1981. S. 245–268.

Schlick, Werner: Goethe's *Wahlverwandtschaften*. A Middle Class Critique of Aesthetic Aristocratism. Heidelberg 2000.

Schmitt, Albert R.: Wielands Urteil über Goethes *Wahlverwandtschaften*. In: JbDSG 11 (1967) S. 47–61.

Schneider, Helmut J.: Wahllandschaften: Mobilisierung der Natur und das Darstellungsproblem der Moderne in Goethes *Wahlverwandtschaften*. In: Rereading Romanticism. Ed. by Martha B. Helfer. Amsterdam 2000. S. 285–300.

Schödlbauer, Ulrich: Der Text als Material. Zu Benjamins Interpretation von Goethes *Wahlverwandtschaften*. In: Peter Gebhardt (Hrsg.): Walter Benjamin. Zeitgenosse der Moderne. Königstein i. T. 1976. S. 94–109.

Scholte, Jan Hendrik: Die Urfassung von Goethes *Wahlverwandtschaften*. In: Neophilologus 40 (1956) S. 194–201.

Schreiber, Jens: Die Zeichen der Liebe. In: Bolz 1981, S. 276–307.

Schrimpf, Hans Joachim: Das Weltbild des späten Goethe. Stuttgart 1956. S. 46–62.

Schulz, Gerhard: [Über eine Stelle in Ottilies Tagebuch.] In: Der Reiz der Wörter. Eine Anthologie zum 150jährigen Bestehen des Reclam-Verlags. Stuttgart 1978. S. 228–231.

– »Es wandelt niemand ungestraft unter Palmen« – Über Goethe, Alexander von Humboldt und einen Satz aus den *Wahlverwandtschaften*. In: G. Sch.: Exotik der Gefühle. Goethe und seine Deutschen. München 1998. S. 48–74, 203–206.

Schwan, Werner: Goethes *Wahlverwandtschaften:* Das nicht erreichte Soziale. München 1983. [Zugl. Habil.-Schr. Freiburg i. Br. 1980.]

Seibt, Gustav / Scholz, Oliver R.: Zur Funktion des Mythos in *Die Wahlverwandtschaften*. In: DVjs 72 (1985) S. 609–630.

Seifert, Walter: Johann Wolfgang Goethe: *Die Wahlverwandtschaften.* Eheproblematik und elementare Selbstverwirklichung. In: Deutsche Romane von Grimmelshausen bis Walser. Hrsg. von Jakob Lehmann. Königstein i.T. 1982. S. 49–66.

Sellner, Timothy F.: The »Eheeiferer« in Goethe's *Wahlverwandtschaften.* Could Mittler be Hippel? In: Königsberger Beiträge zu einem besonderen Kapitel der deutschen Geistesgeschichte des 18. Jahrhunderts. Hrsg. von Joseph Kohnen. Frankfurt a.M. 1994. S. 321–334.

Simonis, Annette: »Eine Mineatur dieser ganzen ... vielfach bedrohten Goetheschen Existenz«. Goethe-Rezeption und -Kritik in den Schriften Walter Benjamins. In: GRM 50 (2000) S. 443–459.

Sirc, Susan: Monkeys, Monuments and Miracles: Aspects of Imitation of Word and Image in *Die Wahlverwandtschaften.* In: GLL 47 (1994) Special Number (»*Die Wahlverwandtschaften*«) S. 432–448.

– *Wahlverwandtschaften* und Stoltzius' *Chymisches Lustgärtlein.* In: Polyvalenz und Multifunktionalität der Emblematik. Akten des 5. Internationalen Kongresses der Society for Emblem Studies (München 1999). Bd. 1. Hrsg. von Wolfgang Harms [u. a.]. Frankfurt a.M. 2002. S. 333–354.

Staiger, Emil: Goethe. Bd. 2. Zürich 1956 [u. ö]. S. 475–515.

Staroste, Wolfgang: Raumgestalt und Raumsymbolik in Goethes *Wahlverwandtschaften.* In: EG 16 (1961) S. 209–222. – Und in: W. S.: Raum und Realität in dichterischer Gestaltung. Studien zu Goethe und Kafka. Heidelberg 1971. S. 89–103.

Steer, A. G. jr.: Goethe's *Elective Affinities:* The Robe of Nessus. Heidelberg 1990.

Steinbiß, Jutta: Der »freundliche Augenblick«. Versuch über Goethes *Wahlverwandtschaften.* Zürich 1983. [Zugl. Diss. Zürich 1982.]

Stephan, Inge: »Schatten, die einander gegenüberstehen«. Das Scheitern familialer Genealogien in Goethes *Wahlverwandtschaften.* In: Greve, S. 42–70.

Stephens, Anthony: The Essential Vulgarity of Benjamin's Essay on Goethe's *Elective Affinities.* In: With the Sharpened Axe of Reason. Approaches to Walter Benjamin. Ed. by Gerhard Fischer. Oxford 1996. S. 149–160.

Stephenson, Roger H.: Theorizing to Some Purpose. »Deconstruc-

tion« in the Light of Goethe and Schiller's Aesthetics. The Case of *Die Wahlverwandtschaften.* In: MLR 84 (1989) S. 381–392.
– »Man nimmt in der Welt jeden, wofür er sich gibt«: The Presentation of Self in Goethe's *Die Wahlverwandtschaften.* In: GLL 47 (1994) Special Number (»*Die Wahlverwandtschaften*«) S. 400–406.
Stingelin, M.: Goethes Roman *Die Wahlverwandtschaften* im Spiegel des Poststrukturalismus. In: Germanistische Symposien. Berichts-Bde. Bd. 18: Poststrukturalismus. Herausforderung an die Literaturwissenschaft. Hrsg. von Gerhard Neumann. Stuttgart/ Weimar 1997. S. 399–411.
Stöcklein, Paul: Stil und Geist der *Wahlverwandtschaften.* In: ZfDPh 71 (1951) S. 47–63. – Und in: Rösch, S. 215–235.
Stopp, Elisabeth: A Romantic Reaction to *Die Wahlverwandtschaften.* Zacharias Werner and Goethe. In: LwJb 1970. S. 67–85.
Stopp, Frederic J.: »Ein wahrer Narziß«. Reflections on the Eduard-Ottilie Relationship in Goethe's *Wahlverwandtschaften.* In: PEGS 29 (1960) S. 72–85.
– Ottilie and »das innere Licht«. In: German Studies. Presented to Walter H. Bruford. London 1962. S. 117–122.
Takahashi, Yoshito: Goethes *Wahlverwandtschaften* und die *Farbenlehre.* In: Geschichtlichkeit und Gegenwart. Fs. für Hans Dietrich Irmscher zum 65. Geburtstag. Hrsg. von Hans Esselborn [u. a.] Köln 1994. S. 159–173.
Tanner, Tony: Goethe's *Die Wahlverwandtschaften.* In: T. T.: Adultery in the Novel. Contract and Transgression. Baltimore 1979. S. 179–232.
Tantillo, Astrica-Orle: Deficit Spending and Fiscal Restraint: Balancing the Budget in *Die Wahlverwandtschaften.* In: GYb 7 (1994) S. 40–58.
Trunz, Erich: Die Kupferstiche zu den »lebenden Bildern« in den *Wahlverwandtschaften.* In: E. T.: Weimarer Goethe-Studien. Schriften der Goethe-Gesellschaft 61. Weimar 1980. S. 201–216 (3 Abb.). [2]1984.
Turk, Horst: Goethes *Wahlverwandtschaften*: »Der doppelte Ehebruch durch Phantasie«. In: Urszenen. Literaturwissenschaft als Diskursanalyse und Diskurskritik. Hrsg. von Friedrich A. Kittler [u. a.]. Frankfurt a. M. 1977. S. 202–222.
Twardella, Johannes: Experimente im Treibhaus der Moderne. Versuch einer kommunikationstheoretischen Analyse von Goethes *Wahlverwandtschaften.* In: Neophilologus 83 (1999) S. 445–460.

Vaget, Hans R.: Ein reicher Baron: Zum sozialgeschichtlichen Gehalt der *Wahlverwandtschaften.* In: JbDSG 24 (1980) S. 123–161.

Valentin, Jean-Marie: *Les Affinités Electives:* Goethe contra Schlegel. In: EG 52 (1997) S. 665–672.

Vogl, Joseph: Mittler und Lenker. Goethes *Wahlverwandtschaften.* In: Poetologien des Wissens um 1800. Hrsg. von J. Vogl. München 1999. S. 145–161.

– Nomos der Ökonomie. Steuerungen in Goethes *Wahlverwandtschaften.* In: MLN 114 (1999) S. 504–527.

Weber, Walter: Zum Hauptmann in Goethes *Wahlverwandtschaften.* In: Goethe. JbGG 21 (1959) S. 290–292.

Weigel, Sigrid: Das Kunstwerk als Einbruchstelle eines Jenseits. Zur Dialektik von göttlicher und menschlicher Ordnung in Walter Benjamins Essay *Wahlverwandtschaften.* In: Paragrama 7 (1998) S. 140–151.

Weizsäcker, Carl Friedrich von: Natur und Moral im Lichte der Kunst: Eine Notiz zu Goethes *Wahlverwandtschaften.* In: Studien zur Goethezeit. Hrsg. von H.-J. Mähl [u. a.]. Heidelberg 1981. S. 281–292. – Wiederabgedr. in: C. F. v. W.: Wahrnehmung der Neuzeit. München 1983. S. 36–50.

Wellbery, David E.: *Die Wahlverwandtschaften* (1809). Desorganisation symbolischer Ordnungen. In: Goethes Erzählwerk. Interpretationen. Hrsg. von Paul Michael Lützeler [u. a.]. Stuttgart 1985. S. 291–318.

Wels, Volkhard: Opfer und Erlösung. Eine Auslegung von Goethes *Wahlverwandtschaften* nach ihrer theologischen Begrifflichkeit. In: Euphorion 88 (1994) S. 406–417.

Wertheim, Ursula: »Ich bin aus meiner Bahn geschritten«. Liebe und Emanzipation in Goethes Roman *Die Wahlverwandtschaften.* In: Goethe und die Wisssenschaften. Hrsg. von Helmut Brandt. Jena 1984. S. 106–208.

Wiese, Benno von: Goethes Roman *Die Wahlverwandtschaften.* In: B. v. W.: Zwischen Utopie und Wirklichkeit. Studien zur Literatur. Düsseldorf 1963. S. 61–80. [Weitgehend identisch mit dem Nachw. zu den *Wahlverwandtschaften* in der HA]

Wiethölter, Waltraud: Legenden: Zur Mythologie von Goethes *Wahlverwandtschaften.* In: DVjs 56 (1982) S. 1–64.

Wietz, Rainer: Goethes *Wahlverwandtschaften* und Wagners *Tristan und Isolde.* Frankfurt a.M. 1984.

Willim, Petra: Charlotte und Ottilie in den *Wahlverwandtschaften*: Zwei Formen defizienter weiblicher Ich-Konstitution. In: P. W.: So frei geboren wie ein Mann? Frauengestalten im Werk Goethes. Königstein 1997. S. 246–313. [Zugl. Diss. Frankfurt a. M. 1995.]

Winkelmann, John: Goethe's *Elective Affinities:* An Interpretation. New York 1987.

Witte, Bernd: Walter Benjamin. Der Intellektuelle als Kritiker. Stuttgart 1976.

Wolff, Hans Matthias: Goethe in der Periode der *Wahlverwandtschaften.* Bern 1952.

– Goethes Novelle *Die Wahlverwandtschaften.* Ein Rekonstruktionsversuch. Bern 1955.

Yee, Kevin F.: The Captain as Catalyst in Goethe's *Wahlverwandtschaften.* In: JEGPh 96 (1997) S. 58–70.

Zagari, Luciano: Gusto psicologico e Stile simbolico nelle Affinità Elettive. In: Annali. Sez. Germ. 5 (1962) S. 183–212. – Und in: L. Z.: Studi di Letteratura Tedesca dell'Ottocento. Roma 1965. S. 51–80.

– Mirabilia Sanctae Odiliae. L'Acesso »parodistico« di Goethe al mondo romantico del sacro. In: Rivista di Estetica 31 (1989) S. 46–52.

Zons, Raimar Stefan: Ein Denkmal voriger Zeiten: Über *Die Wahlverwandtschaften.* In: Bolz 1981, S. 323–352.

V. Verzeichnis der Abbildungen

Erläuterungen und Dokumente

Eine Auswahl

zu Böll, *Ansichten eines Clowns.* 84 S. UB 8192

zu Brecht, *Der kaukasische Kreidekreis.* 120 S. UB 16007 – *Leben des Galilei.* 231 S. UB 16020 – *Mutter Courage und ihre Kinder.* 208 S. UB 16035

zu Büchner, *Dantons Tod.* 208 S. UB 16034 – *Lenz.* 176 S. UB 8180 – *Woyzeck.* 325 S. UB 16013

zu Droste-Hülshoff, *Die Judenbuche.* 87 S. UB 8145

zu Dürrenmatt, *Der Besuch der alten Dame.* 93 S. UB 8130 – *Die Physiker.* 243 S. UB 8189

zu Eichendorff, *Aus dem Leben eines Taugenichts.* 120 S. UB 8198

zu Fontane, *Effi Briest.* 171 S. UB 8119 – *Frau Jenny Treibel.* 120 S. UB 8132 – *Irrungen, Wirrungen.* 148 S. UB 8146 – *Schach von Wuthenow.* 173 S. UB 8152

zu Frisch, *Andorra.* 88 S. UB 8170 – *Biedermann und die Brandstifter.* 128 S. UB 8129 – *Homo faber.* 196 S. UB 8179

zu Goethe, *Egmont.* 165 S. UB 8126 – *Faust. Der Tragödie Erster Teil.* 301 S. UB 16021 – *Faust. Der Tragödie Zweiter Teil.* 358 S. UB 16022 – *Götz von Berlichingen.* 216 S. UB 8122 – *Iphigenie auf Tauris.* 156 S. UB 16025 – *Die Leiden des jungen Werther.* 192 S. UB 8113 – *Novelle.* 160 S. UB 8159 – *Torquato Tasso.* 230 S. UB 8154 – *Urfaust.* 168 S. UB 8183 – *Die Wahlverwandtschaften.* 260 S. UB 16048 – *Wilhelm Meisters Lehrjahre.* 398 S. UB 8160

zu Grass, *Die Blechtrommel.* 223 S. UB 16005 – *Katz und Maus.* 192 S. UB 8137

zu Hauptmann, *Bahnwärter Thiel.* 62 S. UB 8125 – *Der Biberpelz.* 104 S. UB 8141 – *Die Ratten.* 183 S. UB 8187 – *Die Weber.* 227 S. UB 16014

zu Heine, *Deutschland. Ein Wintermärchen.* 208 S. UB 8150

zu Hölderlin, *Hyperion.* 339 S. UB 16008

zu Hoffmann, *Das Fräulein von Scuderi.* 136 S. UB 8142 – *Der goldne Topf.* 176 S. UB 8157 – *Der Sandmann.* 176 S. UB 8199 zu Ibsen, *Nora (Ein Puppenheim).* 86 S. UB 8185

zu Kafka, *Der Proceß.* 230 S. UB 8197 – *Das Urteil.* 144 S. UB 16001 – *Die Verwandlung.* 196 S. UB 8155

zu Keller, *Kleider machen Leute.* 108 S. UB 8165

zu Kleist, *Amphitryon.* 160 S. UB 8162 – *Das Erdbeben in Chili.* 168 S. UB 8175 – *Das Käthchen von Heilbronn.* 164 S. UB 8139 – *Die Marquise von O…* 128 S. UB 8196 – *Michael Kohlhaas.* 140 S. UB 16026 – *Penthesilea.* 160 S. UB 8191 – *Prinz Friedrich von Homburg.* 204 S. UB 8147 – *Der zerbrochne Krug.* 157 S. UB 8123

zu J. M. R. Lenz, *Der Hofmeister.* 191 S. UB 8177 – *Die Soldaten.* 119 S. UB 16027

zu Lessing, *Emilia Galotti.* 159 S. UB 16031 – *Minna von Barnhelm.* 165 S. UB 16037 – *Miss Sara Sampson.* 109 S. UB 8169 – *Nathan der Weise.* 175 S. UB 8118

zu H. Mann, *Der Untertan.* 165 S. UB 8194

zu Th. Mann, *Mario und der Zauberer.* 104 S. UB 8153 – *Der Tod in Venedig.* 196 S. UB 8188 – *Tonio Kröger.* 104 S. UB 8163 – *Tristan.* 96 S. UB 8115

zu Novalis, *Heinrich von Ofterdingen.* 243 S. UB 8181

zu Schiller, *Don Karlos.* 238 S. UB 8120 – *Die Jungfrau von Orleans.* 160 S. UB 8164 – *Kabale und Liebe.* 174 S. UB 8149 – *Maria Stuart.* 214 S. UB 8143 – *Die Räuber.* 232 S. UB 8134 – *Wallenstein.* 294 S. UB 8136 – *Wilhelm Tell.* 111 S. UB 8102

zu Schnitzler, *Fräulein Else.* 118 S. UB 16023

zu Shakespeare, *Hamlet.* 264 S. UB 8116 – *Romeo und Julia.* 182 S. UB 16029

zu Storm, *Hans und Heinz Kirch.* 94 S. UB 8171 – *Immensee.* 88 S. UB 8166 – *Der Schimmelreiter.* 135 S. UB 8133

zu Tieck, *Der blonde Eckbert / Der Runenberg.* 91 S. UB 8178

zu Wedekind, *Frühlings Erwachen.* 204 S. UB 8151

zu Zuckmayer, *Der Hauptmann von Köpenick.* 171 S. UB 8138

Philipp Reclam jun. Stuttgart